德育三部曲之二·主题班会篇

德育 365 天

裴素青 编著

河南大学出版社
HENAN UNIVERSITY PRESS
·郑州·

图书在版编目(CIP)数据

德育 365 天/裴素青编著. --郑州：河南大学出版社，2021.5
ISBN 978-7-5649-4707-1

Ⅰ.①德… Ⅱ.①裴… Ⅲ.①中小学-德育工作 Ⅳ.①G631

中国版本图书馆 CIP 数据核字(2021)第 103877 号

责任编辑　薛巧玲
责任校对　陈晓林
封面设计　马　龙

出　　版	河南大学出版社		
	地址：郑州市郑东新区商务外环中华大厦 2401 号	邮编：450046	
	电话：0371－86059701（营销部）	网址：hupress.henu.edu.cn	
排　　版	郑州市今日文教印制有限公司		
印　　刷	河南文华印务有限公司		
版　　次	2021 年 6 月第 1 版	印　次	2021 年 6 月第 1 次印刷
开　　本	787 mm×1092 mm　1/16	印　张	18
字　　数	285 千字	定　价	43.00 元

本书如有印装质量问题，请与河南大学出版社营销部联系调换。

这是一本"做"出来的书(序一)

喜欢大海的人,一定会在海边相遇;热爱教育的人,注定会在教育的追梦路上,在教育的理想国里,一次次相遇!

由于职业的原因,我们总爱将目光投向有教育理想、教育情怀、教育智慧的人。2005年,《教育时报》在"中原课改名师"栏目中长篇报道了特级教师裴素青的成长之路,从此,缘分深结。

这十几年中,我见证了她让三所不同校情的学校焕发出勃勃生机:让一所濒临撤并、刚刚从厂矿移交过来的学校起死回生,软件、硬件建设取得翻天覆地的变化;让一所处于谷底的老牌名校重整旗鼓、再创辉煌;让一所拔地而起的新学校在高起点上步入发展的快车道,成为学生和家长向往的特色名校。

这样的教育履历,足以让任何一位教育人引以为傲。而这背后,必定有一以贯之的办学理念和系统的育人方法。作为专业的教育媒体人,我们乐于去挖掘、去传播这样的办学经验和育人智慧。同时,我们也期待着学校的经验积累能够以专著的形式,去启迪和影响更多的教育同仁。

2018年10月,由裴素青校长编著的《让班级文化落地生根》一书出版,并在《教育时报》主办的第12届河南教育名片发展论坛上举办了新书的首发仪式。在这本书中,裴校长系统阐述了关于"班级文化支点"的理念和实践。书一出版,便受到了老师们特别是班主任们的喜爱,被一些省份列入"书香工程",出版社很快销售一空,并加印了三次。这本书对于德育"12个品格月"的理念和模块做了简要的阐述,受篇幅所限,系统化的班会课没有展开,像电影结尾埋了一个伏笔,留了一个出口,让人期待着续集。

裴校长在最初构思这个"续集"时,就是以"12个品格月"德育目标体系为框架的。2019年秋天,在一同参加河南省名班主任工作室评估的路上,她征求我的意见,让我为这本新书起个有特点的书名。我想了想说:"12个品格月不就是一年吗？那就叫《德育365天》吧。德育的方式是潜移默化的、浸润式的，一年365天，天天德育，更能体现德育工作的重要地位和特点。"

　　终于，经过两年多的积淀，这本《德育365天》和大家见面了。从内容和框架上就可以看出，这是《让班级文化落地生根》一书的姊妹篇，从写作风格、编排思路上一脉相承。

　　这本书与其说是写出来的，不如说是"做"出来的——从2013年开始，裴素青校长带领洛阳华洋国际学校持续探索德育"12个品格月"观照下的系列班会课，瞄准德育体系建设，着力德育目标落地，不断完善德育内容、丰富德育载体，常态化地开展德育工作。全年12个月德育主题活动、48节德育主题班会，将庞大、复杂的德育内容细化、分解，真正做到了一月一目标、一周一主题。同时，学校将德育要求常态落实到每日工作之中，渗透到学科教学、日常管理和活动的各个环节，真正做到了365天天天德育，让学生在浸润中健康成长。

　　更可贵的是，裴校长有一种实践工作者普遍缺乏的理论自觉——在本书的"理念篇"中，透过丰富、庞杂的德育实践，她提炼出关于学校德育和主题班会的系统观点，这让本书更加厚重、更具专业指导性。

　　这本书的面世，可谓是正逢其时：党中央、国务院高度重视中小学德育工作，特别是十八大以来，出台了一系列中小学德育政策文件，对整体规划、统筹推进德育工作做出了全面部署。河南省教育厅也出台了《关于进一步做好中小学德育工作落实立德树人根本任务的意见》，推动各地"一校一案"落实《中小学德育工作指南》，鼓励各学校加强德育内容、途径、方法的创新，不断提高德育工作的吸引力、感染力和针对性、实效性。《德育365天》正是洛阳华洋国际学校在近10年德育实践的基础上，为德育理论和实践贡献的可贵样本。

　　一年有365个日出，德育在365日里丰富。愿更多的教育同仁能够分享成果，同时创造出更多有魅力的德育新样态。

刘　肖

（作者系河南省中小学班主任研究中心主任、河南教育报刊社副总编辑）

梦想,是一种力量(自序)

有人说这世上有两样东西是不会被别人抢走的,一是读进大脑的书,二是装在心中的梦想。那些起早努力的日子,那些熬夜努力的时光,那些你太累觉得再也站不起来却依然支撑着自己起身的夜晚,那就是梦想的力量。往往支撑你走过千难万苦奔向人生卓越的就是心中的那个梦想,那个执念。回想自己的人生,"做梦""圆梦"好像一直如影随形,当一个好老师,做一个好母亲,办一所好学校,是我一生追求的梦想。1977年,高考恢复的第一年,我有幸考入河南师范大学。毕业后分配至洛阳市第三中学任教。30余年教学生涯,18年执教高三毕业班,兢兢业业,一丝不苟。授课精益求精,生动有趣;对学生关爱有加,无微不至,成了学生心目中的好老师。这算是圆了一个梦。孩子们也学业圆满,事业有成,家庭幸福,各自安身立命。圆了做好母亲的梦。如今,实现"办一所好学校"的梦想,成了我人生最大的追求。

回想我时任校长的洛阳外国语学校,经洛阳市教育局批准成立了洛阳外国语学校教育集团,作为洛阳首个"名校+弱校""名校+民校"集团化办学创新机制试点学校,在市政府和市教育局的主导下,2011年合并了洛阳市第33中学,2012年又全面托管了零起点的民办洛阳华洋国际学校,我成了一校三区的总校长兼党总支书记,也成了洛阳华洋国际学校的首任校长。沉甸甸的担子压在肩头,是挑战更是机遇。在我的好学校梦想中,教师乐教,倾尽心血做孩子们的引路人;学生乐学,竭尽努力履行自己求知成才的天职;特色鲜明,文化独具,底蕴深厚,发展持久。坚持这样的理想,经过多年的探索实践和深入思考,我提出了"一机两翼"发展战略和十年发展规划、"3421"办学目标,顶层设计九大特色办学体系,首创德育"12个品格月"育人体系、"一班一品"特色班级文化体系,创新"六大校园文化节""六大主题社会实践活动"等德育载体,创立高水平专业社团,构建"双主体和谐式"有效课堂教学模式,为"立德树人""教书育人"奠定坚实的理念基础和实践基础。在特色办学理念引领下,让一所濒临解体的薄弱学校起死回生;让一所传统名校触底反弹,重塑辉煌;让一所零起点的民办学校高位起跑,迅猛发展,连创佳绩。

2018年11月,在《教育时报》主办的第12届河南教育名片发展论坛上,我编著的《让班级文化落地生根》一书隆重首发。由德育创新而对学校发展产生的强大推动力,引发了省内外同行的极大关注,先后有数百所学校接踵而至,观摩学习;河南教师、河南班主任微信公众平台举行的作者签名赠书活动,其阅读点击量均过万人次,深受读者好评和喜爱。有很多班主任老师向我请教德育工作怎么做、每天该做些什么,如何让德育工作走进学生的内心。这些观摩和询问引发了我们更深层次的思考,助推我们去系统总结德育工作的有效手段和最佳途径。时隔两年,《让班级文化落地生根》的姊妹篇《德育365天》问世了。这是一本德育主题班会的教科书,收录了一线优秀班主任设计的优秀班会案例,内容丰富,形式多样,体系完备,系统性强,实用有效,便于操作。这本著作的出版,不仅回应了教育同仁的关切和信任,也为班主任开展好德育主题班会提供了可借鉴的样本。

实践告诉我们,德育工作落地的重要载体是班级。班级是学校管理的基本单元,班主任管理一个班级如同校长管理一所学校,既要建立班级各种规章制度,又要研究管理班级的方法和技巧,更要有系统的育人理念引领和系列德育主题班会课程做支撑,这样才能真正将"立德树人"的根本任务落到实处。基于这样的思考,《德育365天》以德育"12个品格月"目标体系为框架,精选初中学段全年系列德育主题班会课程实录,是洛阳华洋国际学校近十年德育创新的结晶。该书紧扣新时代爱国主义教育实施纲要、社会主义核心价值观、中小学生核心素养、中小学生德育目标和学校文化育人理念,紧密结合学生年龄特点、教学工作特点、传统文化节日等,确立班会主题,建设"一月一目标、一周一主题、天天有德育"的主题德育课程体系,实现了德育目标落地生根、润物无声的效果。

该书分为两个篇章。上篇为理念篇,从学校德育的地位作用与实施原则、学校德育工作的现状分析与对策、德育"12个品格月"目标体系的构建、设计实施主题班会的方法原则、主题班会的现状分析与对策、"365天,天天有德育"六个方面进行了理论阐释。

下篇为实践篇,以德育一月一目标、一周一主题为体系,精心设计出全年12个"月德育主题"和48个"周班会主题",内容涵盖爱国主义、安全法制、诚实守信、责任担当、科技创新、感恩励志、文明礼仪、勤奋学习、绿色环保、心理健康、传统文化等教育,使德育目标具体化、课程化、体系化,拓宽德育实施途径,推动班级德育目标落地,为学生终身发展和适应社会发展需要的必备品格和关键能力奠基。

近十年的探索与实践,洛阳华洋国际学校一整套行之有效的德育目标体系和育人方式带来了显著效果,取得了骄人的办学成绩,得到了社会各界的高度赞誉。学校荣获河南省优秀民办学校、河南教育名片示范校、洛阳市首批全面特色学校、德育特色示范校、教育教学目标管理先进学校、优秀生源培养先进学校等诸多殊荣。独特的德育"12个品格月"育人体系、"一班一品"特色班级文化、丰富多彩的校园文化,构筑了华洋5000多名师生成长的精神家园,实现了教师成长、学生成才、学校发展的办学目标,成为无数优秀学子向往的特色教育品牌名校。

梦想,是一种催人奋进的力量;追梦,我们一直在路上!在30多年的教育生涯中,我时常对照初心,叩问自己,没有最好只有更好,办一所好学校的梦想,依然激励我孜孜以求不断追寻教育本真。五育并举,德育为先;聚焦立德树人,不断探索创新中小学德育新途径、创新育人新模式,培养更多堪当民族复兴大任的时代新人,我们任重道远!

裴素青

2021年3月2日

目　录

理念篇　德育"12个品格月"目标体系的构建

一、学校德育的地位作用与实施原则 …………………………………（ 2 ）
二、学校德育工作的现状分析与对策 …………………………………（ 10 ）
三、德育"12个品格月"目标体系的构建 ………………………………（ 17 ）
四、设计实施主题班会的方法原则 ……………………………………（ 27 ）
五、主题班会的现状分析与对策 ………………………………………（ 34 ）
六、"365天"，天天有德育 ………………………………………………（ 39 ）
记者观察　12个品格月，让德育目标落地生根/杨雷 …………………（ 44 ）
记者观察　班会课程化：让德育目标落到实处/杜帅鹏 ………………（ 48 ）

实践篇　德育"12个品格月"系列主题班会课程

一月　理想月 ……………………………………………………………（ 54 ）
　　第一周："盘点与展望"主题班会/郭真 ……………………………（ 55 ）
　　第二周："认识自我，树立自信"主题班会/张洁 …………………（ 59 ）
　　第三周："规划寒假，让时间增值"主题班会/韩秀清 ……………（ 63 ）
　　第四周："管好自己的'小钱袋'，理性消费"主题班会/董志恒 …（ 67 ）
二月　亲情月 ……………………………………………………………（ 72 ）
　　活动一："春节里，话春联"主题实践活动/贾爱珍　陈德良 ……（ 73 ）
　　活动二："感受亲情，传承家风"主题实践活动/张亚兵 …………（ 77 ）
　　第三周："把灾难当教材，与祖国共成长"主题班会/贾爱珍　韩志峰
　　　　…………………………………………………………………（ 80 ）
　　第四周："春暖花开，扬帆起航"主题班会/张小分 ………………（ 84 ）
三月　文明月 ……………………………………………………………（ 89 ）
　　第一周："续写雷锋日记"主题班会/洪晓蕾 ………………………（ 90 ）
　　第二周："初三百日，种一棵信念的树"主题班会/韩秀清 ………（ 94 ）

第三周:"文明中国,我在行动"主题班会/陈潇 …………………………(98)
　　第四周:"规划人生,走向成功"主题班会/李锋　马艺博 ………………(101)

四月　环保月 ……………………………………………………………………(106)
　　第一周:"我们只有一个地球"主题班会/曹欣欣 ………………………(107)
　　第二周:"根在河洛,传承文明"主题班会/董志恒 ………………………(111)
　　第三周:"垃圾分类,从我做起"主题班会/贺会锋　任盼盼 ……………(115)
　　第四周:"青春作伴好读书"主题班会/徐翠芸 …………………………(119)

五月　科技月 ……………………………………………………………………(124)
　　第一周:"传承'五四'精神,厚植家国情怀"主题班会/刘岭洁 …………(125)
　　第二周:"感恩父母"主题班会/张洁 ……………………………………(128)
　　第三周:"让青春在劳动中闪光"主题班会/张小分 ……………………(133)
　　第四周:"科技缔造,国之荣耀"主题班会/杨进杰 ………………………(137)

六月　拼搏月 ……………………………………………………………………(142)
　　第一周:"冲刺中考,无悔青春"主题班会/田均彦 ………………………(143)
　　第二周:"全力以赴,备战期末"主题班会/王琳 …………………………(146)
　　第三周:"做跟时间赛跑的人"主题班会/张文杰 ………………………(150)
　　第四周:"庆祝建党一百周年——党旗在我心中"主题班会/胡艳艳 …(154)

七月　诚信月 ……………………………………………………………………(159)
　　第一周:"诚实守信——为人之本"主题班会/韩志峰 …………………(160)
　　第二周:"快乐与安全同行"主题班会/韩冲冲 …………………………(164)
　　活动一:"致敬建党百年,传承红色基因"主题实践活动/高家林 ……(168)
　　活动二:"我的暑期阅读计划"主题实践活动/王欣 ……………………(171)

八月　实践月 ……………………………………………………………………(176)
　　活动一:"青春在奉献中闪光"志愿者主题实践活动/张怡 ……………(177)
　　活动二:"我为小区植物做'名片'"主题实践活动/黄博 ………………(180)
　　活动三:"我的暑期'十个一'"主题实践活动/段鸿鹏　张蓓蓓 ………(185)
　　第四周:"迷彩岁月,青春记忆"主题班会/李锋 …………………………(189)

九月　目标月 ……………………………………………………………………(193)
　　第一周:"新学期从树目标立规矩开始"主题班会/李锋 ………………(194)

第二周："成长路上，感恩有您"主题班会/董志恒　刘岭洁 ……… (198)
　　第三周："铭记历史，勿忘国耻"主题班会/张娜娜 ………………… (202)
　　第四周："学会学习"主题班会/王琳 ………………………………… (207)

十月　爱国月 …………………………………………………………… (212)
　　第一周："祖国母亲，我爱你！"主题班会/孙雪燕 ………………… (213)
　　第二周："中秋话团圆"主题班会/宋丹丹 ………………………… (217)
　　第三周："走过青春的花季雨季"主题班会/张小分　王欣 ……… (221)
　　第四周："读好书，让经典照亮青春"主题班会/王琳 ……………… (226)

十一月　安全月 ………………………………………………………… (230)
　　第一周："远离校园暴力，学会自我保护"主题班会/李园园 ……… (231)
　　第二周："珍爱生命，学会自救"主题班会/赛建波 ………………… (236)
　　第三周："好习惯伴我成长"主题班会/韩庆灵 …………………… (240)
　　第四周："敬畏自然，珍爱生命"主题班会/王祺炜 ………………… (244)

十二月　法治月 ………………………………………………………… (249)
　　第一周："礼赞祖国，致敬宪法"主题班会/翟绍杰 ………………… (250)
　　第二周："学会宽容，学会交往"主题班会/贺会锋 ………………… (254)
　　第三周："战胜挫折，走向成功"主题班会/李超轶 ………………… (258)
　　第四周："不打无准备之仗——期末总复习"主题班会/王青山 …… (262)

记者观察　德育365天，何以可能？/杨雷 …………………………… (266)

参考文献 ………………………………………………………………… (269)
后记 ……………………………………………………………………… (270)

理念篇

德育"12个品格月"目标体系的构建

一、学校德育的地位作用与实施原则

培养什么人、怎样培养人、为谁培养人,是教育的根本问题。习近平总书记强调,要全面贯彻党的教育方针,落实立德树人根本任务,教育引导学生培育和践行社会主义核心价值观,踏踏实实修好品德,培养德智体美劳全面发展的社会主义建设者和接班人。因此,学校要高度重视德育工作,充分认识到德育工作的地位作用,坚持把立德树人作为学校的首要任务,把德育工作贯穿教育教学和管理的全过程,实现全程育人、全方位育人,为实现中华民族伟大复兴贡献力量。

1. 德育的概念和内涵

——德育的终极目标应是教育学生"学会做人",学校应全方位育人、全程育人,一年365天,天天德育,让德育的涓涓细流在学生的情感体验中润物无声。

什么是德育?北京师范大学教授、著名教育家顾明远先生说:德育旨在形成受教育者一定思想品德的教育。在社会主义中国,德育包括思想教育、政治教育和道德教育。在西方,一般指伦理道德教育和价值观教育。德育是教育的有机组成部分,在全面发展的教育中,德育是相对于智育、体育、美育、劳动技术教育和心理健康教育等来划分的。德育的根本任务是育人,是培养有文化、有道德的"人"。因此,德育的终极目标应是教育学生"学会做人"。学校应该做到以教书育人、管理育人、服务育人、环境育人、生活育人、活动育人、文化育人等为载体,全方位育人,天天德育,就像本书的书名所寓意的那样,德育365天,让德育的涓涓细流在学生的情感体验中润物无声,触动心灵,净化灵魂。

中国教育科学研究院德育研究中心原主任、中国伦理学会德育专业委员会原会长詹万生在《整体构建德育体系引论》一书中指出:德育是教育者按照一定社会或阶级的要求,有目的、有计划、有组织地对受教育者进行系统的影响,把一定社会的政治准则、思想观点、道德规范、法纪规范和心理需求,转化为受教育者个体的政治素质、思想素质、道德素质、法纪素质和心理素质的教育。德育内涵要素包括"政治教育、思想教育、道德教育、法纪教育和心理教育"五个维度,其五个维度的教育都有自己的特定内涵,不能互相取代,又相互联系、相互融合、互为条件,共同构成了学校德育的统一体。政治教育是政治方向、政治立场和政治信仰的教育;思想教育是世界观、价值观、人生观及思维方式的教育;道德教育是主流社会公认的伦理道德和价值观教育;法纪教育是法律知识、知法、懂法和守法教育;心理教育是培养良好心理素质、调节心理机能、促进心理健康发展的教育。

2. 德育的地位和作用

——国无德不兴,人无德不立,育人的根本在于立德。每一位教育工作者都应该清楚地认识到,没有德育的教学,是没有灵魂的教育。教书必育人,教学永远具有教育性。

《中小学德育工作指南》中指出,德育的目标是教育和引导学生热爱中国共产党、热爱祖国、热爱人民,认同中华文化,继承革命传统,弘扬民族精神,理解基本的社会规范和道德规范,树立规则意识、法治观念,培养公民意识,掌握促进身心健康发展的途径和方法,养成热爱劳动、自主自立、意志坚强的生活态度,形成尊重他人、乐于助人、善于合作、勇于创新等良好品质。

(1)五育并举,德育为首。国无德不兴,人无德不立,育人的根本在于立德。习近平总书记一贯高度重视培养社会主义建设者和接班人,强调学校是育人的重要阵地,要把立德树人作为教育的中心环节,教师肩负着育人的重要责任。

学校是教书育人的重要阵地。习近平总书记于2017年10月18日在中国共产党第十九次全国代表大会上的报告中指出:要全面贯彻党的教育方针,落实立德树人根本任务,发展素质教育,推进教育公平,培养德智体美劳全面发展的社会主义建设者和接班人。2018年5月2日,习近平总书记在北京大学师生座谈会上讲话指出:要把立德树人的成效作为检验学校一切工作的根本标准,真正做到以文化人、以德育人,不断提高学生思想水平、政治觉悟、道德品质、文化素养,做到明大德、守公德、严私德。2018年9月10日,习近平总书记在全国教育大会上强调:要在加强品德修养上下功夫,教育引导学生培育和践行社会主义核心价值观,踏踏实实修好品德,成为有大爱大德大情怀的人。

教师肩负着教书育人的责任。2014年9月9日,习近平总书记在同北京师范大学师生代表座谈时强调:全国广大教师要做有理想信念、有道德情操、有扎实学识、有仁爱之心的好老师。教师的工作是塑造灵魂、塑造生命、塑造人的工作。一个人遇到好老师是人生的幸运,一个学校拥有好老师是学校的光荣,一个民族源源不断涌现出一批又一批好老师则是民族的希望。2016年12月7日,习近平总书记在全国高校思想政治工作会议中强调,教师做的是传播知识、传播思想、传播真理的工作,是塑造灵魂、塑造生命、塑造人的工作。教师不能只做传授书本知识的教书匠,而要成为塑造学生品格、品行、品位的"大先生"。习近平总书记的系列讲话对教师提出了明确要求:选择当老师就选择了责任,就要尽到教书育人、立德树人的责任,并把这种责任体现到平凡、普通、细微的教学管理之中。

(2) 德智一体,德育主导智育。教师是隐形的德育载体。教书必育人,教学永远具有教育性。只教书不育人,实际是不存在的。古人说:"师者,人之模范也。"在学生眼里,老师是"吐辞为经、举足为法"。教师在课堂上的身体力行是一种无形的人格魅力和示范力,会对学生的人格和品质产生潜移默化的影响,能够起到身教重于言传的良好效果。在学校里,教师的思想感情、处事哲理、人生观点、道德境界、品德修养,甚至言谈举止、音容笑貌都会给学生留下深刻的印象。

德育要渗透于学科教学之中。学校教学活动中,优秀的教师会把专业知识传授和思想教育有机结合起来,善于挖掘教材蕴含的德育因素,在课堂教学中对学生进行爱国主义、社会主义和集体主义教育。在课堂授课时,教师渊博的知识、丰富的情感、高尚的审美情操无时无刻不在净化着学生的心灵,陶冶着学生的情操,使德育既有具体的内容,又有丰满的形象,既有横向联系,又有纵深的发展,使课堂集知识性、趣味性和思想性于一体,启迪学生智慧,照亮人生之路。

德育主导智育，统帅智育。在学校，应该是以教学为中心，以德育为核心，这个关系不能错位，更不能颠倒。教书是为了育人，读书是为了做人。应当强调的是：不是"德育服务于智育"，而是"智育必须为德育服务"。有人说：智育不合格，做不了事情，最多是个次品；若一个人德育不合格，那就是人见人恨的"危险品"。如果德育出现了问题，智育水平越高，对社会的危害就会越大。所以任何学科教学都必须以德育为首，以德育为核心和目的。每一位教育工作者都应该清楚地认识到，没有德育的教学，是没有灵魂的教育。

3. 德育实施的基本方法原则
——学校德育工作必须坚持正确的政治方向，立足于现实社会、学校、学生的实际情况，把提高认识和行为养成结合起来，使学生做到言行一致、表里如一。

（1）**正确导向性原则**。导向性原则是指德育要有一定的思想性和方向性，以指导学生向正确的方向发展。中小学阶段正是学生世界观、人生观的形成期、品德发展的关键期，一方面他们的可塑性大、向善向美，另一方面他们又年轻，缺乏社会经验与辨别力，易受外界影响。因此，学校德育工作必须坚持正确的政治方向，坚持立德树人的核心育人理念，以正确的政治、思想、道德观念，牢牢把握中小学思想政治和德育工作的主导权，保证中小学校成为坚持党的领导的坚强阵地，引导学生发展形成良好的思想品德，为中国特色社会主义事业培养合格建设者和可靠接班人。

贯彻这一原则要求教育者全面贯彻习近平新时代教育思想，把德育的理想性与现实性结合起来，培养学生爱党爱国爱人民，增强国家意识和社会责任意识，教育学生理解、认同和拥护社会主义制度，了解中华优秀传统文化、社会主义先进文化，增强中国特色社会主义的道路自信、理论自信、制度自信、文化自信，引导学生准确理解和把握社会主义核心价值观的深刻内涵和实践要求，养成良好政治素质、道德品质、法治意识和行为习惯，形成积极健康的人格和良好心理品质，促进学生核心素养提升和全面发展。

（2）**依法依规开展的原则**。为加强学校德育工作，国家颁布了一系列法律法规，这些法律法规是许多理论工作者和一线教师长期智慧和心血的结晶，具有很强的科学性和指导性,也是德育工作进入制度化、法制化、规范化轨道的重要保证,对增强学校德育工作的操作性和权威性、实现德育目标、完成德育任务意义重大。

目前,我们开展德育工作所要遵循的法律法规包括:《中华人民共和国宪法》《中华人民共和国教育法》《中华人民共和国义务教育法》《中华人民共和国未成年人保护法》《中华人民共和国教师法》《中华人民共和国预防未成年人犯罪法》《中小学幼儿园安全管理办法》《学生伤害事故处理办法》《中学生守则》《中学生日常行为规范》《中小学德育工作指南》等。同时,有效开展学校德育工作还要依据学校的各项校规来实施。如:《班主任工作条例》《住宿生管理条例》《学生评优工作条例》《学校安全工作条例》《学生违纪处分条例》《学生思想品德考核条例》《学生请销假制度》《学生日常学习规程》《学生日常学习行为规范细则》《学生礼仪规范》等。

这些法规、条例和细则是开展德育工作的基本依据,要融入学校德育工作的各方面、各环节。所有德育活动都要在这些规定的指导下开展,不能搞土规定或土政策,否则不但难以真正取得实效,而且还易引发师生矛盾、家校矛盾、学生心理疾病等一系列问题。

(3) **紧贴时代、社会和学生实际的原则**。坚持"三紧贴"原则,是开展学校德育活动、确保德育实效的一个基本要求。如果德育内容脱离现实社会、学校、学生的实际情况,学校德育就会流于空泛的"说教",缺乏针对性和实效性;如果德育内容没有适当的超前性,就事论事,学校德育就会失去导向性和预见性。

一是紧贴时代特点开展道德教育。当前,中国特色社会主义进入新时代,正处于实现"两个一百年"奋斗目标、实现中华民族伟大复兴的历史交汇期,学校的德育要紧贴时代特点,捕捉挖掘孕育其中丰富的教育资源,大力弘扬以爱国主义为核心的民族精神和以改革创新为核心的时代精神,聚焦培养担当民族复兴大任的时代新人,广泛开展爱国主义、集体主义、社会主义教育,在德育实践中要唱响中国好声音,传递中国梦的正能量,提高师生的思想觉悟、道德水准和文明素养。

二是紧贴社会发展开展道德教育。随着市场经济的快速发展、改革的逐步深入和利益关系的调整，人们的思想文化呈现出多元化的特征，不同的思想激烈碰撞，道德失范问题也时有发生，如"人心冷漠，见死不救""食品药品安全""医患矛盾""公交霸座""追星傍大款"等等。因此，德育不应该关起门来说教，而应该以开放的姿态直面社会现实。要适当精选一些社会上正常存在的、学生关心的、具有教育意义的主题，积极应对化解学生内心矛盾和思想困惑，大力弘扬主旋律，在学生灵魂深处种下真善美的种子。

三是紧贴学生实际开展道德教育。学校德育内容的确定应符合教育目的、德育目标、德育任务的要求，符合学生的年龄特点、身心发展和思想道德水平要求。要贴近学生实际设计内容丰富、形式新颖的德育主题活动，从学生的思想认知和品德发展实际出发，根据他们的年龄特征和个性差异设计"差别化"教育策略，使每个学生的品德都能得到最好的发展。贯彻这一原则的基本要求是深入实际，根据学生个性特点有的放矢地进行教育，努力做到"一把钥匙开一把锁"。

（4）**正面疏导的原则**。疏导是德育的基本原则，也是思想政治教育的方针。针对学生思想日益活跃、独立性增强、青春期逆反心理增加的实际，学校德育工作要坚持疏导原则。这对于进一步落实德育目标，改变当前学校德育工作中存在的简单粗暴、批评说教等教育方式，提高德育实效有着重要的现实意义。

坚持正面教育是疏导原则的核心，基本要求是讲明道理，疏导思想；因势利导，循循善诱；以表扬激励为主，坚持正面教育；以理服人，从提高学生认知入手，调动学生的主动性，使他们积极向上。

坚持正面疏导教育就是对学生成长过程中出现的种种问题和倾向，要善于开导引导，既不能强行压制，也不能放任自流，而要采用说服教育、以理服人的方法，使学生受到熏陶感染。正面疏导教育时，要坚持循循善诱，不拘一格，采取榜样引导，以表扬鼓励为主、批评教育为辅，以正面教育引导和纪律约束相结合等方式，帮助学生实事求是地分析问题，疏通思想障碍，提高思想觉悟和自主自律意识，培养健全人格。

（5）**尊重信任的原则**。心理学家马斯洛将人的需要划分为生理的需要、安全的需要、归属与爱的需要、尊重的需要、自我实现的需要五个等级，尊重的需要是其中一个重要方面。随着年龄的增长,学生内心越来越渴望得到老师的尊重和欣赏。尊重信任学生才能赢得学生的信任,让他们发自内心地服从老师的教育和管理。尊重信任是指在教育活动过程中,教师要对学生一视同仁,不打击、不体罚、不讽刺、不挖苦,给予学生充分的尊重和信任。这一原则是教育者正确对待受教育者的基本情感和态度。苏联教育家马卡连柯说:"要尽量多地要求一个人,也尽可能地尊重一个人。"如何落实这一原则,首先教育者要根据学校的德育任务和学生的思想道德水平,提出合理、明确、具体的系列化德育目标要求,尊重学生人格,关心爱护学生,不能挖苦讽刺、体罚或变相体罚学生,尤其是对待后进生。另一方面,教育者要有强烈的责任感,对学生晓之以理,动之以情,将尊重爱护学生与严格要求结合起来。

(6)知行统一的原则。德育既要重视学生的思想道德教育,又要重视学生的实践锻炼,把提高认识和行为养成结合起来,使学生做到言行一致、表里如一。

一是要加强理论教育,提高学生的思想道德认识。要组织学生学习社会主义核心价值观、新时代爱国主义教育实施纲要、中学生守则和学校核心育人理念,让学生明白什么是荣、什么是耻,应该学习什么、抵制什么,树立正确的道德认知。

二是组织学生积极参加社会实践活动,增强情感体验。如何把德育抽象的理论内化为个体的情感体验呢?实践证明,寓德育于实践活动,让学生在亲身体验之中获得感知,是一条有效途径。学校可依据学生年龄特点,开展"启蒙拜师礼""敬老孝亲""我与春天有个约会""接过雷锋的枪,争做新时代好少年""十八岁成人礼"等丰富多彩的校园文化活动;校外可组织学生参观红色革命纪念馆、展览馆、博物馆,参加"垃圾分类"、夏令营、研学之旅、公益活动等,让学生在实践活动中了解国情民情,增强内心体验,学会认知,学会做事,学会做人。

三是对学生的评价要坚持知行统一原则。对学生的德育评价既要看道德认知,更要看道德行为和道德习惯,防止用智育代替德育、用认知代替行为的错误倾向,引导学生培育和践行社会主义核心价值观,成为有大爱有情怀的人。

四是教育者要以身作则,严于律己。在学生的心目中,教师是智慧的代表、高尚人格的代表,教师的言行就是道德标准。我国著名的儿童教育家孙敬修比喻说:孩子的眼睛是录像机,耳朵是录音机,脑子是电子计算机,录下来的信号装在计算机里,储存起来,然后去指导他们的行动。因此,教师要时时事事严格要求自己,敢于正视自己,解剖自己。凡要求学生做到的,教师必须先做到,给学生树立好榜样;凡要求学生不做的事,教师坚决不做,用自己良好的道德言行给学生做表率。

(7) 协同育人的原则。在德育工作中,教育者应该跳出单纯的学校教育的小圈子,将德育目标投向更为广阔的外部环境,主动协调好与家庭、社会教育的关系,构建"三位一体"的德育网络体系。在学生的学习成长过程中,最早接受的是家庭教育,起主导作用的是学校教育,而影响最广泛的则是社会教育。因此,在教育上,要使学校、家庭和社会教育一体推进,形成合力。

一是加强学校思品教育。学校教育要坚持正确的育人方向,整合学校内部的各种教育资源,充分发挥课堂教学的主渠道作用和思政课的主阵地作用,引导学生把个人的理想同国家的发展紧密联系在一起,在教育灌输和潜移默化中,引导学生树立正确的世界观、人生观和价值观。

二是加强家庭示范教育。家庭教育既是学校教育的基础,又是学校教育的延续与升华。家庭是人生的第一个课堂,父母是孩子的第一任老师。父母是孩子最好的榜样,父母的一举一动,对孩子来说都有着重要的影响,甚至影响孩子的一生。因此,要充分利用家长学校这一阵地,加强对家长的培训,指导家长掌握科学的教育方法和教育艺术,让家庭教育与学校教育相互配合,同频共振,促进学生健康成长。

三是加强社会正面引导。社会是一个复杂的生态圈,里面有很多积极的因素,也有许多消极的现象,这些都会对处于人生"拔节孕穗期"的学生产生直接或间接的影响。因此,德育工作不能搞单打一,学校要与政府部门合作,净化社会环境,取缔学校周边的娱乐场所。要坚持以社会主义核心价值观引领,净化网络环境,宣传正面典型,引领学生"三观"。只有建立以学校为中心的"三位一体"德育网络,才能形成全方位、无死角的育人链条,提高教育实效。

二、学校德育工作的现状分析与对策

众所周知,德育、智育、体育、美育和劳动教育共同构成中小学教育的"五育"完整体系,在"五育"中,德育是学校教育之"首",是灵魂。教育家高震东说过:"智育没有德育为基础,是犯罪的帮凶;体育没有德育为基础,是暴力的前卫;美育没有德育为基础,是腐化的催化剂。"随着教育的发展,中小学德育的新老问题摆在了我们面前,如重智轻育、内容僵化乃至异化、范围狭窄单薄、心理健康问题等,分析目前中小学德育现状,存在以下共性问题。

(一)当前中小学德育存在的共性问题

1. 德育内容空泛化,存在形式主义现象

——形式主义的德育,是无效的德育,甚至会产生某种反德育功能。

中小学德育目标过于抽象、空泛,目标之间缺乏适当的层次,与青少年学生的心理发展特点结合不紧,具体表现在:有些德育计划不能从班情、学情实际出发,空洞说教;有些学校德育活动由老师唱主角,忽视了学生的主体地位;有的主题班会,存在应付检查、拍照片、补记录等形式主义倾向。南通大学丁锦宏教授说:"我们必须懂得,形式主义的德育,不能落实到学生的生活实践中,不能融汇到学生主体人格成长中,不能鲜活地彰显于学校文化环境并自觉成为社会之德风的德育,不只是弱效乏能,还可能无效甚至产生某种反德育功能。"因此,学校德育工作必须解决好空洞随意、形式主义盛行、抓不好抓不实等问题。

2. 德育体系不完整,缺少具体课程支撑

——如果学校德育缺少层次性和规范的课程体系,就会使德育工作落实起来不够规范、随意性大。

从学校德育的范畴来看，涵盖心理素质教育、道德素质教育、思想政治教育、日常行为规范等领域；从内容看，包括传统美德教育、国情教育、五爱教育、时事政治教育、理想教育、集体主义教育、法制教育以及世界观、人生观、价值观教育等方面。丰富的德育内容为学校德育现代化奠定了基础，但是审视当下我们的德育工作，还缺少层次性、系统性的整体设计，从小学、初中到高中，各学段的德育内容交叉重复多，没有像智育那样形成一套科学化、规范化的课程体系，这就使得德育工作落实起来不够规范、随意性大。

3. 对德育认识不到位，未形成育人合力

——德育工作要全员、全程开展。如果学校、家庭、社会不能有效衔接、有力配合，德育效果势必大打折扣。

社会、学校和家庭在德育上认识不统一，各自为政，没有形成合力。社会认为德育只是学校的事，主动参与的少；有的学校认为只要学校硬件建设、教学质量和升学率上去了，德育工作成绩自然就好了；个别教师认为学生德育工作是领导、班主任和政治教师的事情，与己无关，个人只要教好课就行；部分家长认为孩子送到学校后，自己只要做好后勤保障工作就可以了，教育是学校的事。另外，家庭教育和社会现实中的很多负面因素也影响了德育工作的成效，如助人为乐被误解、见义勇为被讹诈等事件的负面影响不容小视。学校教育与家庭、社会脱节，缺少必要的配合支持，德育效果也打了折扣。

4. 德育方法单一，吸引力不强

——传统的德育方式，已经越来越难以得到学生的情感共鸣和认同。创新性不够，导致德育工作费时费力，成本很高，效果不明显。

在学校的道德教育中，常见的方式是以学校校长、领导、德育主任或班主任日常训话为常态，或者是以出黑板报、手抄报、师生谈心等形式开展，这种传统的德育方式，已经越来越难以得到学生的情感共鸣和认同。道德认知既然不能内化于心，也就很难外化于行。学校德育方法陈旧单一，创新性不够，没有将道德教育与时代发展、生活实际、学生的心理诉求有机结合起来,导致德育工作费时费力、成本很高,效果不明显。

5. 德育评价机制不科学,存在偏差
——德育缺乏完整规范、统一可行的评价体系,导致一些学校用一个道德标准去衡量所有的学生,把德育工作的范围和内容看窄了、看小了。

目前,学校德育工作还没有一个完整规范、统一可行的评价体系,各学校在实施上自觉不自觉地存在依附性、随意性和片面性等倾向,表现在三个方面:一是用考试成绩代替德育评价。受传统应试教育的影响,学校德育效果的评价往往依附于考试分数,对学生德育的评价是通过考分高低来判定,用一个道德标准去衡量所有的学生,不够科学。二是用纪律考评代替德育评价。将纪律考核和德育评价画等号,将学生的日常表现和纪律得分作为德育素质评价的主要指标,把德育工作的范围和内容看窄了、看小了。三是用活动开展代替德育评价。检查考评时,往往是看搞了多少活动,组织了几场竞赛,赢得了多少荣誉,汇编了多少文件,这些评价手段和方式带有很大的主观性、片面性,难以反映出一个学校真正的德育水平。

(二)解决当前德育现状问题的对策建议

学校德育工作要根据《中小学德育工作指南》《新时代爱国主义教育实施纲要》等文件精神,全面贯彻党的教育方针,落实立德树人根本任务,摆脱功利化思想,让教育回归本真,让德育无处不在、无时不在,渗透到学校教育教学的各个方面、工作的各个环节。

2020年6月河南省教育厅下发了《关于进一步做好中小学德育工作,落实立德树人根本任务的意见》。文件强调,要加强德育内容、途径、方法的创新,拓宽德育实施途径,通过课程育人、文化育人、活动育人、实践育人、管理育人、协同育人等渠道,不断提高德育工作的吸引力、感染力和针对性、实效性,努力形成全员育人、全程育人、全方位育人的德育工作格局,将立德树人的根本任务落到实处。

1. 树立"立德树人"的核心育人理念

——要实现全科育人、全程育人、全员育人，各科教师既要授业解惑，更要"传道"，当好学生的"引路人"，让课堂充满真理活力与道德张力。

德国教育家赫尔巴特指出："教育的唯一工作与全部工作可以总结在这一概念——道德……道德普遍地被认为是人类的最高目的，因此也是教育的最高目的。"学校教育要树立"立德树人"的核心理念，让"大德育"的观念深入人心，坚决纠正"升学率第一、唯分数至上"的思想偏差。在德育实践中，各科教师既要授业解惑，更要"传道"，当好学生的"引路人"，让课堂充满真理活力与道德张力。要系统设计课程，整合利用各种资源，统筹协调各方力量，实现全科育人、全程育人、全员育人。要构建"学校、家庭、社会"三位一体的德育体系，形成社会教育、家庭教育、学校教育密切配合的良好局面。

2. 抓好德育系列课程的开发与实施

——在德育工作上注重顶层设计，以课程的形式相对固化德育活动，构建校本化、板块化的德育课程体系，提高德育实效。

依据中小学德育大纲、课程标准和学校育人目标，开发丰富多彩的德育课程，构建校本化、板块化的德育课程体系，提高德育实效。

（1）**注重基础型课程的改革创新**。教育艺术的本质不在于传授，而在激励、唤醒和鼓舞。要结合学生身心成长特点和发展需要，按照有序性、层次性和渐进性要求，对现有中小学思想品德课进行改革，在优化设计上下功夫。各科教师要坚持"育知"与"育德"结合，善于挖掘不同学科的德育要素，并自然恰当地展现出来，努力营造"关注生命、关注生活、关注成长"的课堂生态。

（2）**做好活动型课程的顶层设计**。围绕立德树人、培根铸魂总体要求，精心设计系列活动课程，在活动中渗透德育，培养学生完备的道德素养。我校在德育工作上注重顶层设计，以社会主义核心价值观、中小学核心素养和学校核心育人理念为依据，建立了德育"十二个品格月"目标体系，将庞大复杂的德育内容细化分解到爱国、理想、亲情、文明、环保、科技、拼搏、实践、目标、诚信、健康、友善、安全、法治等主题上，做到了一月一目标、一周一主题，天天有德育，让德育之花开满校园。

（3）开发贴近时代的拓展型课程。要以着眼学生全面发展为立足点，紧贴时代实际，不断丰富主题和内容，创新德育形式，建立动态发展的德育资源库。如我校结合女生特点和成长需要，开发了女性青春期心理讲座、课间健美操、"3G＋N"（女子防身术、插花茶艺、女性生活技能、形体舞蹈、书法国画、播音主持）等拓展型德育课程，以及"清北研学"之旅、徒步万安山磨砺之旅、探寻河洛文化之旅等一系列综合社会实践课程，在活动中丰富了学生的情感体验，开阔了视野，修炼了精神气质。

3. 发挥好德育隐性载体的育人力量

——更加注重隐性教育的作用，用好各种育人载体，让教育的意图退居幕后，隐蔽在友好的和无拘无束的教育关系中。

苏霍姆林斯基强调，教育意图要隐蔽在友好的和无拘无束的教育关系中。针对青春期学生的心理特点，德育应该坚持显性与隐性并举，当前要更加注重隐性教育的作用。

（1）用好最新时政资源的德育载体。国内外时政热点、重大新闻事件中往往蕴藏着丰富的教育资源，运用得当会起到很好的教育效果。如2020年，国内最引人注目的事件是中国的全民抗疫，这是一次深刻的人生体验，更是一次难得的教育契机。学生返校复学后，洛阳华洋国际学校以抗疫为主题，在全校连续开展了"把灾难当教材，与祖国共成长""致敬抗疫英雄""中国，我为您点赞"等系列主题班会，对学生进行思想政治教育，在他们灵魂深处厚植爱国基因，埋下"真善美"的种子，帮助学生扣好人生第一粒扣子。又如2020年国庆前夕，因为电影《夺冠》的上映，中华大地上掀起了新一轮女排热，我们及时组织学生观看《夺冠》，写影评，开展演讲比赛，引导学生学习感悟女排精神，培养自强拼搏精神；2020年10月25日，是中国人民志愿军出国作战70周年纪念日，我们及时召开《铭记历史，致敬最可爱的人》主题班会，有效培养了学生的爱国主义精神和集体主义观念。

（2）用好特色班级文化育人载体。 校园和班级文化环境是无声的教育阵地，可以对学生产生潜移默化的影响。近年来，华洋国际学校开展的特色班级文化建设活动（一班一品一特色，文化支点铸班魂），注重发挥文化涂鸦墙、班级活动展示栏、班级月刊、班级荣誉榜等的隐性教育载体作用，用班级文化氛围感染学生，引导学生走出误区，改变不良习惯，在超越自我、完善自我中铸造优秀品质。

（3）用好教师这个活的育人载体。 古人云：亲其师，信其道。教师的人格魅力、言行举止，都可能影响学生的一生。因此，要加强教师的专业培训，提升教师的综合素养，让教师成为学生最崇拜的偶像，通过教师渊博的学识、高尚的人格赢得学生的尊敬和爱戴，达到"飞鸟无痕""润物无声"的效果。

4. 创新德育活动的方式方法

——教师要扮演好"协助者"和"参与者"的角色，把德育活动的时空还给学生，让德育活动活起来、火起来。

一定的形式为内容服务，好的形式会让活动更富有吸引力。要大力创新德育方式手段，让德育活动活起来、火起来。如我校一年一度开展的"六大校园主题文化节"（故事节、牡丹文化艺术节、科技节、读书节、外语文化节、迎新年社团文化艺术节）等活动争奇斗艳，让学生在活动中增长了知识，培养了高尚道德情操。学生是德育活动的主体，他们的头脑中蕴藏着无穷的聪明智慧，因此，在德育活动的组织策划、具体实施和评价反馈等环节，教师要扮演好"协助者"和"参与者"的角色，把德育活动的时空还给学生，大胆放手让学生自主设计、主动参与、自我评价，让学生在活动中体验快乐、自我成长，促进学生核心素养的提升和全面发展。

5. 建立科学的德育评价体系

——要创新过程性评价办法，完善综合素质评价体系，把是否有利于实现学生科学成才、全面发展作为衡量学校德育质量高低的标准。

考核评价是无形的"指挥棒",直接影响着学校的办学方向。德育工作中的误区很大程度上是评价体制的不科学造成的。习近平总书记强调:"要深化教育体制改革,健全立德树人落实机制,扭转不科学的教育评价导向,坚决克服唯分数、唯升学、唯文凭、唯论文、唯帽子的顽瘴痼疾,从根本上解决教育评价指挥棒问题。"在进行德育评价时,要坚决改变用分数给学生贴标签的做法,创新德智体美劳过程性评价办法,完善综合素质评价体系,切实引导学生坚定理想信念,厚植爱国主义情怀,加强品德修养,增长知识见识,培养奋斗精神,增强综合素质。要把是否有利于实现学生科学成才、全面发展作为衡量学校德育质量高低的标准。

2020年10月中共中央、国务院印发的《深化新时代教育评价改革总体方案》中明确提出,要根据学生不同阶段身心特点,科学设计各级各类教育德育目标要求,引导学生养成良好思想道德、心理素质和行为习惯,传承红色基因,增强"四个自信",立志听党话、跟党走,立志扎根人民、奉献国家。通过信息化等手段,探索学生、家长、教师以及社区等参与评价的有效方式,客观记录学生品行日常表现和突出表现,特别是践行社会主义核心价值观情况,将其作为学生综合素质评价的重要内容。因此,要解放思想,与时俱进,建立科学的德育评价指标体系,推动学校德育工作科学发展,快速提升。

三、德育"12 个品格月"目标体系的构建

（一）德育"12 个品格月"育人理念的提出

1. 提出背景

——针对德育的空泛化、形式化、随意化等问题，学校将庞大复杂的德育内容细化分解，让德育目标具体化、课程化、体系化。

基于对目前学校和班级德育的空泛化、形式化、随意化等现状的分析，结合学校德育工作实际，我们坚持探索如何让中小学德育目标具体化、课程化、体系化等落地的具体措施。2013 年我在洛阳华洋国际学校提出了德育"12 个品格月"目标体系的构想，德育"12 个品格月"目标体系是按照一年 12 个月来设计德育主题，每月设计 1 个德育月主题活动和 4 个德育主题班会活动，全年共设计了 12 个月德育主题活动和 48 个德育主题班会活动。通过这个德育目标体系的构建，将庞大复杂的德育内容细化分解到爱国、理想、亲情、文明、健康、环保、科技、拼搏、实践、目标、责任、安全、法治等主题上，真正做到了一月一目标、一周一主题，天天有德育，形成了全年班级德育目标课程化体系。

2. 理论基础

——德育"12 个品格月"系列主题活动设计，涵盖德育内涵的五个维度，较全面地设置德育目标内容，力求形成比较完整的目标育人德育体系。

德育"12 个品格月"体系的内容设计理论基础是：依据社会主义核心价值观、中小学生的德育目标、中小学生核心素养、学校的文化育人理念，并结合新时代爱国主义教育实施纲要进行设置。涵盖了德育内涵的五个维度：政治教育、思想教育、道德教育、法纪教育和心理教育。对学生进行爱党爱国教育、传统美德教育、革命传统教育、养成教育、责任教育、诚信教育、环境道德教育、网络道德教育、心理健康教育、珍爱生命教育、安全法制教育、挫折教育、目标理想教

育、职业规划教育、学习方法教育、感恩孝道教育、社会公德教育、励志教育等，较全面地设置了德育目标内容，力求形成比较完整的目标育人德育体系。

德育"12个品格月"体系构建的理论基础如下：

（1）依据社会主义核心价值观的理念。富强、民主、文明、和谐是国家层面的价值目标；自由、平等、公正、法治是社会层面的价值取向；爱国、敬业、诚信、友善是公民个人层面的价值准则。依据这24个字社会主义核心价值观的基本内容作为设计12个品格月德育目标的重要理论支撑，贯穿其中，教育学生把握价值目标，理解价值取向，遵守价值准则，将社会主义核心价值观内容落实到中小学教育教学和管理服务的各环节，内化于心，外化于行。

（2）依据中小学生核心素养。主要是指学生应具备的、能够适应终身发展和社会发展需要的必备品格和关键能力。核心素养是关于学生知识、技能、情感、态度、价值观等多方面的综合表现，是每一名学生获得成功生活、适应个人终生发展和社会发展都需要的、不可或缺的共同素养，包含文化基础、自主发展、社会参与三个方面，综合表现为人文底蕴、科学精神、学会学习、健康生活、责任担当、实践创新6大素养，以此作为德育"12个品格月"系列主题活动设计的重要理论基础，体现在系列的德育主题活动中。

（3）依据《中小学生德育工作指南》。初中阶段德育目标是：热爱祖国，具有民族自尊心、自信心、自豪感，立志为祖国的社会主义现代化努力学习；初步树立公民的国家观念、道德观念、法制观念；具有良好的道德品质、劳动习惯和文明行为习惯；遵纪守法，懂得用法律保护自己；讲科学，不迷信；具有自尊自爱、诚实正直、积极进取、不怕困难等心理品质和分辨是非、抵制不良影响的能力。

（4）依据学校的文化育人理念。2020年6月河南省教育厅下发的《关于进一步做好中小学德育工作，落实立德树人根本任务的意见》中强调：各学校要发挥好校园文化的浸润作用，建设积极向上、格调高雅的校园文化，让校园处处成为育人的场所。每个学校都有自己独特的育人理念和校园文化，如学校的办学理念、校徽、校训、校风、学风、教风等文化标识，体现着学校的育人导向功能。学校的育人理念通过班级德育来实现，班级文化是学校文化落地的载体。如洛阳华洋国际学校的核心育人理念是"立德树人、文化立校、质量立本、特色强校"；校风是"崇尚学习，志存高远"，学风是"自省、自律、自治、自动",教风是"爱心育人,启智求真",这些理念都在德育"12个品格月"主题活动设计中得到充分体现。

从2013年开始,洛阳华洋国际学校经过近十年的德育创新实践,很好地将德育目标与校风、学风结合,以"12个品格月"作为德育工作的载体,实现了德育课程化、体系化,收到了很好的育人效果。

（二）德育"12个品格月"目标体系的构建

1."月名称"的由来

——月名称结合学校教学进度、当月的时令和节日,以及德育整体目标等综合确定,每个月名称都代表着不同又特别的含义。

德育"12个品格月"是以德育品格来命名全年十二个月份的名称:一月,理想月;二月,亲情月;三月,文明月;四月,环保月;五月,科技月;六月,拼搏月;七月,诚信月;八月,实践月;九月,目标月;十月,爱国月;十一月,安全月;十二月,法治月。

"品格月"的名称由来:首先是依据学校教学规律、教学计划和教学工作进程来确定品格月名称。如九月为目标月,依据是九月是一个新学年开始的第一个月,新学年、新起点、新目标,每个学生都要规划制定自己的学习目标和学习计划,因此就以此来引领德育目标的实施。如六月为拼搏月,是根据高三学生六月要参加高考,初三学生要参加六月中考,其他年级六月也都进入了期末总复习阶段,因此确定六月为拼搏月,以此引领和鼓励学生勤奋努力,拼搏学习,取得优异成绩。12个月的月名称由来都代表着不同又特别的含义。

第二是依据当月的时令、节日纪念日主题来确定品格月的月名称。如二月是亲情月,是依据春节亲人团聚过大年来取名的;十月为爱国月,是依据十月一日国庆节来确定的以爱国为主题的品格月;十二月为法治月,是依据12月4日国家宪法日来确定德育主题而命名的。

第三是依据学校的中心工作任务确定当月的德育主题。如五月科技月,是因为洛阳华洋国际学校的"六大校园文化艺术节"中的"校园科技节",一般在五月份举行,由此确定五月的品格月名称为科技月;七月诚信月,是因为七月除高三、初三毕业年级以外的其他各年级都进入了期末考试阶段,命名为诚信月,借此对学生进行诚信考试、诚信做人教育。

2. "品格花"和"花语"的寓意
——从花的寓意中提炼出的品质作为每月的花语,蕴含德育目标,托物言志,让学生产生情感共鸣。

品格花,分别以每月盛开的一种鲜花作为品格花,并从花的寓意中提炼出的品质作为每月的花语,蕴含德育目标,托物言志,对学生起到激发情感的作用。12个品格花设置如下:

一月品格花:迎春花

【花语】带雪冲寒,召唤春天,象征理想,寄寓希望。

二月品格花:紫罗兰

【花语】赏心悦目,沁人心脾,永恒亲情,孝慈高尚。

三月品格花:白玉兰

【花语】洁白如玉,朵朵向上,美丽高洁,文明善良。

四月品格花:牡丹花

【花语】根在河洛,国色天香,品格高尚,富贵吉祥。

五月品格花:幸运草

【花语】生生不息,无所畏惧,创新科技,美好期许。

六月品格花:荷花

【花语】迎骄阳不惧,出淤泥不染,不惧磨难,追求理想。

七月品格花:桔梗花

【花语】抱朴守真,诚实守信,胸怀宽广,敢于担当。

八月品格花:桂花

【花语】朴实无华,香满天下,脚踏实地,行而致远。

九月品格花:美人蕉

【花语】目标明确,意志坚强,志存高远,脚踏实地。

十月品格花:一串红

【花语】奔放高雅,赤红热烈,修齐治平,家国情怀。

十一月品格花:月季花

【花语】期盼幸福,向往未来,友善关爱,心系安全。

十二月品格花:腊梅花

【花语】百花之先,凌寒绽放,坚毅独立,春之情怀。

3."月主题活动"的设计

——依据德育整体目标,全年共设计12个"月主题活动",突出当月品格月的特点,体现学校的核心育人理念。

每个月的"月主题活动"设置原则,一般为全校性活动或者是以一个学段开展的活动,依据德育目标全年共设计了12个"月主题活动"。月主题设计首先要突出当月品格月的特点,体现学校的核心育人理念,同时结合我校的六大校园文化艺术节(校园故事节、校园牡丹文化艺术节、校园科技节、校园读书节、外语文化艺术节、迎新年社团文化艺术节)活动、结合我校六大主题社会实践活动(爱心之旅、励志之旅、磨砺之旅、探索之旅、研学之旅、探寻河洛文化之旅)开展;同时也要结合教学特点、纪念日和时事新闻事件等设计月主题活动。

12个月主题活动具体设计如下:

一月理想月:月主题活动围绕新年伊始,新的一年,新的目标,新的希望,新的征程。盘点过去一年,展望新的一年,确定更高的目标开展。

二月亲情月:月主题活动围绕体味浓浓亲情,感受春节传统文化。春节是中国人心中最隆重的节日,利用寒假开展丰富多彩的主题实践活动。

三月文明月:月主题活动围绕精神文明伴我行,说文明话,做文明人,开展月主题活动。

四月环保月:月主题活动围绕贯彻五大发展理念,树立健康环保意识开展。四月是洛阳牡丹盛开的季节,为传承优秀传统文化,培养学生爱家乡情怀,学校举办一年一度的"校园牡丹文化艺术节"。

五月科技月:月主题活动围绕校园科技节开展,培养学生热爱科学、大胆创新的品质和精神。

六月拼搏月：月主题活动是结合六月是一个学年的结束，围绕认真复习、备战中考、高考和期末考试设计活动，体现学校的拼搏文化。

七月诚信月：围绕"七一"建党节，开展"致敬建党百年，传承红色基因"主题实践活动，还可以利用暑假时间，参加夏令营及各种丰富多彩的社会实践活动。

八月实践月：月主题活动利用暑假期间，设计开展丰富多彩的主题社会实践活动，让学生获得社会、生活、研学等丰富的实践体验。

九月目标月：月主题活动围绕九月是一个新学年的开始，"新学年、新目标"设计主题活动；学校开展迎国庆歌颂祖国诗歌朗诵和歌咏比赛。

十月爱国月：月主题活动围绕十月是爱国主义教育月，结合国庆节开展以爱国主义为主题的系列活动，增强学生民族自豪感和强烈的爱国主义情怀。

十一月安全月：月主题活动围绕"119消防宣传日"开展安全应急疏散演练和安全知识培训活动，使学生树立珍爱生命的观念，学会自救的本领。

十二月法治月：月主题活动围绕"12月4日国家宪法日"，开展法制宣传月，围绕大力弘扬法治精神开展系列活动。

4. "周主题班会"的设计

——学校紧扣德育大纲中的相应年级要求，依据不同班情和结合时代发展特点，围绕德育目标设计目标明确、观点正确、主题突出的系列主题班会，让全年的德育目标细化、落地。

主题班会是德育目标落地的重要载体，是班级文化建设的重要途径，是学生习惯养成、品德修养、人格塑造、"三观"形成的生动课堂。洛阳华洋国际学校设计的德育"12个品格月"，紧扣德育大纲中的相应年级要求，从学生发展实际出发，依据不同班情和结合时代发展特点，围绕德育目标设计目标明确、观点正确、主题突出的系列主题班会。每月4个主题活动，全年12个月共设计了48个主题班会和N个自选主题班会，认真落实《中小学德育工作指南》的目标要求，力求实现德育目标的课程化、体系化，真正将育人目标落到实处。

德育"12个品格月"系列主题班会的具体设计思路如下：

（1）依据学生的学习进程和思想动态设计班会主题。 如：六月拼搏月第一周主题班会设计"冲刺中考,无悔青春"主题班会;八月实践月第四周主题班会设计为"迷彩岁月,青春记忆"主题班会(初一);九月目标月第一周主题班会设计为"新学期从树目标立规矩开始"主题班会。

（2）**依据每个月的时令、节日纪念日确定班会主题**。例如:五月第一周主题班会围绕五四青年节设计为"传承'五四'精神,厚植家国情怀"主题班会;九月结合"九一八"纪念日,设计第三周主题班会为"铭记历史,勿忘国耻"主题班会;十月第二周结合中秋节设计的"中秋话团圆"主题班会,传承中国传统文化;十二月法治月,结合"12·4"宪法日与全面依法治国方针设计开展活动,第一周设计为"礼赞祖国,致敬宪法"主题班会等。

（3）**依据学校特色文化设计主题班会**。如围绕洛阳华洋国际学校的"六大校园文化艺术节、六大主题实践活动"设计每月的周主题班会。如依据五月科技月设计的第四周主题班会为"科技缔造,国之荣耀";一月理想月,结合学校"自省、自律、自治、自动"的学风,设计第二周主题班会是"认识自我,树立自信"主题班会。

（4）**依据当地、当前发生的大事件来确定主题班会**。如每年四月是洛阳国际牡丹文化艺术节,据此第二周主题班会设计为"根在河洛,传承文明";又如,六月初三围绕毕业季开展"冲刺中考,无悔青春"主题班会等。

（5）**依据当下新闻时事、重要事件确定主题班会**。如 2021 年六月至七月结合建党 100 周年开展"庆祝建党一百周年——党旗在我心中"主题班会和"致敬建党百年,传承红色基因"主题实践活动,对学生进行爱党爱国教育。又如结合 2020 年全国突发的新冠疫情开展了"把灾难当教材,与祖国共成长"和"敬畏自然,珍爱生命"主题班会,激发学生的爱国热情,厚植家国情怀。

5."自选主题班会"的设计

——要给班主任一个自主的空间,"自选主题班会"使得德育内容更加丰富,更加贴近班情和校情,既体现系列性、规范性,又突出灵活性、适时性和科学性。

德育"12 个品格月"全年共设计了 48 个主题班会活动,这些作为德育的系列课程,实现了德育目标的系统化和课程化。

"自选主题班会"模块的设计,就是要给班主任一个自主的空间,更好地挖掘班主任的个人管理潜能,发挥班主任个性化特色管理班级,为班主任提供更大的选择空间,调动班主任管理的积极性。自选班会,也为班主任处理班级突发事件、利用社会热点问题等开展教育提供了广阔空间。德育"12个品格月"主题班会加上自选主题班会,使得德育内容更加丰富,更加贴近班情和校情,更能结合学生当下急需要解决的思想问题,使得"12个品格月"班会主题内容设计既体现系列性、规范性,又突出灵活性、适时性和科学性。

6. 示例:九月品格月的整体设计

——结合九月份的节令、节日等,设置4个主题班会和N个自选主题班会,力求实现德育目标的课程化、体系化,真正将育人目标落到实处。

九月　目标月

【品格花】

美人蕉

【花语】

目标明确,意志坚强,志存高远,脚踏实地。

【月主题活动】

九月是一个新学年的开始,围绕新学年、新目标设计月主题活动。

【周主题班会】

第一周:"新学期从树目标立规矩开始"主题班会

第二周:"成长路上,感恩有您"主题班会

第三周:"铭记历史,勿忘国耻"主题班会

第四周:"学会学习"主题班会

【自选主题班会】

还可以围绕新学期、新目标、《开学第一课》设计主题班会。起始年级可围绕如何建立新班级、如何制定班级公约等开展主题班会。

（三）德育"12个品格月"目标体系模块（初中学段）

一月 理想月

【品格花】
迎春花
【花语】
带雪冲寒，召唤春天，象征理想，寄寓希望。
【月主题活动】
围绕"回顾与展望""新年新梦想"设计月主题活动。
【周主题班会】
第一周："盘点与展望"主题班会。
第二周："认识自我，树立自信"主题班会。
第三周："规划寒假，让时间增值"主题班会。
第四周："管好自己的'小钱袋'，理性消费"主题班会。
【自选主题班会】
还可以结合期末考试，如诚信考试教育，或邀请本校往届优秀毕业生进班做学习方法指导交流等，从不同角度设计开展主题班会。

二月 亲情月

【品格花】
紫罗兰
【花语】
赏心悦目，沁人心脾，永恒亲情，孝慈高尚。
【月主题活动】
围绕"春节里话亲情"设计月主题活动。
【周主题班会】
活动一："春节里，话春联"主题实践活动。
活动二："感受亲情，传承家风"主题实践活动。
第三周："把灾难当教材，与祖国共成长"主题班会。
第四周："春暖花开，扬帆起航"主题班会。
【自选主题班会】
还可以围绕春节、二十四节气开展学习传统文化活动，如"吃在中国，看在中国"，使学生传承中华民族优秀传统文化。

三月 文明月

【品格花】
白玉兰
【花语】
洁白如玉，朵朵向上，美丽高洁，文明善良。
【月主题活动】
围绕"文明伴我行"设计月主题活动。
【周主题班会】
第一周："续写雷锋日记"主题班会。
第二周："初三百日，种一棵信念的树"主题班会。
第三周："文明中国，我在行动"主题班会。
第四周："规划人生，走向成功"主题班会。
【自选主题班会】
还可以围绕"文明城市我代言"、植树节和文明话题设计主题班会。

四月 环保月

【品格花】
牡丹花
【花语】
根在河洛，国色天香，品格高尚，富贵吉祥。
【月主题活动】
围绕贯彻五大发展理念，树立健康环保意识设计月主题活动。
【周主题班会】
第一周："我们只有一个地球"主题班会。
第二周："根在河洛，传承文明"主题班会。
第三周："垃圾分类，从我做起"主题班会。
第四周："青春作伴好读书"主题班会。
【自选主题班会】
还可以围绕"清明节"或期中考试设计主题班会。

五月 科技月

【品格花】
幸运草
【花语】
生生不息，无所畏惧，创新科技，美好期待。
【月主题活动】
围绕培养学生热爱科学、大胆创新的科学品质和精神设计月主题活动。
【周主题班会】
第一周："传承'五四'精神，厚植家国情怀"主题班会。
第二周："感恩父母"主题班会。
第三周："让青春在劳动中闪光"主题班会。
第四周："科技缔造，国之荣耀"主题班会。
【自选主题班会】
还可以围绕"全国助残日"、青春与责任等内容设计主题班会。

六月 拼搏月

【品格花】
荷花
【花语】
迎骄阳不惧，出淤泥不染，不惧磨难，追求理想。
【月主题活动】
结合"中考、高考、期末考试"设计月主题活动。
【周主题班会】
第一周："冲刺中考，无悔青春"主题班会。
第二周："全力以赴，备战期末"主题班会。
第三周："做跟时间赛跑的人"主题班会。
第四周："庆祝建党一百周年——党旗在我心中"主题班会。
【自选主题班会】
结合"世界环境日""父亲节"开展主题班会，或围绕毕业季开展"毕业季，追忆我们的故事"主题班会。

七月　诚信月

【品格花】
桔梗花
【花语】
抱朴守真,诚实守信,胸怀宽广,敢于担当。
【月主题活动】
围绕"七一"建党节和期末诚信考试设计月主题活动。
【周主题班会】
第一周:"诚实守信——为人之本"主题班会。
第二周:"快乐与安全同行"主题班会。
活动一:"致敬建党百年,传承红色基因"主题实践活动。
活动二:"我的暑期阅读计划"主题实践活动。
【自选主题班会】
还可以开展"暑期加油站"主题实践活动,即利用暑假进行文化课查漏补缺并发展相关特长。

八月　实践月

【品格花】
桂花
【花语】
朴实无华,香满天下,脚踏实地,行而致远。
【月主题活动】
围绕"暑假主题实践活动"设计月主题活动。
【周主题班会】
活动一:"青春在奉献中闪光"志愿者实践活动。
活动二:"我为小区植物做'名片'"主题实践活动。
活动三:"我的暑期'十个一'"主题实践活动。
第四周:"迷彩岁月,青春记忆"主题班会。
【自选主题活动】
开展丰富多彩的暑期社会实践活动,撰写暑期社会实践调查报告和小论文。

九月　目标月

【品格花】
美人蕉
【花语】
目标明确,意志坚强,志存高远,脚踏实地。
【月主题活动】
围绕"新学年、新目标"设计月主题活动。
【周主题班会】
第一周:"新学期从树目标立规矩开始"主题班会。
第二周:"成长路上,感恩有您"主题班会。
第三周:"铭记历史,勿忘国耻"主题班会。
第四周:"学会学习"主题班会。
【自选主题班会】
还可以围绕新学期新目标、《开学第一课》设计主题班会。起始年级可围绕如何建立新班级、如何制定班级公约等开展主题班会。

十月　爱国月

【品格花】
一串红
【花语】
奔放高雅,赤红热烈,修齐治平,家国情怀。
【月主题活动】
结合国庆节,围绕爱国主义教育设计月主题活动。
【周主题班会】
第一周:"祖国母亲,我爱你!"主题班会。
第二周:"中秋话团圆"主题班会。
第三周:"走过青春的花季雨季"主题班会。
第四周:"读好书,让经典照亮青春"主题班会。
【自选主题班会】
还可以结合秋天与收获、好习惯养成、"班规班风"等内容设计开展主题班会活动。

十一月　安全月

【品格花】
月季花
【花语】
期盼幸福,向往未来,友善关爱,心系安全。
【月主题活动】
结合"119",围绕安全主题教育设计月主题活动。
【周主题班会】
第一周:"远离校园暴力,学会自我保护"主题班会。
第二周:"珍爱生命,学会自救"主题班会。
第三周:"好习惯伴我成长"主题班会。
第四周:"敬畏自然,珍爱生命"主题班会。
【自选主题班会】
还可以围绕"全国消防安全教育日"和"世界糖尿病日"等开展安全与健康主题班会。

十二月　法治月

【品格花】
腊梅花
【花语】
百花之先,凌寒绽放,坚毅独立,春之情怀。
【月主题活动】
结合宪法月,围绕法制宣传教育设计月主题活动。
【周主题班会】
第一周:"礼赞祖国,致敬宪法"主题班会。
第二周:"学会宽容,学会交往"主题班会。
第三周:"战胜挫折,走向成功"主题班会。
第四周:"不打无准备之仗——期末总复习"主题班会。
【自选主题班会】
还可以围绕期末复习或喜迎元旦文艺活动设计主题班会。

四、设计实施主题班会的方法原则

主题班会是落实班级德育目标的重要载体。主题班会是班主任对学生进行思想品德教育或学生自我教育的一种重要形式,即围绕一个教育主题或针对班级存在的某一个问题,由班主任组织全体学生共同参与的班级教育活动。通过交流、辩论、体验、讨论等形式开展主题活动,引领班级思想,形成良好的班级成长氛围,培养学生正确的人生观和价值观,落实育人目标。

1. 主题班会的常见类型及特点
——在实践过程中,主题班会活动往往不拘形式,但一定要服从教育内容及教育目的,并尽可能为学生所乐于接受。

主题班会是在一定的阶段围绕某个主题开展的、对学生进行思想教育的集体活动。主题班会的常见类型,一般可区分为主题类和活动类两个大的方面。

从主题类型上来看,可分为日常主题、政治主题、阶段性主题、节日性主题和偶发性主题班会。(1)日常主题。日常生活中很多方面的主题,都可以作为班会的主题来使用。(2)政治主题。像"弘扬五四精神""学习贯彻十九届五中全会精神"为主题所进行的班会,就属于政治主题。(3)阶段性主题。阶段性的主题在学校的各个年级段都会使用到。比如高一学生面临分文理科的时候会有很多困惑,在这个阶段召开一次"如何选择文理科"的主题班会。再如班内以"期末总结表彰"为主题召开班会,对本学期工作进行全面的总结,等等,这些都属于典型的阶段性主题班会。(4)节日性主题。生活中很多节日都适合作为班会的主题,像植树节、母亲节、端午节、教师节等等。(5)偶发性主题。对于学校或班级内发生突发事件,如以盗窃、高空抛物伤人、打架斗殴等作为主题,及时召开针对性的班会,教育引导学生冷静思考,培养良好行为习惯。面对偶发事件,班主任要反应敏捷,果断决策,及时确定主题,召开主题班会,才能收到较好的教育效果。我校德育"12个品格月"活动中的自选班会主题活动，就是结合上述主题给班主任提供一个智慧管理班级的空间。

从活动类型上，主题班会可分为：(1)体验式主题班会。这是最常见的一种类型。即围绕主题，设计情景让学生获得对主题的直观感知和身心体验，达到对主题的深入理解。(2)辩论式主题班会。即让学生就某一认识不清的问题，或发生于社会、学校中的事件展开讨论，达到明辨是非的目的。(3)报告式主题班会，即围绕某个教育主题，结合当前形势等教育内容，针对学生关心的问题，请专家、名人作专题报告，引发他们的兴趣，以达到好的教育效果。(4)参观式主题班会。即运用社会丰富的资源力量，让学生现场参观、考察，从而对学生进行教育，这种形式现场感很强。(5)社会实践式主题班会。即围绕主题设计活动，让学生走进社会，参与实践，以获得直接的心灵体验；(6)知识竞赛式主题班会。即围绕主题设计知识竞答，让学生获得对主题深刻的理解和认识，以取得一定的教育效果。(7)纪念式主题班会。抓住富有教育意义的节日、纪念日，组织主题班会。如清明节、母亲节、教师节、中秋节、国庆节等节日，根据学生心理需要，或联欢或座谈，让学生乐于参加，教育效果才会明显。

2. 主题班会案例编写的基本要求

——班会案例的编写要符合一定的规范和要求，这样才便于组织实施，交流经验，不断提升班会课的品质。

一个完整规范的主题班会案例应该包括以下几个模块：(1)班会题目。根据教育内容需要确立班会题目，题目要准确概括班会内容，用词要新颖、有吸引力。(2)班会设计背景。写出开展这个主题班会的背景条件是什么，可以是传统节日时令、入学初、毕业前、期中考试后某个关键点，也可以是纪念某个重要活动或是学生早恋、班级偶发事件等，班会设计要以社会主义核心价值观、中学生核心素养和学校核心理念为理论支撑。(3)活动目的。目的要分层次写清楚，不要泛泛而谈，最终都要落脚到培养学生的学习、生活、习惯和优良品格上。(4)适用年级。写清楚这个主题班会适应哪个学段的学生，表述要清楚，如适用起始年级、适用高中(初中)各年级或适用某年级等。(5)活动准备。要区分类别写清楚，包括班会所有前期准备工作，如视频、文章素材、音乐、主持词和主持人、环境布置、角色扮演、道具、调查问卷等。(6)活动过程。这个模块是主题班会案例的主体,按照逻辑顺序,一般分为导入和组织实施两个过程。导入过程包括开场热身、创设班会情境等,以主持人或班主任为主导,利用主持词、视频或音乐、诗朗诵等形式调动学生情绪,引出班会主题,时间控制在3~5分钟内为宜;实施过程是主题班会的主体部分,根据班会主题的不同,可以设置N个不同环节、分步实施,各个环节要环环相扣,层层递进。(7)活动总结。原则上以班主任为主导。结合班会具体情况,对班会的目的、学生参与、具体实施情况和效果进行总结点评,对主题进行升华。(8)活动延伸。该环节是整个班会的收官环节。围绕班会主题,布置会后作业,进行活动拓展延伸,以增强班会效果的持续性和长效性。

3. 主题班会设计的基本原则

——掌握班会设计的六大原则,灵活运用,主题班会的德育目标才能引起学生心灵的共鸣,产生实际的效果。

一节好的主题班会设计应遵循以下基本原则:

(1)教育性原则。主题班会的教育目标必须紧扣德育大纲中的相应年级要求,依据班情,结合时代特点,从学生发展实际出发,设计目标明确、观点正确、主题突出的系列主题班会,落实育人目标。例如,洛阳华洋国际学校的德育"12个品格月",设计了全年48个系列主题班会,通过系列主题班会对学生进行政治教育、思想教育、道德教育、法纪教育和心理教育。

(2)针对性原则。主题班会课不能浮在面上,泛泛而谈,要有针对性地选择一个主题、解决问题。可以针对学校情况、班级情况和学生心理特点,针对学期教学时间段特点,了解学生普遍对什么感兴趣,知道学生动机、需要、情感等心理特征,针对学生真实的学习生活来确定主题;班会主题内容一定要贴近学生的生活、学习状况,着眼于解决实际问题。例如:面对学生交通安全问题,可以设计"交通安全我知道"主题班会,面对中学生中考、高考问题,设计学习方法指导、学习减压等针对性主题班会。班主任必须经常调查研究,掌握班情,适时掌握学生关注什么,选取具有代表性、启发性、对学生的思想情感和行为习惯起潜移默化作用的新颖题材,根据当前最需要解决的,进行主题的筛选、提炼、策划、组织,及时对学生进行教育。总而言之,班会课的主题确立要做到贴近学生、贴近生活、贴近时代,能够引起学生共鸣,有利于引导学生成长。

(3) **主体性原则**。主题班会开展的各个环节都必须突出学生的主体地位。班主任是班会的整体设计者,是班会各个环节的协调、引领和把控者,当然也是参与者。班主任要充分相信学生、依靠学生,让学生成为主题班会的主人,一定要想办法调动全体学生的积极性,与学生积极互动,把主动权放手给学生,使学生的创造能力、组织能力、活动能力都能得到锻炼。只有这样,主题班会的德育目标才能引起学生心灵的共鸣,起到良好的教育效果。

(4) **系统性原则**。主题班会只有整体规划设计,有目标、系统性开展,才能效果明显。以初中为例:初一学生刚迈入初中,是习惯形成的关键时期,班会侧重点应是"如何做一个合格的中学生",这时应该开展主题为常规纪律教育、行为文明教育、班风学风教育、社会公德教育、学习方法探索的班会;初二年级是初中生身心发育的关键时期,他们开始注重自我,比较叛逆,学习成绩和行为习惯上都有明显的两极分化现象出现,应该侧重开展主题为生理心理及学生素质教育、世界观和人生观培养、意志教育、正确处理男女同学关系、孝敬父母等的主题班会;初三的学生面临升学,侧重点应该是"围绕做一名优秀的初中毕业生",开展以励志成才、感恩学校、感恩父母、良性竞争、目标理想等为主题的班会。

(5) **创新性原则**。主题班会要达到入眼、入心,就必须在设计上下功夫。主题班会设计要有新意,形式多样,构思巧妙,素材新颖,才能激发学生的兴趣,班主任要尽可能把枯燥的说教变成学生的亲身体验,增强班会的趣味性和艺术性。一节成功的主题班会要有精彩的编排和构思,各个环节都要认真打磨,从导入语、主持词、音视频及图片资料、环境布置等,都要形成完整的教案,还要精心排练,创设良好的现场氛围,才能达到预设的效果和班会目标。

(6) **实效性原则**。主题班会是班主任班级管理的重要法宝,结合班情、针对性的适时设计、召开主题班会,将班级管理目标、学生的德育目标等系统地植入到每周一次的主题班会,一定会收到精彩的班级管理效果。主题班会不能搞形式主义,不能为了完成学校的任务而应付,班主任要克服畏难情绪,不怕麻烦,真抓实干,注重实效,主题班会一定会成为班级管理、班风建设、学生成长的重要载体,对学生起到春风化雨、润物细无声的感染熏陶的作用。

4. 主题班会的组织实施过程

——主题班会要有详细的计划方案、有完整的实施过程,每个环节要有相对精确的时间规划,做到科学严谨,杜绝随意。

一节主题班会的组织实施,一般分为确定主题、精心准备、召开班会、总结提升四个步骤。

（1）**确定主题**。主题是班会的灵魂。一个准确恰当的主题,往往能令人耳目一新,增强吸引力。可依据国家的大政方针政策、国内外重大事件、学校活动、学生心理特点、班级目标任务等,选择合适的主题。确定班会主题时,要善于发挥集体的智慧,让同学们积极参与讨论,激发灵感。主题的拟定要简明扼要,中心明确,直指要害,用词形象生动。

（2）**精心准备**。主题确定以后,就开始进入班会实施前的准备阶段。准备工作要有详细的计划方案,如整个班会的基本流程和步骤,搜集与班会有关的图文视频材料、确定主持人、撰写主持词、制作课件等都要考虑周到,确保事事有人做,按时限做,高质量做。由于受时间限制,班会过程要有精确的时间规划,如整个班会分为几步骤、几个环节,每个环节计划多长时间,都要做到科学严谨,杜绝随意。对班会课件、媒体介质和硬件设施也要高度重视,提前做好调试工作,防止现场忙乱。总之,要把准备工作做细做实,把该做的工作想细想全,并逐一落到实处。

（3）**组织实施**。组织召开主题班会,一般要按照预先设计的程序和环节进行,班主任要引导学生们主动参与,积极讨论,结合案例素材深入思考,并提出个人观点,并在老师的适时点拨下,形成正确的思想认知和情感认同,这样才能实现教育与自我教育的目的。实施手段可根据实际情况,尽可能丰富多样,增强吸引力和感染力。对于班会过程中出现的突发情况,班主任要灵活处理,掌控好大局,确保班会主题不偏、中心不变。

（4）**总结提升**。总结提升是一个主题班会必不可少的环节，没有这个点睛之笔，主题就很难突出。在班会的结尾，由老师和同学们共同总结班会感悟，进行主题深化和提升，定向引领、反思和借鉴。总结提升时，语不在多，贵在精辟，既要注重思维逻辑的严密性，还要注重观点的深刻性。

5．主题班会的评价

——德育主题班会的评价标准可以从五个方面来拟定，最终指向的标准是：把学生道德教育存在的问题从学生的内心深处打开。

一节主题班会的基本要求是：严密的序列性、鲜明的针对性、深刻的教育性、强烈的时代性、充分的自主性、深厚的趣味性、广泛的群众性、良好的实效性。一节主题班会的成功与否，一般从以下五个方面来评判：

（1）**主题选择**。从学生成长的角度，从班级实际、学生的实际出发选题，符合学生年龄和心理特点，易于接受。选题最终达到主题鲜明、目标明确、育人效果好。

（2）**教育目标**。德育目标主题设置是否明确、清晰、全面，将认知目标、情感目标、行为目标的三维目标逐步落实到学生的行为上，使学生经历感知——体验——内化——践行的德育过程。

（3）**主题内容**。班会的主题内容是否将思想性、知识性、教育性、趣味性统一起来，融为一体；是否合乎教育目标要求，内容充实，事实材料典型，生动有趣新颖；内容是否紧扣重点，紧扣学生生活，符合班集体的建设和学生个体发展。主题班会素材是否新颖，与时俱进。主题设计是否巧妙，将一首歌、一段视频、一个故事、一串数字、一个活动巧妙地融入主题班会中，使学生进行哲理思考、活动体验、情感碰撞，达到润物无声的德育效果。

（4）**实施过程**。活动形式尽可能多样，全过程都要紧扣目标激发学生兴趣，突出重点，时间安排要科学合理。过程中需要对学生主体作用进行评价：学生是被动介入还是主动参与，能否完成任务并乐在其中，能否达到认知获取和情感共鸣。对班主任的评价：能否充分体现教师的主导作用（包括显性指导和隐性指导），引导、点评是否适时、恰当、精准，能否妥善处理活动中生成的问题。在主题班会设计中，教师应具备大量素材的搜集和积累能力，对具体主题的分析综合、提升创造能力，对整个过程的动态掌控能力，重要环节的适时介入、班会结尾的整体提升等能力。

（5）**实施效果**。从一节班会目标的达成度、发展性、学生内心的转变情况来看，是否达到了以下效果：学生参与度高，充分发挥了自主性，积极参与，并作较深入的自我探索，能充分表达自己的感受，情感体验深刻；气氛融洽度高，团体互动良好；目标达成度高，达到了预期的目标。活动主题目标实现好，学生兴趣浓厚，有发现，有收获，学生参与班级活动的能力得到发展。

有人说："鸡蛋从外面打开是食品，从里面打开是生命。"多年的实践使我们认识到，主题班会就是把学生道德教育存在的问题从学生的内心深处打开。主题班会是实现班级教育目标，培养学生集体荣誉感、责任感以及创新精神的重要手段，是形成班集体凝聚力的有效途径之一；系列主题班会是班级德育目标落地的重要载体，需要有计划、有目标、系统化、持之以恒、循序渐进地开展；把握住主题班会这个好的教育手段，我们的班级管理工作一定能收到事半功倍的效果，也一定能让学生从班会的教育中享受阳光，健康成长！

五、主题班会的现状分析与对策

主题班会是在班主任的指导下,以班级为单位,有计划有目的组织学生围绕某一主题进行的教育活动。主题班会对学生健康成长、健全人格培养、促进良好班风的形成会产生潜移默化的作用。因此,了解当前学校班会的现状,找准问题症结所在,研究对策措施就显得很有必要。

(一) 主题班会误区面面观

主题班会是班级德育的重要形式和载体,近年来越来越多的学校开始认识到主题班会的重要性,然而,受应试教育大环境和各种主客观因素的影响,目前,学校主题班会在落实上还存在被扭曲的现象。

1. 被挤占式的班会

受应试教育大环境的冲击,在有些学校,从领导、班主任到学生都默认班会课可有可无,上不上无关紧要,怎么上无关紧要。有些班主任把班会课拿来上自己的课,或者用来完成学校布置的任务,或者直接拿来考试,还有些班主任干脆让学生上自习。班会课被忽视或者轻视的现象时常发生,长期下去必然会影响教育的效果。

2. 形式化的班会

对主题班会,有些班主任在落实中搞形式、做表面文章:有的为了完成学校的德育任务,草草开一下,简单走个过程,不管是否有效果;有的为了不扣班级考核分数,在黑板上写个标题,摆拍几张照片,填一张班会表格应付了事。以上这些形式主义的做法,会对学生正确价值观的形成产生一定的负面影响。

3. 格式化的班会

有些班主任利用班会时间传达学校的工作安排,再把上周班级出现的问题讲讲,简单地表扬或批评一下学生,或者再看心情随意发表一番演讲,就算班会开完了。这种班会形式单调,过程缺乏精心设计,德育目标不清晰,无法调动学生的积极性,尽管每周都开,但几乎没有什么效果。

4. 包办式的班会

主题班会是实现学生自我教育的重要手段之一,其效果往往取决于学生主体性的发挥程度和参与深度。只有那种发自内心、由内向外的积极参与才能起到自我教育的作用。在主题班会课中,有的班主任怀疑学生的探索精神和实践能力,事事不放心,大包大揽,班会开什么,怎么开,都由班主任一个人决断。在包办式主题班会中,学生的主体地位被无情剥夺,成了配角和老师手中的"木偶",效果自然打折扣。

5. 随意化的班会

一个成功的主题班会,离不开班会前的精心准备和过程的严密组织。有些学校课表上虽然安排有班会课,但是没有具体、系统的主题班会内容;有的班主任将琐碎工作放入主题班会中,信马由缰,想到哪儿讲到哪儿,结果学生不知所云。有的班主任打着锻炼学生的旗号,将班会课全盘甩给学生,从前期准备、过程组织到总结讲评,全部由学生负责,自己既不把关也不指导,这样的主题班会,很难产生良好的教育作用。

6. "精英式"的班会

主题班会应该是班级集体性教育活动,但有的班主任将重心放在少数学生身上,让班会课变成了个别能编会演、能说会唱、能歌善舞的"精英分子"展示个人才艺的"大舞台",大多数学生则被边缘化,成为主题班会的"看客"。

7. "训斥式"的班会

这种班会在学校比较常见,有的班主任在班会上解决班级存在的问题,往往将主题班会开成了批评会、反思会。班主任整堂课都绷着脸,批评学生这不对那不对,要求学生这怎么做那怎么做,学生整个处于挨训、被动接受的地位。这样的班会,不但很难起到教育作用,甚至还会出现师生关系紧张等反德育的情况。

8. "剧本式"的班会

有的班主任忽视学生道德教育的自我成长过程,将开主题班会变成了拍电影,从主题班会的素材选取、构思设计到实施,甚至连班会课上安排几个环节、每个环节多长时间,学生说什么话、谁来说、先说什么、后说什么,等等,都由老师精心"预设",将主题班会变成了"舞台剧"。这种"剧本式"的主题班会严重窒息了教育的活力，违背了学生成长的规律。

9. "大杂烩式"的班会

一次班会，应该有一个明确集中的目标，班会素材的选取、环节的安排、形式的展示，都必须围绕主题、服务主题，与班会主题无关、干扰中心的冗余内容都要坚决剔除。但有的班主任为了使班会课表面上好看热闹，将班会课开成了相声会、歌舞会、朗诵会、小品会；有的班会课，东拉西扯，将很多与主题无关的东西强拉进来。这些班会课，看似准备充分，容量大，大家忙得不亦乐乎，笑声不断，实则收效甚微。

(二) 主题班会现状原因分析

当前，有些学校的主题班会，育人功能效果不明显，究其原因，大致可归结为以下几个方面：

(1) 思想上不够重视，定位不准。有的学校和班主任对主题班会课的定位和作用缺乏正确认识，认为主题班会可有可无，糊弄应付。因而，在课程实践中将主题班会降级安排，没有将主题班会纳入德育工作计划，一学期也开不了一节高质量的主题班会，班会课被挤占，班会表面化、形式化倾向一定程度存在。

(2) 学习培训不够，能力欠缺。有些学校虽然认识到主题班会的重要性，但是很少组织过专题性、针对性、系统性的培训，造成班主任对主题班会的类型、特点和要求了解不多，能力偏弱，既不会设计主题班会案例，也不知道如何组织班会，往往将班会开成了"随意会""大杂烩"。

(3) 怕麻烦嫌烦琐，简单应付。主题班会是一项长期性、烦琐性任务，需要付出大量的时间和精力。班会实践中，有的班主任担心学生能力不足，怕后期指导麻烦，干脆亲自操刀上阵，包办到底。有的班主任个人图省事，直接将主题班会推给学生，自己退居幕后。

(4) 缺少课程支撑，落实上随意。相比较文化课来说，主题班会课还是一门新课程，在全国各地没有统一的课程标准。班会课到底应该如何开，什么样的班会才是成功的，业界内没有一个统一的认识。在探索的道路上，班主任们大多是按照个人的理解去实施，因而在班会课上讲评工作、训话就不足为奇了。有的学校甚至将"热闹""好看"视为成功案例的典范,在全校大力宣传推广,把主题班会变成了"四不像"会。

(三)扭转主题班会现状的对策

抓好主题班会落实,提高班会育人实效,必须在思想重视、顶层设计、专业培训、检查考评和营造氛围上下功夫,多措并举,综合施策。

(1)学校要高度重视,纳入课程计划。扭转主题班会现状的关键是学校要真正重视,加强统筹安排,正确处理好班会课和文化课之间的关系,将主题班会课纳入学校课程计划之列,加大检查通报力度,着力扭转当前主题班会"说起来重要、落实起来次要、忙起来不要"的不良倾向,下气力解决好主题班会课被边缘化、落实上的表面化、形式化等问题。

(2)加强班主任培训,提高专业素养。班主任是一个学校最小的"官",干的都是最繁琐的事情。如果没有一定的统筹能力和过硬的专业素养,很难胜任岗位要求。难怪有人说,对于一所学校来说,班主任是骨干中的骨干,十八般兵器要样样精通。河南省教育厅每年组织的省中小学班主任基本功展示活动,对班主任基本功素养提出了相关要求:①具备过硬的专业素养、专业知识、专业精神、专业道德。②具备班级建设、课程育人、文化育人、活动育人、实践育人、管理育人和家校协同育人的能力。③会设计主题班会案例,并具有组织召开主题班会的能力。④具有处理班级突发事件的能力。⑤具有即兴演讲的能力。⑥具备某项才艺,并能自觉融入班级管理中去。我们可以此为参照,有针对性地加强班主任相关能力的培训。针对有的班主任不会设计主题班会、不会组织班会的问题,要组织主题班会专项培训,让班主任了解主题班会的常见类型及特点、设计原则、组织过程和评判标准,做到学有遵循,练有章法。在加强班主任队伍建设上,我校多年来雷打不动地坚持了每月班主任培训制度,将内部培训与外请专家来校培训相结合,开阔了班主任视野,提高了理论素养,加速了成长步伐,一大批年轻班主任脱颖而出,实现了从经验型向专业型的跃升。

(3)加强体系化班会课程研究开发,提供有力的课程支撑。个别学校或班主任开班会时往往是想一出是一出,东一榔头西一棒槌,归根结底是学校缺少对主题班会课程的系统研究，没有一套体系化的班会课程。为此，要加强对主题班会课程的开发，结合时代特点、社会发展和各学段学生的特点，按照体系化、规范化的要求，组织人员精心设计主题班会案例，邀请专家指导把关，为主题班会高质量落实提供教材支撑。近年来，洛阳华洋国际学校在德育实践中不断创新，将主题班会课程化、体系化，从小学、初中到高中，各个学段都组织编写了"12个品格月"的48个主题班会案例集，有效推动了主题班会高质量落实，目前已形成了一月一目标、周周有主题、班班有特色的良好局面。

（4）**开展常态检查督导，加强指导帮带**。主题班会制度要长期坚持下去，主题班会要高质量落实，离不开经常性的检查指导。因此要加大对主题班会备课情况（教案设计、课件）的检查抽查力度，防止思想不重视、无教案上课、敷衍了事等倾向；要建立听课评课制度，对主题班会实施过程中的包办式、放羊式、大杂烩式等做法果断叫停；要坚持形式与内容相结合、教师主导性与学生主体性相结合、规范性与创新性相结合的原则，加大研究探索力度，推动主题班会实现从"有"到"优"的飞跃。

（5）**积极开展班会示范课、班会赛课活动，营造浓厚氛围**。实践证明，竞赛活动是助推工作开展的有力抓手。因此，可采取"主题班会同课异构"的方式，开展主题班会赛课活动，在赛课中大家相互学习，取长补短，共同提高。我校自2018年以来，每年集中开展主题班会示范课、主题班会同课异构、主题班会赛课等活动，有效推动了主题班会制度的落实，营造了重视主题班会、高质量开班会的浓厚氛围，打磨形成了许多优秀的主题班会案例，锻炼培养了一批会设计案例、会制作课件、会组织班会的优秀班主任。

（6）**搞好班会案例收集整理，注重传承与创新**。要加强优秀主题班会案例、课件和视频资料的遴选整理，建立主题班会素材库，为年轻班主任学习借鉴提供参考。班会案例要有课堂实录、有专家点评、有总结反思，对录入素材库的班会，要在实践中不断检验。要结合形势政策和学情变化，每年进行丰富完善，增强主题班会案例的时效性和保鲜度。

六、"365天",天天有德育

学校德育工作是一项基础性、系统性、长期性的工程,担负着为中国特色社会主义事业培养合格建设者和可靠接班人的使命。如何让德育目标落地生根,为学生打好成长的底色? 从宏观层面来看,要搞好顶层设计,架构365天德育框架体系,做到年年有计划、月月有目标、周周有主题;从微观层面来看,要将德育要求常态落实到学校每日工作之中,渗透到学校教学、日常管理和活动的各个环节。从现实情况来看,当前最重要的是抓好微观层面的落实,做到365天,天天有德育,让学生在德育的浸润中健康成长。

1. 全员德育
——学校要切实转变观念,树立"大德育"观,推动立德树人机制的建立和落实。德育参与者(包括学生自己)无主角和配角之分,人人都是"主力军"。

所谓天天全员德育,就是学校里所有的人,既包括校长、德育处主任、年级组长、班主任,也包括所有的教师和后勤服务人员都是每日德育的主要参与者。因此,各学校要切实转变观念,树立"大德育"观,推动立德树人机制的建立和落实,形成教书育人、管理育人、服务育人的良好氛围。

每日德育实践中,参与者应该无主角和配角之分,人人都是德育"主力军"。要把德育要求自觉融入本职岗位中去,提高育人的积极性和主动性。教师要把教书和育人结合起来,既传授科学文化知识,又进行思想品德教育,培养德、智、体、美、劳等全面发展的"四有"新人。管理者要把管人和育人结合起来,以育为主,启发学生的自觉自律意识。服务人员要把做好服务保障工作和育人结合起来,在服务中渗透德育因子,体现人文关怀。

应该强调的是,在每日德育活动中,学生并不是被动的受教育者,德育的最终指向是学生自我教育、自我成长。近年来,洛阳华洋国际学校积极倡导德育"四自"活动,即学生自主组织、自主管理、自主监督、自主评比,让德育内化为学生的自主需要。在校团委的统一领导下,学校建立了学生值周班制度,让学生担负公共场所的纪律卫生纠察任务,一个个认真负责的小小执勤员,成为校园一道靓丽的风景,他们在检查督促别人的同时也接受了教育,促进了自我提升、自我成长。

2. 全程德育

——学校德育是一项"春风化雨,润物无声"的工作,贵在坚持,难在坚持,也成在坚持。

所谓天天全程德育,是从时间上讲的,以1周7天为单位,是指每天都要组织开展各种形式的道德教育。以1天为单元,是指德育工作落实到学校一日作息上,贯穿到早读、上课、课间活动、就餐、自习、就寝的整个过程。

全程德育如何在时间和效果上找到最佳结合点,精心设计安排是关键。为确保365天,天天德育要求落到实处,我校将德育总要求细划分解到12个月上,每月一目标,每周一主题,重点在每日拓展落实上下功夫。例如,在12月"法治月"目标落实上,我们在第一周集中开展了法制宣传周活动,周一上午举行国旗下演讲,下午召开"学法、遵法、守法"主题班会。周二开展法制故事大家讲,周三组织法制手抄报展评,周四开通法制广播站,周五举办"争做守法好公民"演讲比赛等活动,有效增强了学生的规则意识和法纪观念。

如何将德育要求融入一日生活的各个环节是个现实难题,洛阳华洋国际学校开展了许多有益的探索,在落实德育常规动作的基础上,精心设计了一系列自选动作,推行了"十个一"活动:一是清晨6点40分,全体学生站立激情晨读,以高昂的精神、朝气蓬勃的状态开启新的一天。二是上午课前5分钟,进行集体宣誓,提醒学生不忘初心,认真听讲,高质量完成作业。三是大课间开展健美操大PK活动,在活动中锻炼身体,培养学生的集体荣誉感,增强班级凝聚力。四是下午课前开展唱班歌活动,帮助学生驱走疲倦和困意,唤醒心中的梦想。五是晚上6点40进行励志名言分享,让学生心中有榜样,脚下有力量,充满正能量。六是晚上6点45进行微演讲,让3分钟的小舞台成为学生锻炼成长的大平台。七是晚上6点50班务点评,由学生轮流对本班当日工作进行大盘点,表扬先进,查找不足。八是撰写班级日志,全景扫描班级学习活动情况，记录难忘瞬间和感动的事。九是班干部每日向班主任汇报工作，强化责任担当，提高发现、分析和解决问题的能力。十是晚上归寝前集合点名，集体呼号入寝，引导学生们养成快速归寝、无声上楼、入寝即静的良好生活习惯。"十个一"活动开展以来，提振了学生的精神士气，鼓舞了斗志，培养锻炼了自律性和自治能力，带动了良好氛围形成。

3. 全课程德育

——德育不能只是思政课唱"独角戏"，学校各门课程都有育人功能，各科教师**每日都有育人职责。要探索从"思政课程"到"课程思政"的转变，实现各学科同频共振、交叉渗透、相互融合。**

所谓天天全课程德育，就是指学校各门课程都有育人功能，各科教师每日都有育人职责。习近平总书记说："广大教师要用好课堂讲坛，用好校园阵地，用自己的行动倡导社会主义核心价值观，用自己的学识、阅历、经验点燃学生对真善美的向往，使社会主义核心价值观润物细无声地浸润学生们的心田、转化为日常行为，增强学生的价值判断能力、价值选择能力、价值塑造能力，引领学生健康成长。"

近年来，国家德育改革的重心由中小学德育课程建设转变为注重大中小学德育课程一体化建设，在此进程中，探索从"思政课程"到"课程思政"的转变，成为德育改革的一个明确的方向。课程思政指以构建全员、全程、全课程育人格局的形式，让各类课程与思想政治理论课同向同行，形成协同效应。

课程思政要求充分发挥课堂教学在育人中主渠道作用，将思想政治教育贯穿于学校教育教学的全过程，将教书育人落实于课堂教学的主渠道之中，深入发掘各类课程的思想政治理论教育资源。因此，要把一切育人的元素调动和利用起来，把各类课堂都变成可育人、能涵养灵魂的场所。各学科教师要充分发挥课堂教学的主渠道作用，充分挖掘每一堂课中所蕴含的德育元素和承载的育人功能，将"德"转化成学科中的道德伦理、理想信念、社会主义核心价值观等内容，将以文化人、以德育人融入全科教学大循环之中。

实施全课程德育，要建立各学段纵向衔接、各学科横向融通、课内外深度融合的德育成长体系,确保学生世界观、人生观、价值观培育的持续性和稳定性。具体来说,各学段的道德教育,虽有所侧重,但在纵向递进上要有效对接;各课程在教育内容上要有机整合,合理分工,形成一个整体;在横向联通上,不能只是思政课唱"独角戏",要从打造一个"盆景"变成育人"百花园",实现各学科同频共振、交叉渗透、相互融合。

实现全课程德育,要探索"国家+地方+校本"的德育整合,用好国家课程,积极开发校本课程,丰富学校德育资源。要积极开展精品课程展示活动,引导各学科教师挖掘课程中蕴含的德育资源,并结合学情和课程特点,充分利用现实鲜活素材,合理设计德育目标、内容、途径,在传授知识和培养能力的同时,将积极的情感、科学的态度、正确的价值观自然融入课程教学全过程,使德育层层深入、有机衔接,增强针对性和时效性。

4. 全方位德育
——坚持育德与育心相结合、课内与课外相结合、环境育人与活动育人相结合、文化育人与管理育人相结合,注重日常细节,循序渐进,日积月累,点滴浸润。

所谓天天全方位德育是指通过多方协作,搭建1周"5+2"学校、家庭和社会共育平台,构建"课堂+课外"的德育模式,有针对性地将德育渗透到学校、家庭生活和社会实践等环节,将显性育人与隐性育人相结合,打通德育工作的"最后一公里",培养学生良好的思想道德素质。

实施全方位德育,校内要坚持育德与育心相结合、课内与课外相结合、环境育人与活动育人相结合、文化育人与管理育人相结合,注重日常细节,循序渐进,日积月累,点滴浸润。近年来,我校以班级文化建设为切入点,注重发挥班级文化的育人功能,每个班精心选取了班级文化支点,提炼了班风、班训和班呼,设计了班徽、班旗,进行了教室外文化墙涂鸦和室内文化布置,制定了班级公约和小组量化评比细则,开展了体系化、特色化的德育活动,通过物质文化熏陶、制度文化规范、精神文化激励,有效撬动了班级管理,带动了良好班风形成。学校以内容丰富、形式多样、吸引力强的活动为抓手,开展了"华洋最美少年""五星班级""每月之星"年度学生"十佳百星"评选活动等,使学生们在日常活动中滋养了心灵、涵养了德行。注重在各项活动中融入德育元素,如学校每年一度的外语文化艺术节,坚持用外语讲述中国故事,传递中国声音,让学生在学习外语中传承弘扬中华优秀文化,强化爱国情感。

育人不仅是校园内的事,更需要把家长、社会的力量和资源集聚起来,形成育人工作的强大合力。一个时期以来,德育领域中存在着一种"5+2=0"的现象,其中"5"是指学生1周5天在学校接受的正面教育,"2"是指学生双休日在家或社会上接触的消极、负面影响,"0"是指教育效果。因此,学生在哪里,德育工作就要延伸到哪里。要积极开展家校共建工作,争取家长支持配合,注重"家长讲堂"建设,持续开展丰富多彩、家长广泛参与的宣传活动,推进家校共育。高度重视节假日学生的道德教育,通过布置每周家庭德育任务、返校上交反馈卡、班级微信群沟通交流等形式,家校携手共抓德育落实,实现"1+1>2"的育人效果。

社会是一所大课堂,蕴含着丰富的德育资源,因此,要重视社区和学校共建活动,积极开展法制、安全、禁毒教育进校园、进课堂活动,让学生在求知、做事之中学会守法、感恩、做人。要改变教师苦教、学生死读的教风学风,有计划地组织学生走出书斋和课堂,走进社会与生活,将"读万卷书"与"行万里路"结合起来,让脚下的世界成为学生人生的大课堂,在社会实践中帮助学生端正价值追求,强化社会责任感,培养家国情怀。

记者观察

12个品格月，让德育目标落地生根

正月十六，是洛阳华洋国际学校开学的日子。五(3)班的张迪和妈妈一起，手里提着她们在寒假里精心制作的红灯笼，喜气洋洋地走进了校门。寒假制作灯笼是学校布置的一项"亲情互动"实践活动。在开学的第一周里，学校举办了第二届灯笼节，小学部所有学生制作的灯笼都集中展示，并评选出"造型奖""创意奖""环保奖"等不同的奖项。

张迪说，她和妈妈到学校一看，都震惊了："原来只看自己制作的灯笼，怎么看都觉得漂亮，但一比较其他同学做的，就觉得自己的太普通了。"在最终的评选中，张迪和妈妈做的灯笼没有获奖，但她并没有很失落："我们亲手制作灯笼、写灯谜的过程就很有意思，明年灯笼节我们一定会做得更好！"

12个品格月，让德育体系化

"亲情互动"制作灯笼是洛阳华洋国际学校每年2月份"亲情月"的一项春节主题实践活动之一。

从2013年开始，学校将德育的12个目标分布在每年的12个月中，并以每月盛开的鲜花为代表，以"花语"引领当月品格的内涵。校长裴素青谈到这样设计的目的：学校提倡"三成"教育，即成人、成才、成功。其中，成人是前提，学生首先要学会做人，然后才是学习。"在学生品格的形成和发展中，知、情、意、行等要素各有不可代替的作用。其中，知是基础，行是关键。12个品格月德育体系，就是通过系统的主题教育，让知、情、意、行和谐统一，让学生有道德体验。"

据小学部张华校长介绍，在设计每个月的德育主题时，学校结合季节、传统节日、时令以及学校学期工作的阶段性等，确定每个月的内容。中学部、小学部因学生的年龄特点，每月的主题有相似的地方，也会有所区别。

比如，刚刚过去的2月份，是12个品格月中的"亲情月"，因为这个月中有春节。中学部在寒假里为学生布置了三项"亲情月"实践活动:收集春联、写春联;社会调查"三代人童年的春节记忆";"学家谱、制家谱",为家族中最敬仰的人写传记。小学部则设计了"亲手制作贺年卡送长辈""孝敬长辈,为父母长辈做一件感恩的事""与父母一起制作大红灯笼,写灯谜"等活动。

在3月份中,有学雷锋日,有植树节,有世界水日。综合这些因素,中学部把3月定为"环保月",通过一个月的主题活动,培养学生的环保意识。

主题班会,让12种品格落地生根

为让12种品格在学生的生命中落地生根,学校在每月一活动的基础上,又系统设计了每周一节的主题班会。

记者在中学部和小学部的教学楼一楼都可以看到,学校将12个品格月活动用12个展板挂在了大厅最显眼的位置,每个月下都有月主题活动,还有每周班会的主题内容。中学部四月"环保月"下的周主题班会有以下内容:"第一周:'我们只有一个地球'主题班会;第二周:'根在河洛,传承文明'主题班会;第三周:'垃圾分类,从我做起'主题班会;第四周:'青春作伴好读书'主题班会。"

有了这样的班会"台历",每位班主任都提前知道本月的活动和班会内容。在班会主题确定的"规定动作"下,每个班主任可以根据本班的情况做一些"自选动作"。植树节马上就要到了,初二(7)班班主任梁永强在提前设计着"绿化家园,保护地球"的主题班会。因为他带的班是初二(7)班,他计划植树节和学生一起在校园里种7棵树,排成北斗七星的造型。"这样的活动能培养班级的凝聚力、归属感,同时也能培养学生的环保意识。让学生种一次树,以后他们就不会再去破坏别人种的树了。"

中学部贾爱珍校长说,班会课很容易流于形式,随意性强,现在系统化之后,每个班主任都有了抓手和德育的载体,也便于个人和学校经验的积累。现在,学校正在收集、编印主题班会的教案集,按照12个品格月的体系,每个年级每节班会课都推出一个好的班会设计。

多元评价,营造一种德育环境

针对"一月一活动,一周一主题"的德育体系,学校设计了一套相应的多元评价制度。

对于班级的评价,学校出台了"五星级文明班级"评比制度。主要针对的是班级的常规管理,考核结果与班主任的考评挂钩。"这种评比,最重要的不是班主任能获得什么,而是能增加班集体的荣誉感和凝聚力。学校每周评比一次,学生都期待着流动红旗能挂到自己的班门口,所以每次活动学生都尽力表现得最好。"五(3)班班主任梁丽娜说。

针对学生的评价,学校每学期都要评选"十佳百星"。有"文明之星""学习之星""诚信之星"等10个奖项,每个奖项评选10名同学。在盛大的颁奖活动中,在全校师生的掌声中,获奖同学接过证书和奖学金。另外,学校还设置了"五育(德、智、体、美、劳)成长银行",对于表现好的同学,学校发放"成长币",可以到学校的"五育成长银行"兑换学习用品。

学校还通过各种展示、体验,更多元地评价学生的德育成果。比如,学校设置了校园六大文化艺术节,开展了六大主题社会实践活动,这些既是一种展示,同时也是一种德育的载体和评价的方式。

长期、扎实的德育实践,营造出了良好的德育环境。建校4年来,学校没有出现过一起大同学欺负小同学的事情。相反,经常出现大手拉小手、大同学帮助小同学的事。还有一件事情,在洛阳市传为美谈:2014年暑假,二(8)班的张成杰同学在路上捡到一个钱包,钱包内有近万元现金、银行卡和各种证件。张成杰捡到钱包之后原地等待,最终原物奉还,没留下自己的姓名就离开了。失主备受感动,经过多日寻找,终于在开学后找到了洛阳华洋国际学校,找到了这位好少年,并给学生送了锦旗。学校也以此事件为主题确立当周班会主题——"拾金不昧传递社会正能量,华洋学子展现社会好风尚"。这件事引起多家媒体的关注,洛阳电视台、洛阳日报等都进行了跟踪报道。

德育体系化的成果让学校获得了"洛阳市德育特色化学校""洛阳市智慧教育示范校"等荣誉。2015年11月,在洛阳市义务教育工作会议上,学校荣获2015年度"教育教学目标管理先进学校"和"洛阳市全面特色学校"(全市获此荣誉的共9所学校,华洋国际学校是唯一一所民办学校)。

裴素青校长说,12个品格月德育体系的最终目的,是要将德育的目标系统化、常规化、制度化,外显于形、内化于心,营造一种德育环境,正所谓"蓬生麻中,不扶而直"。

(2016年3月9日《教育时报》 记者杨雷)

记者观察

班会课程化：让德育目标落到实处

"11月是安全月，大家搜集一下学生安全方面的案例，策划一些活动，为下个月的主题班会做准备。"10月23日，在洛阳华洋国际学校（以下简称华洋学校）小学部，四年级的张琳老师正在办公室和其他老师一起谋划主题班会。

一月一主题、一周一班会，华洋学校结合德育工作实际，围绕德育"12个品格月"，精心设计，全年共设置了12个"月主题"和"48个班会主题"，使中小学德育目标具体化、课程化和体系化。经过6年多的实践，以"12个品格月"作为德育目标的载体，通过系列主题班会，华洋学校将班级德育目标落到实处，收到了良好的育人效果。

"12个品格月"让班级德育目标体系化

一月，理想月；二月，亲情月；三月，文明月；四月，环保月；五月，科技月；六月，拼搏月；七月，诚信月；八月，实践月；九月，目标月；十月，爱国月；十一月，安全月；十二月，法治月。在华洋学校，处处可见德育"12个品格月"的字眼。

"德育是所有教育的根本与灵魂所在。但是由于部分学校对德育不够重视，德育活动出现了表面化、空洞化和形式化倾向，德育方法陈旧、呆板、单一，德育内容体系不够完整、评价机制不健全。"华洋学校校长裴素青说。正是基于对目前学校、班级德育现状的分析，结合学校德育工作实际，2013年她提出构建德育"12个品格月"目标管理体系，通过这个德育目标体系的构建，形成了全年德育目标课程化体系。

"品格月的名称一是依据学校教学规律、教学计划和教学时节来确定的。如九月为目标月，是因为九月是一个新学年开始的第一个月，每个学生都要规划制订自己的学习目标和学习计划。二是依据当月的节令、纪念日主题来确定品格月的名称。如二月是亲情月，是依据春节亲人团聚的特点来确定的。三是依据学校的中心工作任务确定当月的德育主题。如五月科技月，是因为学校的'校园科技节'也在这个月。"裴素青说。为了进一步激发学生情感，学校还分别以每月盛开的一种鲜花作为"品格花"，并将从花的寓意中提炼出的品质作为每月的花语，蕴含德育目标，托物言志。

在"12个品格月"的德育体系引领下，裴素青和她的团队又提出了系列主题班会的设计构想，并一步步付诸实施。"我们设计了全年48个系列主题班会和N个自选主题班会，对学生三观认知、情感分析、学习指导、传统文化、生命感悟、安全知识、心理健康、性知识、生涯规划等方面进行教育，通过系列主题班会实现德育目标系统化、规范化、课程化的德育功能。"裴素青说。现在的华洋学校，主题班会已成为正式课程，"规定动作"创新出彩，"自选动作"五彩缤纷，不仅调动了班主任的积极性，而且深受学生欢迎。

系列主题班会，让学生成才更成人

"主题班会是班级德育的重要形式和载体，但是现在，个别学校缺乏主题班会的系统目标设置和管理评价机制，又加之多数班主任对此项工作不够重视抑或是班主任自身对主题班会的设计能力、驾驭能力不足等，使得主题班会变了味道。"说起学校主题班会这项"改革"，有着几十年教育教学经验和探索的裴素青深有感触。"主题班会如果无章可循，就很难产生良好的教育作用。"

"小学的班会我们突出参与、突出'演'的环节，通过鼓励性的话语和故事，更直观地开展教育。而初中的班会，则更倾向于培养学生的逻辑思维能力，提高思考深度，与学科学习结合起来。而高中的班会更多的是教会学生如何面对困难和问题。"裴素青说，初三、高三更多的是让他们释放压力、化解压力，让他们学会站在自己的角度认识自己、相信自己，做到最好。

开好主题班会，主题设计很重要。郭玉格老师说："我们一般会遵循五个原则：一是依据学生的学习节奏和思想动态设计班会主题。比如六月拼搏月第一周主题班会设计为'冲刺中考，无悔青春'主题班会；八月实践月第四周主题班会设计为'迷彩岁月，青春记忆'主题班会。二是依据每个月的节令、纪念日确定班会主题。比如五月第一周主题班会围绕五四青年节设计为'传承五四精神，厚植家国情怀'主题班会；十月第二周结合中秋节设计的'中秋话团圆'主题班会,旨在让学生传承中国传统文化。三是依据学校文化设计主题班会。如围绕华洋学校的'六大校园文化艺术节''六大主题实践活动'设计每月的周主题班会。四是依据一些时事、重大事件确定主题班会,如四月是洛阳牡丹文化节。五是依据当下新闻时事、重要事件确定主题班会。"

"学校主题班会类型涵盖了体验式主题班会、辩论式主题班会、报告式主题班会、参观式主题班会、社会实践式主题班会、知识竞赛式主题班会、纪念式主题班会、偶发性主题班会等。而德育'12个品格月'中的自选班会主题活动就是结合上述主题给班主任提供一个智慧管理班级的空间。"王李丽老师说。班主任和科任老师共同参与,有时候孩子们也出谋划策,共同设计班会课细节。"通过班会课,我最大的感受是,孩子们自立自强的意识得到了提高。家长反馈,孩子不光学习有进步,素质也明显提高,懂礼貌、懂得关心别人了,真正实现了'5+2>7'。"王李丽说。

"规定动作"创新出彩,"自选动作"五彩缤纷

学生起立上台发言、轻轻推动椅子、缓缓挪动,不发出一点响声。10月24日,记者走进了华洋学校小学部四(1)班"彩虹班",这里正在举行"新学期,我们应该这样做"主题班会,身旁胡熠晗同学这个小小的举动让记者肃然起敬——这就是德育的效果。

这是一堂30分钟的主题班会课,老师只有开始时和结束时总结不到5分钟的话语,中间全部由学生"唱主角"。"新学期、新征程,今天我们想通过这节班会课,让大家做到五个字:比、学、赶、帮、超。"在两个小主持人的引领下,班会分为了五个环节。每个环节都有两名不同的学生担当主持,每个环节的形式也各不相同,讲故事、举例子,学标兵、树榜样,还有现身说法、现场比赛,更让记者惊讶的是,在"帮"这一环节,学生还自导自演了《新龟兔赛跑》的童话剧,形象地展示了互相帮助、团队精神的意义。

课后,记者拿到了班会课的文本材料,几千字的文稿,都是班主任张琳老师精心准备的。"开学两个多月了,孩子们在学习上还有一些需要改进的地方,我就想着利用这堂班会课来引导一下。把平时天天絮叨的内容放到班会

课上,这样效果会更好。"张琳说。这节班会课是由她设计的,文案写好后,就让学生们开始准备。"班里学生积极性都特别高,从来不缺主持人,各自的台词不用我操心,他们自己在最短时间内背熟,童话剧自导自演,课上现场提问也是踊跃回答……"

一堂主题班会课,全体学生参与、形式丰富多彩、效果深入人心。"我最喜欢上班会课,因为我可以有更多的表现机会,可锻炼我的胆量和口语表达。"学生郭家硕说,班上很多同学因为班会课而整个人变了个样子。

在七(1)班"弘毅班",初中孩子们的班会课则又是一个形式。在品格月十月爱国月主题下,班主任张丽晓老师组织了一堂以"热爱祖国,我的责任"为主题的班会。

《士兵突击》里不抛弃不放弃的精神是"弘毅班"的文化支点,学生列举许三多的例子,发表自己的看法。既有独特的想法,也有互相讨论补充,有时候则会演变成一场小小的辩论。"爱国要从一点一滴做起,好好学习,才有能力报效祖国""时时处处皆可爱国,点点滴滴皆可报国,并非一定通过学习这一个渠道""家是最小国,如果不能爱自己的家和家人,何谈爱护大国"……

"同学们,永远不要觉得爱国是小事、是以后的事,要从我做起,做好自己,而现在的首要任务是学习,要努力学习,将来为祖国贡献更大的力量。"在张丽晓的总结中,这堂班会课主题得到了进一步升华。

"主题班会是班级文化落地生根的有效载体,班会就是学生思想碰撞、受到洗礼的过程,只有内在的、内化的东西才能真正影响他们,同时不会让他们产生逆反心理。"张丽晓老师说,成才更成人,我们做的是给孩子们一粒种子。

"'规定动作'创新出彩,'自选动作'五彩缤纷,品格月规定德育主题加上自选班会主题,使得德育内容更加丰富,更加贴近班情和校情,更能结合学生当下急需解决的思想问题。"裴素青说。

而对于主题班会的评价,学校也制订了一套标准:"一节主题班会的基本要求应该是严密的序列性、鲜明的针对性、深刻的教育性、强烈的时代性、充分的自主性、深厚的趣味性、广泛的群众性、良好的实效性。班会是否成功,要从主题选择、教育目标、主题内容、班会过程、班会效果等五个方面来看。"

说到这里,裴素青给记者拿来了厚厚几本主题班会资料汇编。"2017 年的侧重于班会形式和过程总结，2018年的侧重于班会设计的思路、理念和一些创新性的文案等。"裴素青介绍说。记者翻开这些汇编，从格式到内容，从思路到环节，从文字到图片，每一节班会的点点滴滴都清楚明白，让每个学习者都看得懂、学得会、能创新。把德育工作真正作为一门课程，一年比一年细致，一年比一年认真，何愁主题班会不出彩！

"鸡蛋从外面打开是食品，从里面打开是生命。多年的实践使我们认识到，主题班会就是把学生德育教育存在的问题从学生的内心深处打开。系列主题班会需要有计划、有目标、系统化、持之以恒、循序渐进地开展，把握住主题班会这个好的教育手段，我们的班级管理工作一定能收到事半功倍的效果，也一定能让学生从班会的教育中去享受阳光和成长！"对此，裴素青充满信心。

(2018年10月30日《教育时报》 记者杜帅鹏)

实践篇

德育"12个品格月"系列主题班会课程

一月　理想月

【品格花】

迎春花

【花语】

带雪冲寒,召唤春天,象征理想,寄寓希望。

【月主题活动】

围绕"回顾与展望""新年新梦想"设计月主题活动。

【周主题班会】

第一周:"盘点与展望"主题班会。

第二周:"认识自我,树立自信"主题班会。

第三周:"规划寒假,让时间增值"主题班会。

第四周:"管好自己的'小钱袋',理性消费"主题班会。

【自选主题班会】

还可以结合期末考试,如诚信考试教育,或邀请本校往届优秀毕业生进班做学习方法指导交流等,从不同角度设计开展主题班会。

第一周：“盘点与展望”主题班会

【班会背景】

如果说,时光的藤蔓攀爬着光阴的故事,过去的一年,一定是千回百转的一枝。不负韶华,不负遇见。又到元月,特殊的时刻,往往潜藏着教育的契机。驻足停留,静心思考,反思规划,必不可少。为此我们设计了这样一个班会,希望能在对过去盘点的基础上开始新一年的规划。

【班会目的】

1. 通过对过去一年中班级大事的盘点,增强学生的集体荣誉感。
2. 通过对过去一年中自己年度大事的盘点,引导学生学会反思。
3. 通过对新的一年目标的制定,引导学生学会规划,不断挑战自我。

【适用年级】

七、八、九年级。

【班会准备】

1. 收集相关的年度大事以及年度热词。
2. 准备相关音乐和视频;准备闹钟、A4纸和瓶装水。

【班会过程】

导入:大家好,每位同学桌面上都有一张A4纸,我们一起动手试试,如何让这张柔软的A4纸承重起一瓶水?

滴答,一秒钟过去了;滴答,一分钟消失了……

跟随时间的脚步,如一张张洁白A4纸的我们,也在过去的一年里变化着,成长着,柔软的纸是否成功承重起自己的一瓶水?我们拭目以待。(播放视频《一张纸如何承重一瓶水》)

回首过去,我们风雨兼程,共同成长。展望未来,我们初心不改,乘风破浪。新年伊始,晨光熹微,让我们一起回望我们周边的人和事。

环节一:感受时光的痕迹——竞答

设计说明:通过对年度流行语、网络用语、新词语的竞答,感受过去一年发生的大事,为列举班级年度大事和个人年度大事做准备。

备用材料:

2019年度十大流行语:文明互鉴　区块链　硬核　融梗　××千万条,××第一条　柠檬精　996　我太难了　我不要你觉得,我要我觉得　霸凌主义

2019年度十大网络用语:不忘初心　道路千万条,安全第一条　柠檬精　好嗨哟　是个狼人　雨女无瓜　硬核　996　14亿护旗手　断舍离

2019年度十大新词语:夜经济　5G元年　极限施压　止暴制乱　接诉即办　夸夸群　基层减负年　冰墩墩/雪容融　杀猪盘　乡字号/土字号

环节二:　说说班级大事记(以小组为单位讨论,并投票)

投票结果如下:

(1) 一月:我的计划书——有计划的人生,寒假也不例外

(2) 二月:停课不停学,大家在行动

(3) 三月:英语趣配音打卡

(4) 四月:语文百词听写大赛

(5) 五月:课程文化艺术节活动

(6) 六月:告别六一,感恩父爱

(7) 七月:第一届劳动技能大赛

(8) 八月:暑假读书活动——好书推荐

(9) 九月:红歌赛

(10) 十月:秋季运动会和"大河行,儿女情"主题研学实践活动

(11) 十一月:班级文化建设汇报暨期中家长会

(12) 十二月:心理健康周活动启动仪式及期末动员大会

环节三:　说说自己的年度大事

学生自由发言(列出大事,并简要阐明理由)。

小结:赫尔曼·黑塞说:人生是树林里的大树,我们只是穿行而过的风。过去的一年,所有的混乱与芜杂、努力与精进,都将在盘点与总结中变得更加清晰。生活明朗,万物可爱。人间值得,未来可期。

环节四:　且以回首待前路,唯青春与梦想不可辜负

观看衡水中学学霸励志演讲视频《这世间,唯有青春与梦想不可辜负》https://www.bilibili.com/read/cv2924225/。

师:"你的理想是诗,理想是梦,理想是远方的田野,理想是穿越世界的旅行。但现在你能做的,只是把手握紧,厚积薄发,你只有付出,付出你的时间,赌上你的尊严,拿出你的全部,你的 everything。当别人打游戏时,你在学习;当别人睡懒觉时,你在学习;你含着泪在深夜里舞蹈,在回忆里奔跑,没有人在年少时想成为一个普通人。尽管生活会剥夺你的所爱,践踏你的尊严,把你踩在脚下,遍体鳞伤,但你,怎能倒下! 你的身后,是挚爱的人。"

环节五:Ta 们是我努力的榜样

(用别人的追寻梦想的故事给学生树立新年计划的榜样。一个是网红主播,一个是学霸宿舍。不同人物的事迹从不同角度启发学生进行思考)

梦想是什么?梦想就是一种让你感到坚持就是幸福的东西。新年伊始,大家的新年梦想是什么呢? 先让我们一起走进他们的故事。

第一个人物,薇娅。她是将农产品带入直播间的淘宝第一主播,是走在贫困山区实现精准扶贫的公益人。她在质疑中成长,于荆棘中前进,排除万难,百折不挠,坚守初心,默默耕耘,凭着自己的坚忍不拔,走出一路繁花。

2003 年,18 岁的她开了家 6 平方米女装店,自己做模特。

2012 年,到广州开淘宝网店,毅然关掉线下门店,不留退路。

2016 年,接到来自淘宝小二的电话,尝试开直播。

2018 年,淘宝直播引导成交额是一千个亿。

2019 年,以"双十一"拿下 27 亿销售额的成绩,一战封神。

2020 年,参加"向上的力量——未来十年"大型主题演讲盛典。

给大家分享微博上看到的"薇娅作息表":15:00 起床;16:00－19:00 到公司选品,试用上千种商品;19:00－19:30 过脚本,直播预热;19:30－20:00 化妆;20:00－00:00 直播;00:00－06:00 直播复盘会、选品、对接商家;06:00－10:00 回家、吃饭。是的,她用自己的天分,结合过往的积累、持续的努力,以及一点点的运气,获得了"天分领域"里的成功。

我要给大家分享的第二个故事,是一个学霸宿舍的故事。

成都电子科技大学光电科学与工程学院 210 寝室的 4 名毕业生,全都收到了新加坡南洋理工大学的 offer,他们将一同出国深造。

四年里,他们互相督促学习,一起泡图书馆,还专门定下寝室公约,周末以外时间不玩游戏,谁违约就请吃饭,结果没有一人违约。大学期间的他们,有自己的年度挑战——拥有势均力敌的友情,换个学校继续做兄弟!

讨论:大家看了他们的年度挑战有什么感想?

设计说明:从网红主播到学霸学长,增加学生的亲切感,为后面制定自己的年度挑战做准备。

环节六:我的年度挑战

世上没有什么运气,只有努力去挑战。无论谁,他们的年度目标与挑战,都是走出自己的舒适区去学习新的东西。如果你永远不去做你能力以外的事情,你就永远无法进步。新的一年,你的计划是什么呢?

请大家认真填写我的年度挑战书,完成后统一贴在班级宣传栏中。秀出你的计划,我们一起监督,愿你梦想成真!

(需要注意,一是指导学生的目标要有可操作性、挑战性;二是让学生勇于亮出目标,互相督促,发挥班集体的带动作用)

【班会总结】

回首,意味着告别;收获,意味着播种。2019 挥手自兹去,2020 我们再出发。追风赶月莫停留,平芜尽处是春山。新的一年,新的机遇,新的挑战。余华有言:没有什么比时间更具有说服力了,因为时间无须通知我们就可以改变一切。是的,木心也说过,生活的最佳状态是冷冷清清的风风火火。时光无涯,行者无疆。星光不问赶路人,只要我们抵达,无论我们是何种模样,我们都是自己世界的无冕之王!

【班会延伸】

班级年度挑战人物评选。

(郑州中学 郭真)

【专家点评】

如何上好新一年的第一节班会,"老菜"如何做出"新滋味"?本节班会课通过让学生盘点过去一年中的班级大事和自己的年度大事,增强了学生的班级集体荣誉感,引导学生学会反思,从而激发学生制定新规划,不断挑战自我的兴趣。整节班会设计巧妙，流程清晰，环环相扣，充分调动了学生参与的主动性、积极性。老师除扮演总导演、总策划角色外，又以朋友和长者的身份平等参与，适时穿针引线、画龙点睛，增进了学生的情感体验。

（河南省名班主任工作室主持人、最具影响力班主任　吴红霞）

第二周："认识自我，树立自信"主题班会

【班会背景】

初中生正处于性格养成的关键阶段，培养具有"自信人生二百年，会当水击三千里"的豪迈品质，鼓励学生具有"有志者，事竟成，破釜沉舟，百二秦川终属楚，苦心人，天不负，卧薪尝胆，三千越甲可吞吴"的凛然气概，开展相关活动，引导学生正确认识自己，树立自信，培养他们持之以恒的精神和成就感。

【班会目的】

让学生学会多角度认识自我，正确对待自身的优、缺点。

【适用年级】

七、八、九年级。

【班会准备】

1. 准备手形图片，在手形图片上标注好自己认识自我的相关文字。

2. 提前打印好手形图片，准备水彩笔若干。相关视频展示马克思的生平。

【班会过程】

环节一：教师导入

亲爱的同学们，大家好！播下一个行为，你将收获一种习惯；播下一种习惯，你将收获一种性格；播下一种性格，你将收获一种命运。为培养健全人格，树立自信人生，让我们认识自己的优点，学会自我接纳，发挥自身的优势，进一步提升自信心，做最好的自己，今天我们特组织本次主题班会。

环节二：绘制自我认知手形卡

1. 将学生分为 6 人小组。为学生发放一张画有手形的白纸，对应手指的

内容为：外貌皮肤、体型身高、特长能力、学习成绩、谈吐表达，学生进行自我评价：满意、不满意和一般。用水彩笔在手形纸的对应手指上画出不同的标志，其中自我感觉满意的为笑脸，不满意的为哭脸，感觉一般的为平静的脸。

学生拿到手形图像后，根据自我评价，进行"笑脸""哭脸"的标注。在过程中，学生可能产生疑问，比如，有些方面自我感觉一般，该用什么标注？便自造了一个不哭不笑的脸，把嘴巴画成一条直线，即"平静的脸"。

2. 三种情况分析：

第一种情况，有很多"笑脸"，"哭脸"很少，而实际上画"笑脸"的学生在各个方面并不是很优秀，只是自我感觉特别好；

第二种情况，学生本身很优秀，但"笑脸"画得很少，"平静的脸"倒是很多，也许学生不够自信，也许学生在故作低调；

第三种情况，学生能够比较客观地评价自己的优点和不足。

学生在多角度自我评价方面存在不少误区，有的学生过高估计自己，产生盲目乐观；有的学生过低评价自己，产生自卑的情绪，这都会影响自我发展。

环节三：展示和分享

生1：在这次班会活动中，我画了很多张笑脸，我觉得很开心，原来我有这么多优点。在分享中我也意识到一点，那就是我只看到自身的优势，还有很多不足之处被忽略了。于是我用心去找，找到了很多需要改进之处，这个活动对认识自我很有帮助。

生2：一直以来我都有点悲观主义情结，所以我画了很多哭脸，但当老师让同学们说说我的优点时，我惊呆了，原来我有很多优点，以往我从来不觉得这是优点。妈妈总是要求我做到最好，因此我对很多事情都追求完美，总觉得自己做得不够好，这次活动让我看到一个全新的自己，真的很感动。

生3：我对很多事情都不感兴趣，觉得什么都没意思。所以，我画的平静的脸最多。听到大家的分享，我突然意识到其实是我不够自信。不过，现在我要勇敢说出我的想法，因为你们都这么勇敢。

注意事项：

1. 在分享交流时，要求尊重同学，认真倾听，不要随意评价，有的学生不愿意分享，要尊重本人的意愿。避免对同学产生负面影响或者造成伤害。

2. 班主任特别关注用同一种图标表示全部评价的学生，如全是"笑脸"，全是"哭脸"或全是"平静的脸"。遇到这种情况，可能说明学生不够认真，应付了事；也有可能是盲目乐观或极度自卑的表现。

3. 在分享过程中，学生大方公布了"笑脸"和"哭脸"的数量，没有顾虑，但对于内容的表达就不是很情愿了，这一点体现出学生对自我内心的关注和保护，因此要格外小心地保护学生的自尊心。

4. 在分享中，存在自信不足、客观评价不够高的学生，可以请熟悉他的同伴给予正面评价，通过自评、他评和教师评价等方式，帮助学生多角度客观地认识自我，树立自信。对于很多用不哭不笑的脸来标注的学生来说，教师要给予正确引导，鼓励学生找到自身的优势，正确认识自我。

师小结："我手知我心"活动告诉我们，认识自己是痛苦的也是快乐的。早在2000年前，古希腊人就把"认识自己"作为铭文刻在德尔斐神庙上，可见"认识自己"多么重要。正确认识自己有助于我们明己之长、知己之短，确定符合自己实际的目标。发掘自身潜能，不断提高自身素质，获得更大的自我发展空间，塑造崭新的自我。那么如何认识自我、树立自信呢？

环节四：制作"自信卡"

1. PPT展示

英国著名诗人济慈本来是学医的，后来他发现了自己有写诗的才能，就当机立断，把自己的整个生命投入到写诗当中。虽然只活了二十几岁，但他为人类留下了许多不朽的诗篇。

马克思年轻时曾想做个诗人，也曾经努力写过一些诗，但他很快就发现自己的长处并不在这里，毅然放弃做诗人的梦想，转到社会研究上面去了。是正确认识自己，成就了两位巨人。

2. 教师引导

认识自己是很困难的，但要想成就事业就必须对自己有个正确的认识。你可能解不出那么多的数学难题，但你在处理事务方面却有特殊的本领，能知人善任、排难解忧。你的英语也许差一些，但写小说、诗歌是能手；也许你连一把椅子也画不像，但是有一副动人的歌喉；也许你不善体育，但是有过人的棋艺。在认识到自己长处的前提下，如果每个人都能扬长避短，认准目标，把一件事情或一门学问刻苦地认真地做下去,久而久之,自然就会结出丰硕的成果。下面让我们制作自信卡,找到自己的优点,树立自我的信心。

3. 制作自信卡

我是谁?			
名字		年龄	
优点1		优点2	
优点3		优点4	
优点5		优点6	

生1:当老师下发自信卡时,我看到让写自己的六个优点,真的担心写不出来。可是写着写着,我发现自己有这么多优点,而且好像还不止六个。原来自信,就是相信自己。多看看自己,看到自己的内心,勇敢一点。

生2:我只写出了两个优点,但是小组的成员们都说我还有优点。他们说了好多,大家的鼓励和肯定让我自信。树立自信,需要大家的帮助与支持。

生3:小组讨论让说自己和别人的优点,我太喜欢这个环节了。我发现我和大家都是可爱的,都是独特不可复制的。这也让我很自信。

注意事项:(1)此环节需要发放卡纸,让学生写自己的优点。(2)小组成员可以讨论,鼓励学生多发现别人身上的闪光点。(3)通过挖掘自己和别人的优点,让每一个孩子充满自信。

【班会总结】

中国有句俗话"龙生九子,九子不同",西方也有格言"世界上没有完全相同的两片叶子",每个人都是独一无二的,让我们了解自己、认识自己、相信自己,用百倍的勇气与信心来战胜各种障碍,成就事业。做最好的自己吧!

【班会延伸】

收集同学们制作的"自信卡",进行班级展示,相互学习。

(洛阳市第十九中学 张洁)

【专家点评】

在与同学们日常交往中,我们经常会发现学生总是自信不足,对自己的评价不客观。让学生学会学习、自主发展、健康生活、树立自信具有深刻的积极意义,这也是中学生核心素养以培养"全面发展的人"的具体要求。通过开展这次班会活动,让学生自己认识自己,强化了学生的自我意识,帮助学生更好地树立自信,比单纯的说教效果好很多。学生在活动中体验并发现自己的优点和长处,而且在全体学生面前分享,还可以看到同伴对自己的全面评价,必定会给学生带来深深的心灵触动。

(中原名师工作室主持人　河南省优秀教师　韩秀清)

第三周:"规划寒假,让时间增值"主题班会

【班会背景】

一个人对待时间的态度,往往决定了生命的高度。一个人对待假期时间的态度,决定了后续发展的速度。假期是学生自主发展的最佳时机,假期用得好,可以开阔视野、体验人生、提升学习能力。但很多学生对假期缺乏正确的认识,认为假期就是随意、放松的生活,缺乏自主管理的能力,也缺少时间管理的意识,导致假期时间利用效率低。因此,在学生假期开始前,对学生进行寒假规划指导,十分必要。

【班会目的】

1. 通过游戏让学生感受时间的宝贵和短暂。
2. 通过"时间投资"反思活动,让学生明确假期目标。
3. 通过阅读和讨论,明确假期时间管理和计划制定的方法。

【适用年级】

七、八、九年级。

【班会准备】

1. 老师设计问卷调查,向家长了解学生以前假期的情况。
2. 准备好音乐及游戏器材。

【班会过程】

情境导入:(背景音乐《光阴的故事》)

世界上有一家奇怪的银行,它给每个人都开了个账户,每天都往大家的账户上存入同样数目的资金,不准把余额记账,不准预支和超支。如果用不完第二天就自行作废。请问,这家银行每天给我们存入的到底是什么?

是时间。现在,我们一起来看看,我们是怎样花掉这笔资金的。

环节一:撕纸游戏,感受时间

游戏过程:假如现在你个人的生命处于0~100岁之间,我们来玩一个游戏。

请准备一张长条纸用笔将它划成10份,每一份代表生命中的10年。

下面我给大家出几个问题,请大家按我的要求去做:第一个问题:请问你现在几岁?(把相应的部分从前面撕掉)过去的生命是再也回不来了!请撕彻底撕干净!第二个问题:请问你想活到几岁?(如果不想活到100岁的话就从后面把那部分撕掉)第三个问题:请问你想几岁退休?(请把相应的退休以后的部分从后面撕下来,不用撕碎,放在桌子上)就剩这么长了,这是你可以用来工作的时间。第四个问题:请问一天24小时你会如何分配?一般人通常是睡觉8小时(有人还不止呢!)占了1/3。吃饭、休息、聊天、看电视、游玩等又占了1/3。真正可以学习和工作有生产力约8小时,只剩1/3。所以请将剩下来的折成三等份,并把2/3撕下来,并放在桌子上。第五个问题:比比看。请用左手拿起剩下的1/3,用右手把退休那一段和刚才撕下的2/3加在一起,并请思考一下:你要用左手的1/3工作赚钱,供给自己另外2/3的吃喝玩乐及退休后的生活。第六个问题:想一想。你要赚多少钱、存多少钱才能养活自己上述的日子,这还不包括给相关的亲人的!第七个问题:请问你现在有何感想?

教师小结:世界上最快而又最慢、最长而又最短、最平凡而又最珍贵、最易被忽视而又最令人后悔的就是时间。我们期待已久的寒假就要来了,大家为什么如此期待寒假?寒假有大把的自由时间。如果说平时我们常常感觉时间不够用的话,这个时候忽然感觉自己成了时间的富人。财富可以增值,也可以很轻易地被消耗掉。但时间怎样用才更有价值?只有21天的寒假,我们该如何度过呢?

环节二:一起做时间加减法——最好的时间做最正确的事

假如时间是一笔财富,我们每个人的账户情况是每天24小时,1440分钟,86400秒。时间的长度相同,但时间的密度不同。有人统计过,一分钟可做30个仰卧起坐,一分钟拍球110下,一分钟140步,一分钟能跳绳120个。激光一分钟能前进1800万千米,喷气式客机一分钟能前进18千米,高速火车一分钟能前进 5 千米，三峡水电站一分钟可发 7 万度电……时间的价值取决于你怎么来用。时间的使用也是一种投资。现在，每天除去 8 个小时的睡眠，2 个小时的吃饭时间，每天还有 14 个小时，21 天，294 个小时，我们现在来对这 294 个小时进行投资，每投资一项，大家要进行一个评估。下面，我们来探讨一下假期时间投资管理。

列一列我们假期想做的事，并进行测算和评估内容意义：

投资方向	所需金额（时间）	项目评估（价值、难度）
读书	21 个 0.5 小时	开阔视野，加分
看电影、逛街		
旅行		
作业		
辅导班		
帮助家长做家务		
家族聚会、同学聚会		
运动		
电脑、手机、电视		
公益活动		
其他项目		

小结：寒假，你可以帮助父母做家务，陪家人聊聊天，感受亲情；你可以周游世界，开阔视野。可以专攻一下自己的难题……正确的时间用在正确的事情上，这些都是有益的投资，是让时间增值的投资。

环节三：思考和讨论，我们为什么曾经输在了时间上

晋朝的陈寿说：冬者岁之余，夜者日之余，阴雨者时之余。很多时候，人与人的不同在于，怎样去支配属于自己的时间。想到假期有那么多让人心动的行动，同学们都激动不已，但我们都有过这样的经历，一个假期，还没怎么过就没有了，原来的一大堆计划什么也没有做。因此，在我们拟定计划之前，我们先一起思考一个问题，为什么我们总是设想得非常好，结果什么也没做成呢？（学生讨论并回答）

小结：不能够按时作息，拖沓磨蹭；前松后紧；突发事件，计划被打乱；电视、电脑、手机等影响因素……

环节四：阅读和思考，学会时间管理

阅读《时间管理的十一条金律》，说说有哪些是你做到的，哪些是未能做到的。我们拟定计划和执行计划时应该注意什么问题?

时间管理的十一条金律

金律一:要和你的价值观相吻合——知道什么对你最重要

金律二:设立明确的目标

金律三:改变你的想法(从你的 list 中选出最不想做的事情先做)

金律四:遵循 20 比 80 定律(花最多的时间在最重要的事上)

金律五:安排"不被干扰"时间(每天至少要有半小时到一小时)

金律六:严格规定完成期限

金律七:做好时间日志(记录每一天所做的事)

……

环节五:拟定假期计划,将计划进行到底

根据寒假的时间和自己的情况,拟定自己的假期计划:

1. 分配好学习和休息的时间。

2. 明确主要目标。

【班会总结】

寒假生活即将在我们的"千呼万唤"中拉开序幕。习惯了时间被安排,当我们自己成为时间的主人时,一个属于自己的寒假怎样度过?如果说平时是集体的行军,假期则是自己的独行,人和人之间的差距往往是在假期期间拉开的。今天我们明白了时间的价值,知道了每一天都是对未来的投资,掌握了时间管理的办法,每个人对即将到来的日子做了完美的规划。有人说,梦里走了千万里,醒来仍然在枕上。没有行动,再好的计划也是零;没有坚持,再好的计划也要打折。寒假里,让我们彼此遥望,互相加油吧!我期待一个寒假过后,会迎来更好的你们!祝福每一位同学!期待你满载归来!(结束音乐:羽泉的《奔跑》)

【班会延伸】

晒出自己的寒假计划,和同学结成对子,互相监督计划实施情况。

(中央民族大学附属中学 韩秀清)

【专家点评】

寒假不规划,开学差距大。假期的真正意义不是让学生完全休息,变得精神涣散，而是利用好这一时期帮助学生进一步提高素质。怎样让学生在假期中学会自我成长？这节班会课做了有益的探索。韩老师不仅罗列了学生在假期出现的各种问题，而且针对这些问题给予了有效的解决策略。整节班会设计环环相扣，做到了老师是倾听者、点拨者，学生是主体；老师视野开阔，尤其是在对时间进行评估和投资论证的环节上，不仅立足现在，更是放眼未来。

（河南省名班主任工作室主持人、最具影响力班主任　吴红霞）

第四周："管好自己的'小钱袋'，理性消费"主题班会

【班会背景】

习近平总书记强调："即使生活一天天好了，也没有任何权利浪费！"勤俭节约是中华民族的传统美德，是推动国家发展、社会进步的有效途径。《中小学生核心素养》强调：学生要正确认识与评估自我；能科学认识事物、指导行为。"财商"是中学生发展的必备素养之一。在春节到来之际，我班召开主题班会，使学生认识到理性消费的重要性，养成勤俭节约的好习惯。

【班会目的】

1. 通过班会培养学生形成正确消费观。
2. 使学生树立理财观念，学会有计划的理性消费。
3. 通过主题班会，使学生形成勤俭节约的优良品质。

【适用年级】

七、八、九年级。

【班会准备】

1. 提前让学生搜集勤俭节约的故事。
2. 记录自己一个月内的生活消费情况，完成调查问卷和消费表。
3. 班主任制作班会PPT，提前布置调查问卷、汇总结果。

【班会过程】

活动导入：

师：同学们，诸葛亮曾告诫其子"夫君子之行，静以修心，俭以养德"。习近

平总书记也曾告诉我们:即使生活一天天变好了,也没有任何权利浪费。长在"蜜罐"中的你们,你会合理地规划自己的消费行为吗?

环节一:自查,认清自我消费观

师:课前,同学们完成了关于住宿学生"收入"的调查问卷,情况如下:咱班同学平均每天20元零花钱以上的有10人,占20%;10元零花钱以上的有35人,占70%;5元以上的有5人,占10%。50%的同学压岁钱在2400元以上;25%的同学在1700元至2100元;另外25%的同学在1700元以下。衣食住行家长都全权负责的情况下,你的"小钱袋"用在了什么地方呢?你的消费理性吗?让我们再做一个调查(注意:在相应方框内画"√",可多选)

(1)你会把零用钱存起来吗? (会□ 不会□)

(2)你的零用钱大概花在哪里?

(学习用品□ 交友吃饭□ 游戏娱乐□ 小零食□)

(3)你会记录零用钱使用情况吗? (会□ 不会□)

(4)对压岁钱的使用有长远打算吗?(有□ 没有□)

(5)你的消费大多数情况属于哪种?

(攀比□ 盲目□ 冲动□ 从众□ 务实□)

师:大多数同学比较客观地反映了自己的消费情况。大部分同学对于零用钱压岁钱没有长远打算,消费比较随意。你的消费属于哪种类型呢?

生1:我平时花钱比较随意,穿衣服一定要名牌的才行。

生2:我会给游戏充钱,买装备。属于冲动消费吧。

生3:我主要花在吃喝上了,周末喜欢和同学们去逛街吃东西。

生4:我喜欢集邮,零花钱很多都用在买邮票上了。

师:谁知盘中餐,粒粒皆辛苦。不论是零花钱还是压岁钱,都是父母辛勤工作换来的,我们应该把钱用到该用的地方,树立正确的消费观。

环节二:分享故事,建立理性消费观

师:我们来看其他人的理财故事,小组先分享,然后选出代表讲一讲:

第一组代表:我要分享的是比尔·盖茨的故事。这位世界首富旅行不坐头等舱却坐经济舱,衣着也不讲究名牌,他还对打折商品感兴趣……一次,他与朋友前往饭店开会,朋友建议将车停在贵客车位。比尔不同意,原因非常简单,贵客车位需要多付12美元,比尔认为那是超值收费。

第二组代表:为了玩手游,11岁"熊孩子"用妈妈的手机先后给游戏充值70余次,共计42268元。每次用妈妈手机充值后,都偷偷删掉转账记录。

第三组代表:一名叫小军的大学生,平时喜欢攀比,买奢侈品。骗子谎称可以办理贷款。小军在虚荣心的诱导下进入圈套,损失十几万元。而小军由于巨大精神压力险些跳楼身亡。

师:同学们从正反两个方面讲述了消费的小故事。听了以上内容,同学们有什么感想呢?

生1:我觉得不论有没有钱,都要养成节约的好习惯。勤俭节约是中华民族的传统美德。父母赚钱不容易,我们不要浪费。

生2:花钱要理性,不要大手大脚,避免上当受骗。

生3:要学会合理规划自己的"小钱袋",把钱用到值得用的地方。

环节三: 倡导:勤俭节约,理性消费

师:同学们已经知道了理财的重要性。不攀比、不从众、不浪费、不盲目、不冲动。下面请同学们拿出由家长协助完成的本人消费表,分享讨论。

小组活动:同学间对比消费情况,互相学习、借鉴,并讨论自己的感受和改进措施。(学生如实填写,可在家长协助下完成)

我的一个月消费账单							
姓名		性别		年龄		班级	
消费类别			消费金额		消费是否合理,写出反思及改进措施		
学费、住宿费合计			( )元				
伙食消费			( )元				
各类辅导班、特长班消费合计			( )元				
交通消费			( )元				
生活日用品消费			( )元				
购买服装、饰品消费合计			( )元				
学习文具、书籍消费合计			( )元				
游戏、娱乐消费合计			( )元				
聚会、过生日、小零食消费合计			( )元				

孝敬长辈消费	（　　）元	
旅游消费	（　　）元	
其他消费	（　　）元	
月消费总计（　　）元 —月消费推算→ 年消费总计（　　）元 —年消费推算→		
初中消费总计（　　）元 —初中消费推算→ 高中消费总计（　　）元 —高中消费推算→		
大学四年消费总计（　　）元 —推算出→ 完成学业四年消费总计（　　）元		

说明：以上内容需要在家长协助下完成，如实填报。高中、大学实际消费要比初中高很多。住宿费：寄宿学生按照住宿费均摊10个月计算，走读学生家长估算数字填入。辅导班、特长班消费按照均摊12个月计算。服饰消费：家长购买的服饰计入本人消费。走读学生家长估算伙食费填入。如有其他消费，填写到最后一栏。

师：同学们经过讨论，一定发现了问题。我们的花费数字惊人。教育是家庭最大的消费，但是不论父母赚钱多么不易，只要你需要，父母都会毫不犹豫。而我们又能为家庭创造多少财富呢？有的同学消费不理性，没有计划，甚至挥霍无度，给家庭带来不小的负担。针对小组互动情况，说说你的感受。

生1：好惊讶，我从来没算过，我一年要花这么多钱，以后可要节约了。

生2：父母赚钱很不容易，他们自己很节俭，但是为我们却很舍得。

生3：我一定要把压岁钱用到学习上，让钱花得有意义有价值。

师：同学们意识到了消费要科学理性，但是没有合理的计划，我们就不可能做到勤俭节约。消费时，我们要充分了解自己的需求，懂得拒绝，减少虚荣心。下面请同学们继续完成表格，写出各项消费是否合理并写出改进措施。

师：最后，老师送同学们一个消费小贴士，希望同学们都能规划好自己的消费行为，理性消费，把中华民族勤俭节约的优良品质传递下去。同时，我们要认真学习，取得更好的成绩回报父母，为家庭的"小金库"贡献自己的价值。

消费小贴士

消费前，做预算，把钱花在关键点；

消费时，不超支，经济适用是首选。

消费后，记录好，定期查看那最好；

不盲目，不攀比，理性务实不能少。

师小结：春节马上就要到来了，同学们又会有一笔不小的"收入"。老师希望同学们可以按照计划，做好理财，养成勤俭节约的好习惯。

【班会总结】

同学们，勤俭节约历来是中华民族的传统美德。我们要用实际行动积极努力完善自身消费结构，反对奢侈浪费、盲目攀比等不良消费风气，引领健康和谐的消费新风尚，并养成用小笔记本记录自己日常消费的好习惯，永远树立正确的消费观，这个好习惯会让你永远受益，受用一生。不攀比，不从众，不浪费，不盲目，不冲动。做好规划、理性消费。

【班会延伸】

按照计划，从明天开始记录自己一个月的消费情况，月末写200字个人消费情况及反思。

（洛阳华洋国际学校　董志恒）

【专家点评】

古人云："静以修身，俭以养德。"当今社会家长把更多的注意力放在关注孩子的学习上，而忽略了对学生理性消费和财商的培养。本节主题班会紧扣这一话题，从学生记录消费习惯、统计一个月的消费账单入手，让学生学会自我管理，改掉不良消费习惯，养成勤俭节约、理性消费的好习惯。班会环节设计新颖，内容贴近中学生实际，有很好的借鉴作用。中学生作为消费的特殊群体，老师如何引领他们，树立理性消费观，责任重大，意义深远。

（河南省中小学班主任研究中心首批特聘核心专家　特级教师　裴素青）

二月　亲情月

【品格花】

紫罗兰

【花语】

赏心悦目，沁人心脾，永恒亲情，孝慈高尚。

【月主题活动】

围绕"春节里话亲情"设计月主题活动。

【周主题班会】

活动一："春节里，话春联"主题实践活动。

活动二："感受亲情，传承家风"主题实践活动。

第三周："把灾难当教材，与祖国共成长"主题班会。

第四周："春暖花开，扬帆起航"主题班会。

【自选主题班会】

还可以围绕过春节、二十四节气开展学习传统文化活动，如"吃在中国，看在中国"，使学生传承中华民族优秀传统文化。

活动一："春节里，话春联"主题实践活动

【活动背景】

春节，是我们中华民族最隆重、最热闹的一个传统节日。春联是春节最具代表性的标志。"千家万户贴春联，欢乐祥和过大年"已成为春节中的一项重要的、富有民族特色及地域风情的活动。为使学生了解和进一步挖掘中国传统的春节文化，结合学生生活实际，利用春节这个特殊的节日，设计以"春节里，话春联"为主题的社会实践活动。

【活动目的】

1. 让学生了解春联文化、张贴方法，激发学生对传统文化的喜爱之情。

2. 通过实地调研、查阅资料、走访等形式，获得有关春联的基本常识，感受中华文化的博大精深、源远流长。

【适用年级】

七、八、九年级。

【活动准备】

1. 划分小组

放假前，根据学生居住地就近原则，划分4个活动小组，各选一名组长负责，也可以邀请家长志愿者参与其中。

2. 明确任务：全体同学创作春联

第一小组活动任务：春联的由来，如何贴春联；第二小组活动任务：收集春联故事；第三小组活动任务：春联内容形式；第四小组活动任务：春联的种类。

【活动过程】

活动时间及任务

活动时间：农历腊月二十五至正月初十。

第一小组任务：

上网或者到图书馆、书店查找资料，也可以咨询家人、朋友，完成"春联的由来"及"春联的贴法"。

1. 春联的由来

春联,起源于桃符(周代悬挂在大门两旁的长方形桃木板)。据《后汉书·礼仪志》所载,桃符长六寸,宽三寸,桃木板上书降鬼大神"神荼""郁垒"的名字。"正月一日,造桃符著户,名仙木,百鬼所畏。"

据说五代时的后蜀国国君孟昶是个喜欢标新立异的国君,在公元964年岁尾的除夕,他突发奇想,让手下的一个叫辛寅逊的学士,在桃木板上写了两句话,作为桃符挂在他的住室的门框上。这两句话是"新年纳余庆,嘉节号长春"。第一句的大意是:新年享受着先代的遗泽;第二句的大意是:佳节预示着春意常在。由此开始,桃符的形式和内容都发生了变化,这不仅表现在开始用骈体联语来替代"神荼""郁垒",而且还扩展了桃符的内涵,不只是避邪驱灾,还增加了祈福、祝愿的内容。这就成了中国最早的一副春联。到了宋代,在桃木板上写对联,已经相当普遍了。王安石的《元日》诗中写的"爆竹声中一岁除,春风送暖入屠苏。千门万户曈曈日,总把新桃换旧符"就反映了每到除夕之日家家户户挂桃符(即今春联)的盛况。

从早期的避邪求平安,到文人述志展文才,春联一直是社会的缩影与人文现象的表征,是创作者与所有人的心理投射与职业生活的显象。因此,浏览一地的春联,就是了解民情习俗的捷径。

2. 如何正确贴春联

张贴春联,首先要弄清哪是上联,哪是下联。区分上下联方法如下:

方法一:用平仄方法来区分。看春联的最后一个字,上联最后一个字是三声和四声(仄声),下联的最后一个字是一声和二声(平声)。如兴 xīng 一声是下联,旺 wàng 四声是上联。

方法二:用含义方法来区分。每副春联都有自己特定的含义,在写春联的时候普遍把含义深刻的作为下联,上联的价值更多是在引导作用上。上下联基本属于因果关系,因是上联,果是下联。

弄清春联的上下联之后,接着须弄清门口两侧的上下联位置。面对门的方向,上联贴在右侧,下联贴在左侧,横批贴在门楣上方正中间。

第二小组任务:

收集春联故事。上网或到图书馆查资料,收集5个关于春联的故事。

故事一:朱元璋赐春联

明代初年,明太祖朱元璋当上皇帝之后,喜欢排场热闹,看到大户人家每到除夕贴的桃符,就想推广一下。一年的除夕前他颁布御旨,要求金陵的家家户户都要用红纸写春联贴在门框上来迎接新春。大年初一的早晨,朱元璋微服巡视,挨家挨户察看春联。每当见到写得好的春联,他就非常高兴,赞不绝口。在巡视时见到一家没有贴春联,朱元璋很生气,询问什么原因,侍从回答说:"这是一家从事杀猪和劁猪营生的师傅,过年特别忙,还没有来得及请人书写。"朱元璋就命人拿来笔墨纸砚,为这家书写了一副春联:"双手劈开生死路,一刀割断是非根。"等朱元璋巡视完毕返回宫廷时,又路过这里,见到这个屠户家还没有贴上他写的春联,就问是怎么回事。这家主人很恭敬地回答道:"这副春联是皇上亲自书写的,我们高悬在中堂,要每天焚香供奉。"朱元璋听了非常高兴,就命令侍从赏给这家三十两银子。

故事二:"缺一(衣)少十(食)"的故事

有一年除夕前,清代的大画家郑板桥和官员一道在街上巡查,他发现一户人家的门口贴着这样一副对联:二三四五,六七八九。郑板桥看后,立即转身,头也不回地向远处跑走了。周围的人们不知何故,很是纳闷。过了好大一会儿,才看见郑板桥又气喘吁吁地跑了回来。只见他肩上扛着一袋大米,手中提着肉和一包衣服。他径直来到这户人家门前,并让人敲开了门。这户人家非常的贫寒,一家人挤在一张床上,身上的衣服都很单薄,厨房的米缸也空了,灶台也是冰凉的,可以说是家徒四壁。看到惨状,郑板桥立刻放下食物和衣服,并且对户主说:如果还有什么困难,请直接来找我。

故事三:夜贴春联

有一年新年,王羲之连贴了三次春联都被喜爱他的字的人偷着揭走了。临除夕,他怕再被人揭去,就上下剪开,各先贴上一半。上联是"福无双至",下联是"祸不单行"。这样果然奏效,人们见他写的不是吉庆红火的内容,也就不再揭了。到了新年黎明之际,王羲之又各贴了下一半,对联就成了:"福无双至今日至,祸不单行昨夜行。"路人闻之,皆击掌叹绝。

第三小组任务:

归纳春联的内容和形式。

(1) 字数相等——上联与下联,必须字数相等,形式整齐。一般五言联和七言联使用的频率为最高。

（2）词性相同——春联中上联与下联相对的词性应是相同的——实词对实词,虚词对虚词。如:海阔凭鱼跃,天高任鸟飞。

（3）句法相似——上下联在结构上要互相对应——并列对并列,主谓对主谓,动宾对动宾,偏正对偏正等。如:家和百事顺,国泰万民安。

第四小组活动任务：

收集春联。通过走访春联卖场、家庭门口、小区门口、厂矿、机关、医院等,收集不同内容含义的春联。例如:歌颂祖国的、家庭幸福的、美好愿景的;适合企业、政府、学校、医院等不同地点、不同行业、反映不同意义的春联。按照不同家庭、不同行业等,整理出不少于30副春联。

全体同学活动任务：小试牛刀自编春联。

请同学们任选其二,创作两副春联:贴在自家大门、书房门、学校大门、班级门口的春联。示例如下:

歌颂祖国的春联：

上联:民安国泰逢盛世 下联:风调雨顺颂华年 横批:民泰国安

适合家庭的春联：

上联:福旺财旺运气旺 下联:家兴人兴事业兴 横批:喜气盈门

适合教育的对联：

上联:立足现代面向未来桃李满天下

下联:脚踏实地瞩目千里栋梁遍九州

横批:教育为本

【活动总结】

通过这次"春节里,话春联"寒假实践活动,同学们更加深切地了解到春联文化,提高了我们的收集整理信息的能力。我们收获了喜悦感和成就感,增强了团结合作探究的意识,获益匪浅。春联是我们中华民族悠久历史文化的一个组成部分,作为当代中学生我们要当好祖国优秀传统文化的传承者。

【活动延伸】

收集同学们创作的春联,整理成班级"春联集锦"。

（洛阳华洋国际学校 贾爱珍　洛阳第五中学 陈良德）

【专家点评】

"春节里,话春联"寒假综合实践活动,利用春节这个特殊的节日,围绕中华优秀传统文化"春节里的春联"这一话题,以"春联文化"入手,通过让学生小组合作、查阅春联由来和贴法、收集春联故事、整理归纳春联的内容形式和创作春联等活动,让同学们了解和学习春联知识,挖掘春节文化,充分感受中华优秀传统文化的博大精深,增强了同学们的文化自信。

(河南省中小学班主任研究中心首批特聘核心专家　特级教师　裴素青)

活动二:"感受亲情,传承家风"主题实践活动

【活动背景】

亲情教育是一切教育的基础,也是家庭教育的重要方面。当下,我国的家庭结构中独生子女成为家庭的中心,造就了很多"小皇上""小公主",加之家长重智商、轻情商的教育方式,感恩教育成为最容易被忽视的领域。春节期间是开展"感受亲情,传承家风"寒假综合实践活动进行亲情教育、传承良好家风的重要契机。

【活动目的】

1．让学生了解什么是家风,自己的家风是什么,传承优良家风。
2．对孩子进行亲情教育,培养孩子的感恩情怀。

【适用年级】

七、八、九年级。

【活动准备】

1．视频资料《传承好家风家训微电影——指纹(拇指团队作品)》。
2．学生根据自己的兴趣组成小组,选出组长,明确具体任务。
3．准备 A4 纸、彩笔、相机等。

【活动过程】

第一阶段:制定活动方案,召开班会(寒假前完成)

师:寒假即将来临,同时也迎来了中华民族的传统佳节——春节。为了丰

富同学们的假期生活,使同学们过上一个快乐、祥和的节日,学校决定开展"感受亲情,传承家风"寒假综合实践活动。

请同学们观看家风家训微电影——《指纹》。

师:相信同学们看完这个微电影后一定会有很多感触,比如平时不理解自己的父母,忽视了他们的艰辛,那么寒假期间我们可以借助开展家风活动之际,弥补过失,重拾亲情。

指导学生根据家庭住址、兴趣爱好自愿组成5个小组,并选出小组长。之后,在各组长带领下完成小组任务。

第一组任务:续写家谱,绘制"家族树"

1. 了解家族成员

把自己知道的人名都写下来,了解他们的重要信息,如生日、配偶等。

从父母以及他们的兄弟姐妹开始了解,然后再采访祖辈。采访时应录音,保存时要贴标签。

翻翻抽屉和箱子,留意家族遗物,照片是非常重要的道具,跟亲戚聊聊,看看他们能否辨认照片上的人物,你可能了解到一段不为人所知的往事;打听家人、亲戚和族人,询问是否有家谱。

2. 续写绘制"家族树"

拿出一张白纸,在页底写下自己的名字,并填上出生日期。自己名字的上面是父母及其兄妹,再上面是祖辈及其兄妹,分别填上他们的出生日期。

在你追溯的时候,直系祖辈的数量会成倍增长,加上他们的出生日期、结婚日期和死亡日期(如果有的话),这样一份简易的"家族树"就画好了。

第二组任务:写一篇人物传记

在续写家谱的基础上,想一想众多的家族成员中,哪一位给你留下的印象最深?为你最感兴趣、对你影响最大的这个人写一篇人物传记。

传记内容要介绍人物的童年、少年、青年、中年及老年的主要经历(包括生活、工作和学习),并选择一两件事刻画人物的性格。末尾总述人物的功绩成败。全文600字左右。

第三小组任务:围绕自己的家风,写自己的成长故事

具体写作思路:首先确定你要写的家风是什么,比如家风是"和睦"。那

么,你要分析一下"和睦"这一家风的定义和对你自己的影响;在"和睦"这一家风的原则下,你是怎么解决事情的。比如,家庭不和睦了,怎么解决;家庭很和睦,在家庭中有哪些具体体现等等。最后收尾,突出自己独特的感受和家风对自己的影响。

  第四小组任务:分担家务劳动,体会家庭责任

  春节期间,我们可以选择整理一周床铺、每周洗3次碗、每周擦1次家具、每天拖1次地、洗一次衣服、为爸爸妈妈炒一道菜等力所能及的事情。

  提前和父母沟通,制定好计划和奖惩措施。

  第五小组任务:制作灯笼粘贴"亲情贺卡",送给亲人

  制作过程:首先准备一次性纸杯两只、红线若干、剪刀、胶水或双面胶、放焰火剩余的手柄、红色颜料和水粉笔等材料。取一只纸杯(尽量选择横竖有参考图案的),沿纵向条纹均匀剪开,成一个个条状,平齐剪掉多余的杯边。修去宽边(因为杯子的杯口是宽些的),一根根向外牵拉一下竖条,成内卷状。取另一只纸杯,只保留上端一部分,其余剪去。按同样图案剪开,为和刚才的条状对接做准备。然后在两个纸杯底部的中心钻孔、穿红线,然后将两只纸杯的条状对应粘接好,这样灯笼就基本成形了。

  最后在上下底部粘上彩纸包边,底部中心挂上灯笼穗子。用颜料将灯笼涂成喜庆的红色,写上祝福语,留上自己的名字,灯笼制作就完成了。(利用课件用图片展示制作过程)

  师:各小组的任务,同学们可以作为参考,当然也可以在此基础上有所发挥。比如,春节向长辈亲人拜年,陪家人贴"福"、贴对联,为他们拍1~2张生活照片等等。

  第二阶段:活动实施(寒假期间)

  按照各小组第一阶段制定的活动任务,在寒假中认真完成。

  第一组同学,编写自己的家谱,并绘制家族树。

  第二组同学,在寒假期间采访自己家族的成员,了解他们的经历,并从中选取一人为他写一篇600字左右的传记。

  第三组同学,围绕自己的家风,写一篇自己的成长故事,600字以上。

  第四组同学,开展帮助家人贴对联、做家务等活动,注意拍照,制作成影集,有条件的可以制作成微视频。

第五组同学,动手制作贺卡。在新春期间赠送给亲人,并拍照留念。

【活动总结】

"家是最小国,国是千万家。"春节亲情月主题实践活动,通过续写绘制家谱树、写人物传记、讲述自己成长故事、分担家务劳动、制作手工贺卡送长辈等活动,增强了学生"家"的感情,增进了家族间的亲情意识,让学生在活动中浸染了美好的道德情操,为他们的终身发展打下坚实的人文基础。

【活动延伸】

在家长的指导下用最简单凝练的语言总结自己的家风,并书写下来,装裱之后悬挂在家里。

(洛阳市第五中学　张亚兵)

【专家点评】

"感受亲情,传承家风"寒假综合实践活动,紧扣"春节"这一重要节日,以"家"为核心,开展续写家谱、写人物传记、讲述自己成长故事、分担家务劳动、制作手工贺卡送长辈等亲情教育活动,弘扬家谱、传记、家风家训等中华民族优秀传统文化,既能增强学生的亲情意识,又能很好地让每一个学生传承自己的家风家训,为学生成长成才所具备的人格品质奠定坚实的基础。整个实践活动角度新颖,推陈出新,有很好的借鉴启发意义。

(河南省名班主任工作室主持人、最具影响力班主任　吴红霞)

第三周:"把灾难当教材,与祖国共成长"主题班会

【班会背景】

一场疫情,一次考验,一堂大课。2020年初的新冠肺炎疫情是中华民族伟大复兴道路上的一次大灾难。面对这场灾难,在党的坚强领导下,全国人民万众一心,上下一盘棋,经过艰苦努力,取得抗击新冠肺炎的伟大胜利,向世界彰显了中国力量。在赢得国内外广泛赞誉的同时,也给全国人民上了一堂意义深远的特殊教育课。为此,我们要把这次新冠疫情灾难当成教材,激发学生

的家国情怀,激励学生努力学习,立志报效祖国。

【班会目的】

1. 讲述抗疫故事,引导学生致敬英雄,激发家国情怀。
2. 展播抗疫镜头,用事实使学生更加坚定"四个自信"。
3. 用好抗疫教材,使学生在灾难中收获成长。

【适用年级】

七、八、九年级。

【班会准备】

1. 学生每人搜集整理一个抗击疫情的感人故事。
2. 教师搜集抗疫的相关视频和数据,做成 PPT。
3. 学生搜集抗疫主题曲《我们在一起》。

【班会过程】

导入:同学们,2020 年初的新冠肺炎疫情是新中国成立以来传播速度最快、感染范围最广、防控难度最大的一次重大突发公共卫生事件。这次灾难,让我们看到国家的强大和温暖,同时也感受到了生命的脆弱。今天我们就以"把灾难当教材,与祖国共成长"为题,召开主题班会。

环节一:讲述抗疫故事,致敬逆行英雄

同学们,请大家讲一讲在抗击新冠疫情过程中,最让你感动的故事。

生 1:钟南山院士的故事

疫情期间的"定心丸"——钟南山院士。新冠肺炎发生以后,他告诫大家不要去武汉,但 84 岁高龄的他却义无反顾地赶赴武汉防疫最前线。他奔赴武汉前线在高铁上靠着座位休息的那张照片,感动了无数人。发布会上一次次发言,给人们送来"定心丸"。他值得我们永远敬重!

生 2:感动中国人物汪勇的故事

我分享的是 2020 年感动中国年度人物汪勇的故事。在疫情期间的武汉,汪勇当时的护具只有一个 N95 口罩。就是在这种近乎"裸奔"的状态下,大年初一,他开着私家车,来到金银潭医院,开始接送一个年轻小护士。之后,他逐渐克服了疫情的恐惧,召集了更多志同道合的志愿者,组织起一支义务接送医护人员的通勤车队,并整合共享单车、网约车的公益资源,解决大家近、中、远的通勤需求。他被誉为"生命摆渡人"。

生3：四位最美"光头"女护士的故事

还有我们洛阳四位最美"光头抗疫小护士"。她们志愿去支援武汉，为了方便抗疫，那么爱漂亮的女生，竟然舍弃满头秀发，太让人感动了。

师：新冠无情，但人有情。国难当头，党中央一声令下，4000多名医护人员白衣执甲，逆行出征。他们不顾被感染的风险，别家离子，逆向而行，从四面八方奔赴抗击疫情第一线。他们中有德高望重的钟南山、李文娟院士；有主动要求延迟退休的柳帆医生；有为了抗疫推迟了婚礼的彭银华医生；有星夜驰援护送物资的铁路职工；有通宵达旦奋战一线的白衣天使；有争分夺秒鏖战火神山的施工人员……他们是2020年庚子春的"最美逆行者"，是群众心目中的勇士和战士，是鲁迅笔下关键时刻为民请命的人，是中国的脊梁。让我们向最美逆行者学习、致敬！

环节二：用镜头记录抗疫，感受"中国力量"

师：逆行者们冲锋在前，党和祖国也在用他坚实的臂膀为我们扛起重重困难，守护每个人的健康与安全。下面让我们一起通过视频和数据来感受祖国的温暖和伟大，感受中国速度、中国力量和中国精神！

镜头一：党中央一声令下，体现出的"强大凝聚力"

疫情发生后，习近平总书记第一时间作出重要指示，要把人民群众生命安全和身体健康放在第一位，全力做好防控工作。一声令下，29个省区市和新疆建设兵团、军队等调派380多支医疗队，总计超过42000名医护人员驰援武汉。火神山、雷神山医院迅速建成交付，一批方舱医院快速启用，无数防疫救援物资迅速通过航空、铁路、公路和水运多路抵达。人民空军第一时间出动运输机30架次，紧急运送支援物资。"药袋小哥"丰枫帮社区重症病人买药，身上挂满药袋；"快递小哥"汪勇，不仅自己做志愿者，还拉起了几十人的志愿团队……一个个感人故事，生动讲述了他们的坚守和奋战。这些在平凡的岗位上的人们，汇聚成一股股中国力量。

镜头二："火神山医院"建设体现的"中国速度"

武汉火神山医院是参照2003年抗击非典期间北京小汤山医院模式建设的。2020年1月24日除夕第1天上百台挖掘机抵达现场，开始土地平整，2

月 2 日大年初九第 10 天交付完工。从方案设计到建成交付仅用 10 天,被誉为中国速度。紧随其后的雷神山、方舱医院的神奇速度也同样令世人瞩目。为接收更多的患者、避免交叉感染,争取了宝贵的时间。

镜头三:"一方有难,全国驰援"体现出的"中国精神"

在党和国家的召唤下,14 亿中国人民始终团结一致,众志成城,共克时艰,展现出无私奉献的中国精神!从最初的医护人员对抗疫情到无数"逆行"的队伍驰援武汉,他们不计报酬,无论生死,医者仁心。疫情阻击战打响之初,在没有任何动员的情况下,全国企业、个人都毫不犹豫站了出来,踊跃捐款捐物。汶川县三江镇龙竹村村民驾车 36 小时运送了 100 吨新鲜蔬菜驰援武汉(6 卡车)。短短几天时间,数百吨新鲜蔬菜、水果、粮油,数万件口罩、防护服、护目镜等重点物资火速送往疫区,解了燃眉之急。在医用物资远远不能满足前方需求时,大批企业果断暂停原有业务,跨界转产,极大地缓解了防疫物品短缺的压力。人无精神不立,国无精神不强。这些镜头就是伟大的中国精神!

下面,播放抗疫主题曲 MV《我们在一起》。

师:中华民族是一个伟大的民族,每一次灾难降临,都迸发出强大的凝聚力、惊人的战斗力和爱国热情。面对疫情,我们只要坚定信心、同舟共济、科学防治、精准施策,就一定能打赢疫情防控阻击战,让世界见证中国精神、中国力量。通过这次疫情,我们要更加坚定"道路自信、理论自信、制度自信和文化自信",一心跟党走,做社会主义建设者和接班人。

环节三:用好"战疫"教材,畅谈灾难带给我们的成长

师:下面请同学们说一说你通过这次疫情灾难收获了哪些成长?

生 1:通过这次疫情灾难,我认识到了生命的脆弱,我们要珍惜生命;更加懂得了尊重生命,尊重自然。

生 2:这次疫情灾难,我感受更多的是人间大爱和真情,在这种灾难面前,相互帮助,相互支持,看到了很多很多感人的事。为此,我们每一个人都要学会感恩,感激每一个为社会默默做贡献的人,向英雄们学习!

生 3:通过这次疫情灾难,我认识到了有国才有家。只有祖国强大了才能更好地为每一个国人提供安全的生存环境。我为我们的国家而自豪。从现在开始,树立目标,努力学习,回报社会,报效祖国,为实现中华民族伟大复兴的

中国梦贡献自己的力量!

师小结:通过分享,同学们增强了民族自信和自豪感,也认识到生命的脆弱和珍贵,激发了学生们向英雄们学习的动力。同时,也激发起强烈的爱国情怀,从小励志好好学习,长大后为国家的建设发展做出贡献。

【班会总结】

伟大的中国人民取得了人类历史上史无前例的抗疫胜利。胜利得益于党中央把人民的生命健康安全放在首位,抗疫中体现了中国速度、中国力量和中国精神。这次主题教育活动,把灾难当教材,把困难当磨砺,致敬英雄,弘扬爱国主义精神,厚植家国情怀,在经历并战胜灾难中促进自我觉醒和成长,担起立志报国的重任。

【班会延伸】

以"灾难带给我们的成长"为主题,写一篇600字左右的作文。

(洛阳华洋国际学校　贾爱珍　韩志峰)

【专家点评】

2020年初全球爆发的新冠疫情给世界人民上了一堂生命教育大课。以此为契机,开学第一课对学生进行"把疫情当教材,与祖国共成长"爱国主义教育,激发学生为中华崛起而读书的爱国热情,意义重大。班会精心设计了三个环节,从讲述"最美逆行者"的抗疫故事,引导学生学习致敬英雄。第二个环节:在众志成城的抗疫战斗中,让同学们体会灾难面前"党的坚强领导""民族凝聚力",极大地鼓舞了同学们的爱国热情和民族自豪感。班会最后落脚在同学们把灾难当教材,磨砺意志品质,厚植家国情怀,以民族复兴为己任,立志报效祖国。

(河南省中小学班主任研究中心首批特聘核心专家　特级教师　裴素青)

第四周:"春暖花开,扬帆起航"主题班会

【班会背景】

新学期,新起点,对学生强化理想和目标教育很必要。托尔斯泰说:"一个

人没有理想,就没有坚定的方向;没有坚定的方向,就没有真正的生活。"青少年学生最富于理想,一旦理想在他们心中扎下根,就有了追求的目标,就会目光远大,信心百倍,为实现理想而认真学习。因此,召开"春暖花开,扬帆起航"主题班会。

【班会目的】

1. 让学生懂得做事有目标有规划更容易成功的道理。
2. 让学生规划新学期班级目标,统一思想。
3. 帮助学生制定切实可行的个人目标及计划,激发斗志。

【适用年级】

七、八、九年级。

【班会准备】

1. 让学生在开学前准备制定好新学期个人目标及计划。
2. 每人搜集五条有关目标与人生的名言警句。
3. 搜集歌曲《我要飞得更高》《梦想》等。
4. 班干讨论制定出新学期班级誓言。

【班会过程】

第一步:营造气氛

播放音乐《最初的梦想》或者合唱班歌。

师:同学们,大家好!春回大地,万象更新,到处迸发着勃勃的生机,就如同现在的我们,充满了朝气和活力。春天是播种希望的季节,百花怒放孕育着硕果飘香。新的一年,新的学期,让正处于青春年华的我们一起播种理想,播种希望吧。"春暖花开,扬帆起航"主题班会现在开始!

第二步:主题实施过程

环节一:谈谈目标与人生

1. 案例分析

师:同学们,在这万物复苏的季节,我们又回到了熟悉的校园,首先我们来做个现场调查,看有多少同学已经很明确新学期的奋斗目标,请举手。

师:很好,咱们有那么多同学已经明确了奔向成功的方向,但也有一部分同学没有举手,那么在这些同学心中,对于目标,你是怎么想的呢?是觉得可有可无,还是从没考虑过?下面我分享一个案例,请同学们认真思考。

PPT展示:哈佛大学有一个非常著名的关于目标对人生影响的跟踪调查,调查的对象是一群智力、学历、环境等条件都差不多的大学毕业生。调查状况如下:27%的人,没有目标;60%的人,目标模糊;10%的人,有清晰但比较短期的目标;3%的人,有清晰而长远的目标。25年后,哈佛再次对这群已经开始自己职业生涯的学生进行了跟踪调查。结果3%的人几乎都成为社会各界的成功人士,其中不乏行业领袖、社会精英;10%的人,成为各个领域中的专业人士,大都生活在社会的中上层。

师:同学们小组讨论,说说你从这个案例中感悟到什么?

生1:目标并不是可有可无,它和成功的人生有着密切的联系。

生2:没有清晰的目标,浑浑噩噩过活的人终将一事无成。

2. 名人故事分享,感受目标的力量

师:谈得很好,看来大家对目标与成功的关系有了较为深入的理解。生活中,很多人都是得益于目标的指引,成为名家大腕,拥有了成功的人生。现在让我们来倾听他们的故事,再次感受目标的力量。

故事一:周恩来出生于19世纪末年,当时中国正遭受着列强欺凌、封建统治的双重压迫,人民群众生活在水深火热之中。为了救亡图存,为了人民幸福,他在小学时就立志"为了中华之崛起"而发愤读书,并为实现这个志向而严格要求自己。经历了"五四运动"的洗礼,他开始积极探索中国的出路,最后确立了共产主义的信仰,一直奋斗在中国政治舞台的前沿。

故事二:众所周知,邓亚萍从小就酷爱打乒乓球,她梦想着有朝一日能够在世界赛场上大显身手。她虽然球技高超,却因为身材矮小、手腿粗短而被拒于国家队的大门之外。但她并没有气馁,而是把失败转化为动力,苦练球技,持之以恒的努力终于催开了梦想的花蕾——她如愿以偿站上了世界冠军的领奖台。在她的运动生涯中,她总共夺得了18枚世界冠军奖牌。

师:他们的故事让我们感动,给我们很多启发。拥有目标,坚守目标,人生才有更多成功的机会。先贤们对此还留下很多名言警句,值得我们铭记。请同学们分享你收集到的名家名言:

百学须先立志。——朱熹

当自己每时每刻都知道自己要达到什么目的的时候,世界上就根本没有什么艰难了!——柳青

当你有一个伟大目标时,你就会把工作当作休息。——居里夫人

在一个崇高的目标支持下,不停地工作,即使慢,也一定会获得成功。——爱因斯坦

师:这些名言警句,让我们再一次感受了目标的力量。目标就是我们人生的灯塔,是我们前进方向的指引,前进的动力。

环节二:说说我的新学期目标

师:人生有目标,前进有方向,新学期,新征程,每个同学都希望自己是最优秀的,那你的目标是什么,该怎样规划呢?下面请同学们拿出假期制定的新学期目标及规划,在组内交流,修订补充,然后填写"我的新学期目标卡"。(围绕学习、卫生、纪律、文明、安全五个方面规划)

1. 小组讨论:目标的制定要切实合理,不可过低也不能过高,跳一跳够得着最好;找一个比自己优秀的目标人,以他为榜样,努力追赶;认真总结自己的进步与不足,发扬优点,改进不足,以求不断进步。

2. 小组成员展示交流。

生1:我的学习目标是进入年级前五十,超越数学课代表,规划是上课认真听讲,独立完成作业,多问多思,每天保证问老师一个题。

生2:我在纪律方面目标是零扣分。规划是严格遵守校规班纪,增强自控力,扛得住诱惑,同时让老师和同学严格监督我。

师:同学们,现在我们每个人都有了一个努力的方向,但仅仅把目标当美梦不去行动,那就是空想。愿同学们坚持不懈朝目标一步步奋进。

环节三:铮铮誓言 表我决心

师:爱默生说过:心向自己目标前进的人,整个世界都给他让路。理想目标只有和勤奋拼搏作伴才能如虎添翼,让我们立下人生志向,活出人生精彩,为梦想成真而努力学习!用铮铮誓言表达我们勇往直前的决心。

班级誓言:学习是我的天职,目标是我的方向。新的学期我要做到:

咬定目标,顽强拼搏;自信自律,持之以恒;团结奋进,共创辉煌!

(班长带领同学们宣誓,班会在学生高昂的宣誓声中结束)

【班会总结】

凡事预则立，不预则废。处在新学期的我们占尽天时地利，因此，如何好好把握时机，并不断努力达成目标是我们最首要的任务。这节班会课明确了自己的新学期目标规划，我相信只要大家手握着"责任心"和"行动力"这两大法宝，一定能使目标变为现实。我坚信：将来成功的你一定会感谢今天奋斗的你！为实现美好理想目标，让我们开足马力，扬帆起航！

【班会延伸】

填写新学期个人目标卡，收齐统一挂到班级墙上。

（洛阳华洋国际学校　张小分）

【专家点评】

本节主题班会通过案例分析、故事分享、目标规划和集体宣誓等环节，使学生明白：目标成就人生，每个人在每一个生命节点都要树立一个目标；目标有了，方向对了，总有抵达的一天；如果没有目标，人就会陷入空虚和茫然；一旦树立了正确的目标追求，就会产生强大的内在动力。所以，新的学期，对学生进行目标引领，很有必要，告诉学生："目标引领学习，态度决定成绩，细节决定成败，勤奋创造卓越。"鼓励学生向着人生卓越的目标去努力。

（河南省中小学班主任研究中心首批特聘核心专家　特级教师　裴素青）

三月　文明月

【品格花】

白玉兰

【花语】

洁白如玉,朵朵向上,美丽高洁,文明善良。

【月主题活动】

围绕"文明伴我行"设计月主题活动。

【周主题班会】

第一周:"续写雷锋日记"主题班会。

第二周:"初三百日,种一棵信念的树"主题班会。

第三周:"文明中国,我在行动"主题班会。

第四周:"规划人生,走向成功"主题班会。

【自选主题班会】

还可以围绕"文明城市我代言"、植树节和文明话题设计主题班会。

第一周:"续写雷锋日记"主题班会

【班会背景】

雷锋曾经说过:"人的生命是有限的,可是为人民服务是无限的,我要把有限的生命投入到无限的为人民服务中去。"在当今社会,处处可见的志愿者就是当代雷锋精神的最好实践者。正是有了他们的付出,社会才变得和谐、温馨。随着学校班级志愿活动的开展,学生在活动中不断加深理解了雷锋精神。他们认为作为志愿者就要关爱他人,服务社会,奉献社会。

作为教育者,我们要将雷锋精神深深植根于学生心田。基于这些话题以及学雷锋活动日,即青年志愿者活动日,从学生对生活实际的认识和思考出发,确定这节班会课主题:续写雷锋日记——与爱同行,志愿服务在行动。

【班会目的】

1. 通过活动,让学生理解志愿服务的意义,深刻领会雷锋精神的实质。
2. 通过活动,培养学生在志愿服务中的责任担当。
3. 通过活动,激发学生对公益志愿服务的热情,提高其参与度。

【适用年级】

七、八、九年级。

【班会准备】

1. 招募文艺志愿者,准备情景剧《当代雷锋——志愿者的一天》。
2. 各小组以自己参加志愿服务经历、接受志愿者服务或者他人经历为基础,创作志愿服务活动小节目(朗诵、小品、情景再现、讲故事等形式)。
3. 准备志愿者为社会服务的图片、歌曲资料及《志愿者之歌》视频。
4. 搜集关于志愿服务的知识问答资料。
5. 准备志愿者服装和旗帜。

【班会过程】

情景导入:

红帽子、红马甲,热情洋溢的笑脸,看到这身装扮,大家会想到什么呢?对,志愿者。"洛阳地脉花最宜,牡丹尤为天下奇",在一年一度的洛阳牡丹文化节期间,各个景点、马路总能看到一个个、一群群热情服务的"当代雷锋"——志愿者们无私地奉献着。他们都是我们身边的雷锋,你和我可能都接受过他们的帮助。那么,志愿者的一天是什么样的呢?下面,我们来看情景剧《当代雷锋——志愿者的一天》。

部分学生表演《当代雷锋——志愿者的一天》情景剧。

其他学生观看表演,感受志愿服务的精神:奉献、友爱、互助、进步。

环节一:志愿服务知识竞答

师:同学们,为弘扬雷锋精神,我们首先进行志愿服务知识竞答,让我们比一比、赛一赛,看谁是我们班的志愿知识小达人!

附:志愿服务竞赛题目及答案(通过课件展示)

(1)雷锋精神的核心是( )。

    A. 为人民服务   B. 帮助他人   C. 忠于祖国   D. 为人民奉献

(2)雷锋精神的内涵是奉献精神、钉子精神、( )精神、螺丝钉精神。

    A. 为人民服务   B. 艰苦奋斗   C. 敢想敢做   D. 不怕苦不怕累

(3)( )年底共青团中央决定实施中国青年志愿者行动。

    A. 1993   B. 1994   C. 1995   D. 1996

(4)注册志愿者应满足年满( )周岁。

    A. 12   B. 14   C. 16   D. 18

(5)国际志愿者年是( )年。

    A. 2004   B. 2003   C. 2002   D. 2001

(6)我国从( )年开始在全国推行注册志愿者制度。

    A. 2001   B. 2002   C. 2003   D. 2004

(7)国际志愿者日是( )。

    A. 11月5日   B. 12月5日   C. 11月1日   D. 12月1日

(8)中国青年志愿者日是( )。

    A. 12月5日   B. 7月5日   C. 3月5日   D. 11月5日

(9)雷锋纪念日是( )。

    A. 3月4日   B. 3月5日   C. 5月3日   D. 5月5日

(10)中国青年志愿者协会成立于( )。

A. 1994年12月5日　　　　　B. 1995年12月5日
　　C. 1996年12月5日　　　　　D. 1997年2月5日
（11）中国青年志愿者行动口号是（　　）。
　　A. 奉献、友爱、互助、进步　　B. 爱心献社会，真情暖人间
　　C. 自愿、讲求实效　　　　　　D. 量力而行，持之以恒

师：通过激烈的竞答，某某某同学在最短的时间内答对了最多的题目，评为班级志愿者知识小达人。让我们以热烈的掌声祝贺他，并向他学习。全班鼓掌。（普及志愿者知识，加深学生对志愿者服务的了解）

环节二：讲述志愿者故事，感知志愿服务精神

师：同学们，除了我们在洛阳街头经常遇到的志愿者，全国各地处处可见志愿者的身姿。他们像雷锋一样，全心全意为人民服务，在任何需要他们的地方大展身手。郭明义、庄仕华、孙茂芳……一个个朴实、简单、平凡的人，却用自己实实在在的行动谱写了一曲曲当代雷锋赞歌，将文明之花播撒得无比绚丽多彩。（展示第三届全国道德模范郭明义等人的事迹，让学生直观感知雷锋精神的内涵）

师：同学们，请你们想一想在你的身边有哪些助人为乐的志愿者感人故事？请上台展示分享。以小组为单位分享志愿者故事。

同学们，感谢你们精心准备的感人故事。在大家的分享中，地点不同、主人公不同、做的事不同，但所有故事都有一个共同的核心点。同学们，你们说是什么呢？（同学们纷纷给出自己的观点，最后由老师带领大家进行总结）

从大家的发言中，提炼出的核心是：奉献、友爱、互助、进步——这就是雷锋精神，这就是志愿者的共同精神。

环节三：主题志愿者活动策划

师：有这么多的志愿者为社会默默服务着，因为他们如此热爱我们的国家，热爱人民。常怀感恩之心，服务他人。世界在你眼前，我们在你身边。

师：如果我们也能当一回小小志愿者，该是多么自豪啊！我们又能为社会做些什么呢？请同学们结合本月节日活动，开展"学雷锋"主题志愿活动，走进公益，亲身体验志愿者的工作。各小组分组策划主题志愿者活动方案（包括小队名称、参加队员、口号、活动主题、实施计划、安全预案等安排）。

教师提供参考活动主题:3·12植树节活动,3·15消费者权益日,3·22世界水日节约水资源活动,3·29全国中小学安全日活动,校园文明志愿者活动,交通协管志愿者活动等。

教师需要提醒学生进行志愿者服务需要注意的一些安全问题等。

环节四:班级志愿者服务宣誓仪式

师:同学们,奉献使人快乐,助人使人幸福。让我们学习雷锋精神,践行雷锋精神。在这庄严的时刻,我们以班级志愿者的名义宣誓:

我承诺:

尽己所能,不计报酬,帮助他人,服务社会。

践行志愿者精神,从身边的小事做起。

行动起来,做雷锋式的小主人。

让志愿者的微笑成为班级最好的名片!

宣誓人:×××

宣誓后发放志愿者证书,内页记录参与志愿者服务的经历,以增强学生参与志愿服务的自豪感。全班合影留念。最后,齐唱《志愿者之歌》。

【班会总结】

通过这节主题班会,我们进一步了解了雷锋精神,并建立了志愿者小队,走进公益,感悟志愿服务"奉献、友爱、互助、进步"的精神。志愿服务,帮助他人,奉献社会,快乐自己!同学们,赠人玫瑰,手有余香。希望在以后的日子里,大家能积极参加志愿活动,续写雷锋日记,我们的明天将会更美好!

【班会延伸】

1. 各小组课后开展志愿服务,开展服务后,志愿者活动小组组长交流汇报:小小志愿者活动时间、活动地点、活动内容及反思、活动感受等。

2. 全班分享"走进公益,争当志愿者"活动的体会,每人写一篇《我是小小志愿者日记》。

(河南省田均彦名班主任工作室成员　洪晓蕾)

【专家点评】

本节班会以"学习雷锋精神"为主题,活动目标清晰,素材选择适当,环节安排紧凑。首先由学生表演《当代雷锋——志愿者的一天》情景剧开场,令人耳目一新,引起学生的注意力与好奇心;接着采用志愿服务知识竞答、讲述志愿者故事、感知志愿服务精神、主题志愿活动策划四个模块有序展开,最后以宣誓作为班会的高潮,自然贴切,感染力强。班会过程中注重学生的主体参与,通过形式多样的活动使学生深切感悟到"送人玫瑰,手有余香",达到了预期的教育目的。

(河南省名班主任工作室主持人、最具影响力班主任　吴红霞)

第二周:"初三百日,种一棵信念的树"主题班会

【班会背景】

著名音乐家、美术教育家李叔同说:世界是个回音谷,念念不忘必有回响,你大声喊,山谷雷鸣,音传千里,一叠一叠,一浪一浪,彼岸世界都收到了。凡事念念不忘,必有回响,因它在传递你心间的声音,绵绵不绝,遂相印于心。中考前一百天,是学生的一个心理极限期。学生的学习激情如何持续?一百天怎样科学地度过?需要更加精细的规划和科学的指导。本节班会课旨在在这样一个特殊的时间节点,给学生来一次特殊的提醒和行动。

【适用年级】

九年级。

【班会目的】

1. 通过视频观赏,让同学们感受信念的力量。
2. 通过活动探讨,让学生掌握坚定信念备考的方法。
3. 通过活动研讨,让学生有效利用中考前100天的时间。

【班会准备】

1. 相关音乐和文章。准备"吸管穿过土豆"视频材料。
2. 准备制作苹果树张贴板材。

【班会过程】

情境导入(播放背景音乐《我相信》):想飞上天,和太阳肩并肩,世界等我

去改变,想做的梦不怕别人看见……

今天,是个特殊的日子,是距离中考还有一百天的日子,中考进入了冲刺阶段,最后的一百天当如何度过?当我们从激情的宣誓中走回教室,我们还需要一份冷静的思考、一份执着的坚持、一套科学的方法。

环节一:吸管穿过土豆实验

方案一:老师请学生做(可以多请几位同学试一试)

(自己做需要准备相应材料:1.5米的架子,5个土豆,可以系住土豆的细绳,粗细不同的5根吸管,花泥,剪刀)

预设:无法穿过。(事前需要了解一下班上是否有同学做过这个实验)

方案二:观看视频"吸管穿过土豆",探讨吸管能够穿过土豆的原因

实验:把土豆系在绳子上,悬挂到架子上;把吸管插在花泥上;土豆对准吸管;剪断绳子,土豆坠落到吸管上;观察吸管是否穿透土豆;用较粗的吸管尝试一次,尝试成功后,用较细的吸管再试一次。

教师加以引导:这世界上很少有什么不可能。体育历来是高个子的领域,但1.68米的曼尼·帕奎奥两度获得世界拳王金腰带;1.62米的邹市明是中国目前最著名的拳王;1.83米的阿伦·艾弗森在巨人林立的NBA球队里,轻松晃开对手突破上篮,2次夺得NBA全明星MVP,3次入选NBA最佳阵容,3次荣膺NBA抢断王,4次荣膺NBA得分王,11次入选NBA全明星;大家熟悉的足坛名将里奥·梅西身高1.69米,却在赛场上屡创奇迹。如果你愿意,impossible可以变成I'm possible。中考还有一百天,让我们为自己加加油!

环节二:诗歌朗诵,情绪再调动

《相信未来》:当蜘蛛网无情地查封了我的炉台;当灰烬的余烟叹息着贫困的悲哀;我依然固执地铺平失望的灰烬……

环节三:探究"吸管穿过土豆"原因,感受信念与方法的重要性

成功一定有原因,失败一定有理由,那么,柔软的吸管何以能够穿过坚硬的土豆呢?预设:学生发现以下原因:

1. 重力的作用,土豆从空中坠落。

2. 吸管插在花泥上,吸管内部呈真空状态。

3. 吸管的方向明确,能够接住坠落的土豆。

活动重在让学生直观感知奇迹的诞生，激发学生的信心，同时在对原因探究的过程中寻找做事的具体方法。

教师引导：看似没有力量的吸管居然能穿过坚硬的土豆，只要方法正确，方向对头，力量足够，生活中永远会有奇迹发生。电影界的传奇是小李子莱昂纳多终于结束多年陪跑历程，斩获奥斯卡电影节最高荣誉；中国电影的传奇人物吴京凭借《战狼2》获得最高票房。在鲜花和掌声之前，他们都经历了常人难以想象的挫折和各种艰难困苦的砥砺。这个信念，是一往无前的决心，也是挑战自我的勇气，是日复一日的坚持，是精心的设计和规划。

环节四：让信念落地生根——实际行动

1. 一个明确的计划

教师引导：信念不是口号，站在离中考还有一百天的时间点上，我们审视一下我们手里的时间，每个人还有2400个小时。同样的时间，在每个人手里又是不相同的。对于我们各位同学来说，我们的一轮复习已经结束，大家依据知识点，给自己的知识点一一评价，然后列出需要解决的问题。

示例：语文学科

知识点	问题	解决措施	预计时间
古诗阅读	手法类题目易错	整理做过的诗歌题，寻找规律	2个小时
背默	上下句会，但情境类想不到具体语句	逐篇分解式提问，分解到每个早读	4个小时

2. 对一件小事的坚持

教师引导：没有行动，计划没有意义；没有坚持，永远在途中。达·芬奇的成功始于练习画一个鸡蛋的坚持，飞人刘翔的成功始于几吨苦练的汗水。菲尔普斯的金牌源于他每天练习的八小时、全年无休。著名歌手萧敬腾的歌声来源于十几年不间断地练唱。我相信，我行动，我坚持，才能抵达目标。从我们需要解决的问题中挑选一件，进行一次挑战和坚持，在同桌的见证下去努力完成。比如说：我选择数学的一个难点专题，每天做一道；我选择英语的单词，每天背十个；我选择语文的背默题，每天过一篇；我选择数学的选择题，每天强化练习一套……

3. 有效利用时间（班级倒计时牌的制作）

需要完成的目标	需要完成的时间	完成打卡(行数自定)	监督人

图一

图二

活动说明：

1.制作一棵大树的主干；2.准备100个苹果剪贴纸；3.固定好学生，每天张贴一张。

中考倒计时牌用贴苹果的方式来计时。从光秃秃的枝干到硕果满枝，一方面起到倒计时的作用，另一方面实现既有紧张感又不给学生增加过多压力。既让学生感到时间的变化，也给学生积极的心理暗示：每一天都有收获。

苹果剪贴纸上既可以写倒计时日期，也可以由老师、家长写上对学生的祝福和寄语，也可以由学生来写每日一语或者班级留言。

【班会总结】

距离中考的时间越近，越是考验一个人的信念，越是考验一个人做事的方法。你能够咬牙坚持，你就战胜了自己；你能够冷静思考，你就战胜了很多对手。信念之所以坚定，是因为做正确的事，事情能做成功，是因为科学的方法。信念与方法同行，我们走得愈加坚定。将来的我们，会感谢今天努力的我们。人生是美好的，青春是用来奋斗的，中考一百天的日子，让激情与冷静同在，让坚持与奋斗偕行，一起期待硕果结满枝头的日子。

【班会延伸】

落实学生的一件事坚持行动，关注倒计时牌苹果树上学生的每日一语。

(中央民族大学附属中学　韩秀清)

【专家点评】

本节班会紧紧围绕"中考前一百天如何度过"这一话题展开，注重引导学生观察思考日常生活现象,进而让学生认识到科学精神的重要性;情景设置真实有效,材料选取极具有针对性和教育性。通过让同学们尝试做吸管穿过土豆实验,探究"吸管穿过土豆"原因,让同学们交流各自的想法,感受信念与方法的重要性,有效地提升同学们的认知能力,进而做到有的放矢。本节班会主题明确,充分体现教师的主导作用;素材新颖,时效性强,充分考虑到学生的年龄特点和心理特点,有一定的趣味性,情绪干预措施得力。

(河南省名班主任工作室主持人、最具影响力班主任　吴红霞)

第三周:"文明中国,我在行动"主题班会

【班会背景】

文明是力量,文明是品格,文明是素养,文明更是一座城市的底色。人人争做文明人,让文明融入社会每个角落。校园,是城市的希望,是地基。作为初中生群体,拥有文明行为举止,是文明校园中亮眼的一道风景,更是校园里的常态。本节班会设计的目的,是让学生明白文明的意义是什么,如何践行?同时以身作则,散发热量带动周边人,做合格的文明初中生,成为璀璨文明城市的一颗星。

【班会目的】

1. 借助视频及新闻消息,让学生了解不文明行为的危害性。

2. 借助网络问卷调查、诗歌、绘画创作活动,让学生争做营造文明环境的当家人。

【适用年级】

七、八、九年级。

【班会准备】

1. 视频《一分钟看公共场合不文明现象》《文明的校园,文明的你》。

2. "文明人"网络问卷调查:你是一位文明的中学生吗?

【班会过程】

导入:有一种财富叫精神,有一种高贵叫文明。文明是盏灯,照亮我们夜

行的路;文明是阵风,吹散了我们内心的迷茫;文明是条路,指引我们走上幸福的康庄大道。文明离我们很近很近,好友相见的"你好",帮助别人的一声"谢谢",随手捡起地上垃圾等等。不过,有时候,文明却离我们很远很远,比如……

环节一:"不文明"行为的危害

1. 观看视频:《一分钟看公共场合不文明现象》。

2. 新闻两则。

2020年7月20日,郑州一小区发生高空抛物伤人事件。据记者了解,事发时,两个小女孩正推着弟弟在楼下走,突然女孩号啕大哭,其中一女孩头部受伤鲜血直流,另一个胳膊被砸得肿了起来,女孩额头的伤口缝合了5针,目前已花费上万元。而砸伤两个孩子的元凶是从空中掉下的拖把。对此,上述小区物业负责人称,为预防高空抛物坠物等伤人事件发生,小区一直张贴有安全提示警示标语,"禁止高空抛物",也在楼道间安装了防坠网,但还是挡不住高空坠物的发生。

2018年10月,吴小街派出所民警接群众举报称:辖区某小区内有人在焚烧多辆共享单车。民警迅速赶到现场,将正在燃烧的共享单车扑灭,现场清点共有8辆"哈罗"单车被烧毁,经走访调查将违法嫌疑人郑某某抓获。经查,违法嫌疑人郑某某因无正当职业,无经济来源,当日中午,分别从海吉星蔬菜批发市场等附近区域用三轮车将8辆共享单车运回家中,用电锯将单车割断,再运到附近废品收购点进行销售,结果一连跑了几家废品收购点没有一家敢收。郑某某一气之下将8辆共享单车拉回小区的楼下草坪上用木块和塑料布与共享单车一起焚烧。违法嫌疑人郑某某被依法行政拘留。

共享单车因符合绿色出行的文明理念,并巧妙化解了困扰城市居民已久的"最后一公里"难题。但由于公共文明理念的缺位,也给共享单车的发展带来了种种难题:给共享单车"换装",对共享单车进行局部拆解,把坐垫、踏脚板、车轮等零部件拆卸下来安装在自家的自行车上;为了不用扫码租车,用锤子敲下单车的锁具,将共享单车扔入河中。这些不文明的行为着实令人生气。

组内讨论:看到视频和新闻中的不文明行为,你想说什么?

明确:共享单车是一块检验市民道德素质的试金石,也是考察一座城市文明建设水平的风向标。市民行为不能脱离"文明轨道",否则便无法实现健康快速发展。文明靠人民,人民爱文明,守住道德底线,加强法制观念,提升文明素养,共建和谐家园。

环节二:校园中的不文明

1. 校园十大不文明行为

文明让你高雅,文明让你受到尊重,文明为你赢得掌声,文明使你幸福。但是,我们的身边依旧存在不文明的行为,经过网络问卷的测试结果,汇总出大家最讨厌的校园十大不文明行为,具体如下:

① 随地吐痰,乱扔垃圾;② 考试不守诚信,作弊;③ 顶撞老师、说粗话、漫骂同学;④ 给别人起绰号、喝倒彩;⑤ 在走廊喧哗吵闹,自习课影响他人学习,寝室影响他人休息;⑥ 背后造谣、散播别人隐私;⑦ 吸烟、酗酒、赌博,沉迷网络;⑧ 课桌桌面随意刻画、涂抹;⑨ 在墙壁、厕所门上乱涂乱画;⑩ 水房打水插队、食堂打饭占座位……

想一想,这些不文明行为当中,有你的身影吗?

2. "立"规矩,"破"顽疾

面对这些不文明行为,我们要怎样破除呢?

战国时期孟子说过:"不以规矩,不成方圆。"一棵树不修剪也许能生出硕茂的树冠,但成千上万棵树,只有经过修剪,才能变强,才能让根在土壤里扎得更深。作家莱蒙特说过:世界上的一切都必须按照一定规矩秩序各就各位。中学生就要文明言语、规范行为、生活卫生、爱护公物、参与活动、团结集体、礼貌待人、处事谦让。

小结:一个人的行为好似一面镜子,反映出他的文化涵养、知识水准和道德修养。校园是个小社会,学生在校园的管理制度中做到文明待人、文明处事,走出校园,进入社会这个大环境,才能以点带面影响更多人。

环节三:用文明之风,扮靓社会底色

1. 播放公益视频:《抗"疫"一线的青春力量》。

2. 探讨初中生在文明行动中的角色。

明确:文明不是轰轰烈烈,而是点点滴滴,小小细节!文明使人快乐、使人善良、使人有责任感。文明是一种品质,是一种修养,它是发自内心的、崇高的理想境界,反映着人的精神面貌、文化涵养和文化素质。当遇到困难,得到朋友的援助之手,是文明;主动为老弱幼病残孕让座,是文明;自觉将垃圾分类放入垃圾箱的举动,是文明;主动制止践踏草坪的行为,是文明;自习课堂安静地写作业,是文明;水房有序接水,是文明……说文明话,行文明事,做文明人。

【活动总结】

同学们,勿以恶小而为之,勿以善小而不为。我们有责任弘扬我们的传统美德,树立自身良好的形象。文明行为是一粒最有生命力的种子,让我们把文明的种子撒遍校园,让文明礼仪之花开满校园的每个角落。从我做起,文明校园,扮靓社会,出彩中国人。

【活动拓展】

1. 写一份承诺书"文明中国,从我做起"向全班同学发起倡议。
2. "星探"身边文明好榜样,评选班级文明之星。

(郑州中学 陈潇)

【专家点评】

初中生在"文明"的践行中应该扮演什么样的角色?怎样让他们在原有的基础上进行深度的思考?本节班会课旨在结合初中生的特点对"文明"做深度的探讨,通过让同学们感受"不文明"行为的危害、列举校园中不文明行为、探讨初中生在文明行动中的角色,强化学生的文明意识。同学们在有序中倾听,在讨论中分享,在静思中升华,这是一节必备的公民素养课。

(河南省名班主任工作室主持人、最具影响力班主任 吴红霞)

第四周:"规划人生,走向成功"主题班会

【班会背景】

成功的人生都是规划出来的。对于正处于青春期的中学生来说,他们对新环境往往感到不适,对未来充满迷茫,不知道该何去何从。因此,只有引导学生正确认识自我,制定科学的人生规划,才能帮助他们在迷茫中找准定位,明确奋斗目标和努力方向,少走弯路、错路,为将来的幸福人生奠基。

【班会目的】

1. 让学生懂得人生规划的重要意义,感受制定规划的紧迫性。

2. 引导学生合理规划人生,确定奋斗目标,增强逐梦圆梦的学习动力。

【适用年级】

七、八、九年级。

【班会准备】

1. 音乐《我的未来不是梦》《明天会更好》。

2. PPT课件;设计人生规划表;让学生搜集整理名人职业规划的故事。

【班会过程】

第一步:情境导入

暖场音乐《我的未来不是梦》(词:陈家丽 曲:翁孝良 演唱 张雨生)。

第二步:主题实施过程

环节一:阅读小故事,感知人生规划的意义

师:同学们,当你们带着新奇、懵懂的眼光走进初中时,你们是否想过自己将来要上什么样的高中,考什么样的大学,选择什么样的职业,将来过什么样的生活?如果你曾想过或正在思考这个问题,其实就是已经在开始进行自己的人生规划了。那么,我们为什么要进行人生规划呢?让我们带着这个疑问,一起走进《四只毛毛虫》的故事。(PPT课件显示)

四只长大的、爱吃苹果的毛毛虫分别到森林里找苹果吃……

第一只毛毛虫根本就不知道这是一棵苹果树,它只是漫无目的地顺着树往上爬,它不知道到底要往哪儿去,到哪儿才能找到苹果。

第二只毛毛虫知道这是一棵苹果树,当它找到一个苹果后就直接扑上去,直到吃饱为止,但后来它却发现要是选择另外一个树枝,就能得到一个更大的苹果。

第三只毛毛虫知道自己想要一个大苹果,并制定了一个完美的计划,按道理它可以实现自己的愿望。但是因为爬得太慢,当它抵达时,苹果往往不是被别的虫子捷足先登,就是苹果已熟透而烂掉了。

第四只毛毛虫做事有自己的规划,它的目标并不是一个大苹果,而是一朵含苞待放的苹果花,它从一开始就计算着自己的行程,并按着一定路径一直向前爬,结果如愿以偿,它得到了一个又大又甜的苹果。

师:四只毛毛虫找苹果吃的事例,给了我们什么样的人生启示?

生1:如果人生没有目标,不知道自己想要什么,生活就会像第一只毛毛虫那样,一团乱麻,毫无意义。

生2:一个人知道自己想要什么,但是选择时如果出现了偏差,也往往难以得到自己想要的结果。

生3:一个人有清晰的人生规划和正确的选择,但如果目标过于理想,不切合实际,也难以实现。

生4:一个人想要成就一番事业,必须有一个明确的目标,制定详细的实施计划,而且要积极创造条件去坚定不移地执行下去,才能取得成功。

师:从同学们的发言中,我们不难看出合理的人生规划对个人成长、进步的重要意义。人生如大海航行,有了规划,我们才不会偏航和迷失方向;有了科学的人生规划,我们才能顺利到达成功的彼岸。

环节二: 规划成就人生,名人故事大家谈

综观国内外许多名人和成功人士,无一例外都十分重视个人生涯规划,下面各小组进行讨论(时间3分钟),然后分享一下自己知道的故事。

第一小组:周恩来总理读书的故事

20世纪初在沈阳一所小学,校长问同学们:"你们为什么读书?"有的回答:为了寻求生路。有的回答:为了光宗耀祖!这时,一位年仅12岁的少年从座位上站起来,大声回答道:"为了中华民族之崛起,腾飞于世界而读书。"请问这位少年是谁?(同学们异口同声回答:周恩来)周恩来最后之所以成为中华人民共和国第一任总理,成为全世界人民敬仰的伟人,这与他很小就立大志、有意识规划人生是分不开的。

第二小组:"杂交水稻之父"袁隆平的故事

袁隆平爷爷,是"世界杂交水稻之父",我国杂交水稻研究领域的开创者和带头人,为世界粮食生产和农业科学的发展做出了杰出贡献。他经常说:爱国就是粮食增产,要用有限的土地养活更多的人。1954年,当他还在农校教学的时候,就确立让中国人吃饱饭、提高粮食产量的人生目标。此后,他便全身心投入到杂交水稻研究之中。在他的努力下,近50年我国杂交水稻的亩产连续跨上 400 千克、500 千克、600 千克、700 千克、800 千克、900 千克、1000 千克、1300 千克八大台阶，一次次刷新着世界纪录。2019 年，袁隆平获得中华人民共和国勋章。他说："我不能躺在功劳簿上，今后要向亩产 1500 公斤冲刺。我最大的愿望就是，饭碗要牢牢地掌握在我们中国人自己手上。"袁隆平爷爷永攀科学高峰的拼搏精神和一颗爱国心是我们当代青年学生学习的榜样。

师：以上名人的成长历程告诉我们，清晰的职业规划是一个人取得成功的保障。相比他们，同学们有更好的学习环境，也有更好的成才条件，应该抓住机遇，尽早进行自己的人生规划，夺取人生的成功。那么如何做出科学的人生规划，勾勒出自己成长的人生蓝图，正确认识自我是前提。

环节三：我的人生我规划

1. 小游戏——"悟人生"

游戏准备：一张长 24cm、宽 3cm 的纸条，一支黑笔。

第一步：把这张纸条对折 3 次展开，这张纸条被平均折成了 8 格，假如一格代表 10 年，平均寿命按照 80 年来计算，那么这张纸便代表了你的一生。

第二步：现在让我们撕去已经度过的岁月。

第三步：预计你的梦想会在多大时实现，然后撕去梦想后面的岁月。

第四步：除此之外我们还要睡觉、吃饭、交朋友、看电视……请同学们把这些岁月也撕掉，看一看你还剩多少时间。

生 1：15 年……

生 2：14 年……

师：做完这个小游戏，谈谈你此时的感受。

生 1：人生原来如此短暂，以前从未意识到，今后要好好珍惜时间。

生 2：从今天开始我要确定自己的人生目标，以后走路快一点，吃饭快一点，读书多一点，把更多的时间用在实现人生理想上。

师：通过刚才的游戏，我们真真切切地感受到一生中真正用来做事的时间其实非常有限，希望同学们在今后的学习生活中珍惜时间，做时间的主人。

2. 填写自己的"目标规划表"

师：同学们，梦想很远大，但是实现梦想的时间却很短。列宁说过：一个行动胜过一打纲领。梦想照亮现实，梦想要成为现实，必须要落实到具体行动上。规划人生，追逐梦想刻不容缓。下面，老师发放表格，请大家认真思考，填写表格，做好自己的人生目标规划。

我的人生目标规划						
姓名		性别		班级		
个人兴趣爱好						
个人优势和不足						
人生规划	理想高中					
	理想大学					
	未来理想职业					
实现理想目标，你的打算：							
我的人生格言						

【班会总结】

同学们：我们都有一个梦想，规划引领我们实现梦想。没规划的人生叫拼图，有规划的人生叫蓝图；没目标的人生叫流浪，有目标的人生叫航行！通过今天的学习，我们了解了人生规划的重要意义，每个同学都结合个人实际，制定了自己的人生规划，希望同学们不忘人生大目标，抓住每一阶段内的小目标，一步一个脚印，努力奋斗，最终成为自己想要成为的那个人。

结束：全体同学合唱《明天会更好》（播放背景音乐）。

【班会延伸】

将自己的《人生规划表》制成精美桌签，时时提醒激励自己。

（洛阳华洋国际学校　李锋　马艺博）

【专家点评】

成功的人生是规划出来的！人生需要规划，人生应该规划，人生应该尽早规划，这是本次班会给我最大的感受。整节班会课思路清晰，逻辑严密，在故事中让学生了解人生规划的重要意义；同时还设计了学业规划表，引导学生将职业选择和个人优势、兴趣结合起来，让学生尝试自主规划自己的学业和未来，这是教育的进步，也是教师对学生最大的关爱。我的未来不是梦，规划成就出彩人生，这样的主题班会不妨多来几次。

（河南省中小学班主任研究中心首批特聘核心专家　特级教师　裴素青）

四月　环保月

【品格花】

牡丹花

【花语】

根在河洛,国色天香,品格高尚,富贵吉祥。

【月主题活动】

围绕贯彻五大发展理念,树立健康环保意识设计月主题活动。

【周主题班会】

第一周:"我们只有一个地球"主题班会。

第二周:"根在河洛,传承文明"主题班会。

第三周:"垃圾分类,从我做起"主题班会。

第四周:"青春作伴好读书"主题班会。

【自选主题班会】

还可以围绕"清明节"或期中考试设计主题班会。

第一周:"我们只有一个地球"主题班会

【班会背景】

地球是宇宙的奇迹,是生命的摇篮,是人类的母亲,是我们共同的家园。她为人类提供了生存空间和资源,使人类得以生息繁衍,但随着人类文明的发展,地球却在一步步遭受破坏。环境形势严峻的今天,需要我们每个人提高环保意识,践行环保行动,共同守护我们的绿水青山。

【适用年级】

七、八、九年级。

【班会目的】

1. 通过对音像、图片和朗读的欣赏,唤起学生的环保意识。

2. 借助典型事例,通过对话交流,增强学生爱护环境、从我做起的观念。

【班会准备】

1. 黑板上板书班会主题"我们只有一个地球",讲桌上摆放地球仪。

2. 搜集日常生活中的环保小知识。

3. 收集"大自然在说话"的原文稿,指导几位同学有感情地朗读。

4. 请同学们搜集资料,看看八大行星之中,除了地球,还有哪个星球更适合我们人类居住。

【班会过程】

步骤一:情境创设

在银河系中,地球是一个蔚蓝色的美丽星球,是一个生物多样性的富饶星球,那么,地球是如何诞生的呢?它的生命起源是如何开启的?

地球的诞生(情绪调动,唤起共鸣):

46亿年前,太阳刚诞生初期,外围的残余物质不断聚集,形成了地球;45亿年前,一颗小行星撞击地球,月球形成;39亿年前,地球开始冷却,液态海洋开始形成;38亿年前,最早的原始单细胞生命出现;35亿年前,原核生物出现;26亿年前,发生了大洋氧化变化,地球开始充满氧气;18亿年前,哥伦比亚大陆开始形成;16亿年前,真核生物出现;7.7亿年前,地球海洋封冻;6.5亿前,冰川开始融化;5.3亿年前,寒武纪生物大爆发;3.8亿年前,陆地开始生长植物;2.5亿年前,地球96％的生物出现;2.3亿年前,恐龙出现,并统治地球1.6亿年;6500万年前,一颗直径长达10千米的小行星撞击地球,恐龙消失;6000万年前,灵长类动物出现;3500万年前,人类祖先古猿出现;600万年前,人类祖先与黑猩猩分道扬镳;180万年前,直立人出现;20万年前,真正的人类出现,并学会了制造工具和使用火;1万到五千年前,文字出现,人类文明开始诞生;1500年至1700年,伽利略和牛顿的理论引发了工业革命;1905年,爱因斯坦开创现代科学新纪元。

回望地球46亿年的进化史,充满了奇迹,我们能够拥有这样一个美丽富饶、资源丰富的星球,何其有幸!

步骤二:主题实施过程

环节一:展示照片——"地球之伤"

主持人:刚才大家看到的这些唯美的照片,出自摄影师J. Henry Fair之手。从2000年起,他通过航拍的方式,拍下了这些照片,组成了名为《工业伤疤》的画册。每一张照片都是纹理奇妙,色彩明艳,像极了抽象派的画作。但大家却不知道,这每张看似美丽的照片背后,都隐藏着一个恐怖的故事,一个环境污染的故事。(主持人逐一回顾并介绍每张照片背后的故事)

图一:这是德国一片被过度开采的森林。原本茂盛的森林,被电力公司收购用于煤开采后,仅剩下10％。目之所及,只有光秃秃的凄凉与萧条。

图二:多美的水中画面,是自在漂浮的海草吗?不,这是石膏、硫酸,还有铀、镭等重金属共同污染形成的产物。高危!

图三:艳丽的红色与深邃的蓝色碰撞背后,是石油泄漏的墨西哥湾。海洋里无数无辜的生命将为此丧生甚至绝迹。

主持人:照片还有很多很多。回顾这些照片,应该说是照"骗",记录的不是地球之美,而是地球之伤,每一张都是人类伤害地球的证据。

环节二:如果地球会说话(朗诵)

地球母亲在46亿年里涵养出了美丽和优雅,成为银河系中最璀璨夺目的星球,却在人类文明建立的短短几千年里,满目疮痍!她遭受了太多苦难,如果她会说话,或者说如果我们能听懂她的心声,她会说些什么呢?今天,我们一起来倾听,有请《地球母亲》的朗读者。

生1:地球母亲

有人称我为大自然,也有人叫我大自然母亲。我已经度过了45亿年,是你们人类存在时间的22500倍。

我并不需要人类,人类却离不开我。是的,你们的未来取决于我,如果我繁盛,你们也将繁盛;如果我衰败,你们也会衰败,甚至更糟。我已经存在了亿万年,我养育过比你们强大得多的物种,也曾让比你们强大得多的物种因饥饿而死亡。我的海洋,我的土地,我的河流,我的森林,它们都可以左右人类的存在。越来越多的人类啊,你们想怎样度过每一天,在意我,或者忽略我,我并不在乎,你们的行为决定你们的命运,不是我的,我是大自然,我将继续存在,我随时都在进化,而你们呢?

生2:我是海洋……

生3:我是土地……

生4:我是水……

生4:我是花……

生5:我是雨林……

主持人:大自然的话,你们听到了吗?大自然不需要人类,人类必须依靠大自然。

环节三:为什么说我们只有一个地球(观看视频)

主持人:网络上有一些声音,认为人类已经登月成功,如果地球不再适合栖居,那么人类完全可以到宇宙寻找新的星球来取代它,事实是不是这样的呢?之前请大家搜集过资料,请准备好的同学起来分享。

学生讨论和分享(5分钟)。

主持人总结:这几位同学的答案都不相同,但看得出来准备得很用心。接下来,让我们一起观看动画《蓝猫淘气3000问》幽默系列——为什么说我们只有一个地球,从中找到答案吧。

学生观影(5分钟)。

小结:水星并不像它的名字那样充满水,而是一滴水也没有,没有大气,气温高达450摄氏度。金星的二氧化碳占比高达97%,温度比水星还高。火星上的大气压力不够,是地球的1/16,如果住在火星,人的两只眼睛会鼓得像螃蟹似的。木星是流体行星,没有土壤和岩石,无处落脚。海王星、天王星、冥王星都是零下好几百度。如果到太阳系以外寻找新的"地球",至少要花上几百年甚至上千年。

环节四：守护地球（小组活动）

主持人:我们只有一个地球,伤害地球,就是人类自残;失去地球,人类将失去赖以生存的家园。关爱地球,就是关爱我们人类自己,我们别无选择。今年4月22日,是第51个世界地球日,已经有190多个国家加入世界地球日的活动中来,越来越多的社会团体和个人也加入到了环保活动中。

主持人(配图片):比如支付宝中的蚂蚁森林,从上线至今年4月22日世界地球日,支付宝官方宣布,有5亿人通过支付宝已经在地球上种下1亿棵真树,种树总面积近140万亩。这片位于内蒙古阿拉善的梭梭树林使沙漠变成绿洲,指日可待。比如,被CNN报道的两位河北农民贾海霞和贾文其,一个没有双臂,一个失去光明,两个人相互扶持,在15年的时间里植树上万棵,硬是把昔日荒凉的荒滩变成了一片密密丛林。美国有线电视新闻网CNN旗下的GBS工作室以此为题材制作的短片,在Facebook、YouTube等平台累计播放破百万,感动了无数人。

作为中学生,能为环境保护做什么呢？（讨论3分钟,每组一位代表发言）

总结:同学们想到了离开教室随手关灯,洗衣服时不直接使用流动水冲洗,吃饭的时候践行光盘行动,拒绝使用一次性餐具,参加地球熄灯一小时活动等等,从你们的答案中,我能感受到大家想要为环保出力的心情。

【班会总结】

人类只有一个地球,我们能生活在这样一个美丽、宜居的蓝色星球是46亿年来积累的好运。环境保护刻不容缓,让我们一起做个有心人,争当环保小卫士,守护绿水青山,不是某一天,而是每一天,让环境保护成为我们的生活方式。人类的后代是到大自然中看花海、大洋和森林,还是到博物馆看消失的鱼类和植物化石？选择权,就在我们手中。未来,地球所孕育的1400万种生物将何去何从,地球和人类将何去何从？答案,就在我们手中。

【班会延伸】

1. 做一份调查,看看我们周围有哪些不利于环境保护的现象,设计倡议书,在自己所在的社区进行一次宣传活动。

2. 拍摄一个小视频,记录下你和家人一起做垃圾分类并分类投放的过程,和同学们一起分享。

(中央民族大学附属中学红河州实验学校　曹欣欣)

【专家点评】

环境保护与我们每个人息息相关,是切近而又遥远的话题。怎样把这个老生常谈的话题转化成学生的感知和具体行动?这节班会课做了有益的探索,从地球的诞生到地球之伤,到我们每个人的行动,很具有感染力,又具有切实可行的实施步骤。因为这次班会的主题是"我们只有一个地球"这样一个比较大的话题,建议最后的行动上视野再宽阔一些。

(中原名师工作室主持人　河南省优秀教师　韩秀清)

第二周:"根在河洛,传承文明"主题班会

【班会背景】

文化自信是一个民族、一个国家对自身文化价值的充分肯定和积极践行,是对其文化生命力持有的坚定信心。《中小学生核心素养》强调:文化是人存在的根和魂。培养学生形成正确的情感态度、价值取向、人文积淀和人文情怀至关重要。四月的洛阳不仅是洛阳人的洛阳,更是中国人民和世界人民的洛阳。在洛阳牡丹文化节之际,我们召开主题班会,使学生了解家乡文化,激发学生对家乡文化的关注和认同,增强传承家乡文化的责任感和使命感。

【班会目的】

1. 使学生了解河洛文化、河洛精神,培养学生对家乡文化认同感。

2. 激发学生文化自豪感和传承家乡文化的使命感、责任感。

3. 通过主题班会,使学生形成爱家乡、爱祖国、放眼世界的优秀品质。

【适用年级】

七、八、九年级。

【班会准备】

1. 提前让学生搜集洛阳的发展成就。

2. 班主任提前制作班会PPT，搜集洛阳相关历史宣传片。

【班会过程】

活动导入：

师：同学们，大家好。四月是牡丹盛放季节，也是我们美丽的家乡——洛阳最迷人的季节。我们应该骄傲，因为我们生活在具有5000多年文明史、4000多年建城史、1500多年建都史的洛阳城；我们应该自豪，因为我们成长在丝绸之路的东方起点、隋唐大运河中心的洛阳城。作为家乡文化的传播者，你对家乡洛阳了解多少呢？在牡丹盛放之际，让我们一起走进文明，走进洛阳。

环节一：了解河洛文明，培养爱家乡情怀

师：洛阳因地处洛水北岸而得名，以洛阳为中心的河洛地区是华夏文明的重要发祥地。洛河、伊河、瀍河、涧河在此流过，东周、汉魏、西晋、隋唐在此建都。这就是我们的家乡——洛阳。接下来让我们带着对家乡的自豪感走进历史、走进我们的家乡——洛阳。

播放宣传片《古都洛阳的兴衰》。

师：短短3分钟视频，带我们纵览千年历史，为我们展示了家乡洛阳的兴衰变迁。看完宣传片，同学们有什么感悟呢？

生1：洛阳是十三朝古都，东汉、西晋、北魏都曾定都洛阳。

生2：我们的家乡名人辈出，白居易、刘禹锡、张仲景等。

生3：洛阳有世界文化遗产龙门石窟，是中国三大石窟之首。

生4：洛阳牡丹闻名世界，刘禹锡等名人都为牡丹写下不朽诗篇。

师：洛阳几度兴废，见证了中华文明的源远流长。在这座千年古都中，不仅有着自生于秦汉、盛于隋唐的文化底蕴的沉淀，更有洛阳人民在中国共产党的领导下，团结一致、努力奋斗、建设新家园的点滴。

环节二：赞美家乡建设成就，共享"醉"美洛阳

师：新中国成立后，国家经济极端落后。为了改变落后面貌，五年计划轰

轰烈烈地展开了。洛阳也全力投身到祖国建设的大潮中。中国一拖集团有限公司就是"一五"期间，由毛主席亲自敲定厂址、周恩来总理亲自任命厂长的国家级重点项目，是中国第一台拖拉机、第一台压路机的诞生地。像这样的国际级科学研究所洛阳还有很多，下面就让我们走进"醉"美洛阳。

小组讨论：你了解的洛阳科研成就和新变化有哪些？

第一组代表："嫦娥五号"进入轨道用的推动剂就是我们洛阳黎明化工研究院生产的，高铁轴承核心部件是洛阳轴承研究所制造的。

第二组代表：洛阳地铁通车了，"市民之家"投入使用，人民办事更方便了。"洛阳牡丹"作为洛阳名片使旅游产业发展迅速。

……

师：这些成就代表了新中国成立后洛阳工业和科技的发展，彰显了洛阳人民的斗志和决心。一辈辈的洛阳人在建设家乡的道路上奉献了自己的青春，撑起的是如今华章溢彩的新洛阳。

环节三：家乡文明我代言（学生志愿者服务）

师：四月，国际牡丹文化艺术节期间，海内外的游客齐聚洛阳。这是传承洛阳文明、家乡文化的好时机。我们应该发挥洛阳学子的责任和担当。走出校园，走向牡丹盛放的地方。为了更好地宣传洛阳文化，树立文明洛阳的城市形象，我班将在洛阳牡丹文化节期间开展志愿服务。

小组讨论：牡丹文化节期间，我们可以做哪些志愿服务？

生1：我们可以设置游客饮水点，为游客提供免费饮水。

生2：我们可以为游客提供指导，设计几天行程的最佳旅游线路。

生3：我们也可以站在花丛旁，引导大家文明赏花。

小组讨论：为了更好地完成这次志愿服务工作，我们应该做哪些准备？

生4：要统一服装，制作志愿者服务条幅，准备茶水和药品。

生5：我们要制定几份旅游攻略，可以发给游客。

师：同学们提出的建议都很好，我相信，志愿者服务活动会和牡丹花一样，成为亮丽的文明风景线。

环节四：城市文明从我做起，学习《洛阳市民文明公约》

师：洛阳市是全国文明城市、国家卫生城市、全国园林城市、中国优秀旅游城市。我校每年评选文明之星。可见文明对于我们多么重要,但我们身边仍然存在不文明现象,你见过哪些不文明现象?

生1:行人过马路闯红灯,电动车随意穿梭,不遵守交通规则。

生2:我看到在景点有游客践踏草坪,还摘花。

……

师:作为洛阳人,我们要以身作则,做文明中学生、文明好市民。现在一起齐读《洛阳市民文明公约》,争做洛阳文明之星。

学生活动:齐声宣读《洛阳市民文明公约》,在激昂的音乐和庄严的宣誓声中结束主题班会。(配乐)

一、热爱祖国,热爱洛阳;二、遵纪守法,克己奉公;

三、保护生态,美化环境;四、爱岗敬业,高效廉明;

五、见义勇为,助人为乐;六、诚实守信,公德先行;

七、崇尚科学,学无止境;八、安居乐业,友好文明;

九、拥军爱民,和谐共荣;十、奋发创新,争创一流。

【班会总结】

老师感受到了同学们作为洛阳人的骄傲和自豪。我们爱家乡、爱祖国,更要有一份传承家乡文化的责任感和使命感。不断提高自身能力,挖掘自身潜力。让我们用洛阳学子的使命和担当,做文明事,当文明人,为家乡发展贡献自己的力量。

【班会延伸】

传承家乡文明,请写一篇向外地游客介绍家乡(如洛阳)的导游词。500字左右。(注意:可以介绍城市整体情况并选取某一景点介绍)

(洛阳华洋国际学校 董志恒)

【专家点评】

传承河洛文明主题班会,通过让学生主动收集家乡古今文明和现代成就,激发学生对家乡文化的关注和认同,培养学生热爱家乡、传承家乡优秀传统文化的责任感和使命感。利用四月份洛阳国际牡丹文化艺术节举办的时机,开展志愿服务活动,设立学生志愿者服务点,宣传家乡文化,树立文明洛阳的城市形象,真正让学生把传承文明的责任和担当落实到自身的实际行动中。

(河南省中小学班主任研究中心首批特聘核心专家 特级教师 裴素青)

第三周:"垃圾分类,从我做起"主题班会

【班会背景】

2019年9月,习近平总书记对垃圾分类工作做出重要指示。2019年7月1日起,《上海市生活垃圾管理条例》正式实施,上海开始普遍推行强制垃圾分类。住建部公布,将在全国46个重点城市推行强制垃圾分类。46个重点城市中的北京、上海、太原、长春、杭州、宁波、广州、宜春、银川九个城市已出台生活垃圾管理条例,明确将垃圾分类纳入法治框架,其中北京为首个立法城市。作为新时代的中学生,有责任认真学习环保知识和积极宣传环保意识,为垃圾分类工作的开展做出自己应有的贡献。

【班会目的】

1. 引导学生了解垃圾分类的相关知识,唤醒大家的垃圾分类意识。
2. 认识垃圾分类的重要性,增强学生的参与感。
3. 树立节约资源和保护环境的意识,以实际行动做好垃圾的分类。

【适用年级】

七、八、九年级。

【班会准备】

1. 了解上海、广州垃圾分类相关知识,成立知识竞赛小组并制作课件。
2. 下载环保视频《大自然在说话》、新闻《垃圾的危害》。
3. 准备道具,排练小品《倒垃圾》。

【班会过程】

环节一:情感唤醒,保护地球我约定

播放视频《大自然在说话》、新闻《垃圾的危害》,唤醒学生的环保意识。

主持人甲:视频看完了,同学们来谈谈自己的感想吧。

生1:地球是我们的家园、母亲,我们要保护它。

生2:垃圾对于我们生活的危害实在太大了,我们一定要少制造垃圾。

生3:保护环境,人人有责!我们可以从小事做起,从身边做起。

师小结：垃圾，在我们生活中是不可避免的。很多人说：垃圾是危害我们健康的"毒品"，是破坏地球的"不良少年"。难道，我们对待垃圾就束手无策了吗？其实，办法是有的，就是要靠我们的自觉，把不同的垃圾安放在属于它们不同的"家"，也就是要靠垃圾分类。

环节二：知识竞赛，垃圾分类知识知多少

主持人甲：垃圾分类体现这个城市文明程度，考验每位公民的素质。同学们对垃圾分类的知识知道多少？下面，我们来进行知识抢答。

活动规则：把全班分为红队、黄队、蓝队、绿队，进行环保知识抢答。答对加2分，答错不扣分。老师叫抢答开始，方能举手示意；老师确认后方可作答。否则视为无效作答，不加分。

抢答题目：（1）我国城市一般把垃圾分成几类，它们分别是什么？（4类，可回收物、厨余垃圾、有害垃圾、其他垃圾）

（2）四种垃圾分别应该投放到什么颜色的垃圾桶？（可回收物——蓝色，有害垃圾——红色，厨余垃圾——绿色，其他垃圾——灰色）

（3）请列举两种以上厨余垃圾的名称。（骨头、饭菜剩余物、瓜果皮等）

（4）请列举两种以上可回收物的名称。（废纸、玻璃、易拉罐等）

（5）请列举两种以上有害垃圾的名称。（废电池、废日光灯管、废水银温度计、过期药品等）

（6）窗玻璃、牙膏皮属于可回收物。（对□ 错□）

（7）家庭盆栽废弃的枝叶属于其他垃圾。（对□ 错□）

（8）球类属于有害垃圾。（对□ 错□）

（9）废弃消毒剂直接扔进厨房的垃圾桶。（对□ 错□）

（10）可回收物收集容器是绿色的。（对□ 错□）

（11）剩菜等厨余垃圾可以放进绿色的收集容器。（对□ 错□）

（12）灰色的垃圾收集容器可以收集茶叶渣、骨头。（对□ 错□）

（13）有害垃圾应投放到指定的垃圾回收箱。（对□ 错□）

（14）用过的报纸、杂志可以整理好再当废品卖掉。（对□ 错□）

（15）工业废水可以用来浇花。（对□ 错□）

师小结：垃圾分类回收利用是对垃圾进行前处置的重要环节。通过分类投放、分类收集,把有用物质从垃圾中分离出来重新回收、利用,变废为宝。作为中学生,我们要充分学习垃圾分类知识,为垃圾分类工作做贡献。

环节三:小品表演,增强垃圾分类意识

人物:学生甲、学生乙、红垃圾桶、黄垃圾桶、绿垃圾桶、蓝垃圾桶。

乙拿着课本在读。甲穿着睡衣,手拎黑色塑料袋上,围着分类垃圾桶打转。然后将垃圾随意一丢,迅速转身离开。

乙:甲别走,要垃圾分类投放了,不分类罚款200元,你小心点啊!

甲:垃圾分类太麻烦了,我到现在还搞不清楚怎么分。

乙:那我们去问问垃圾桶吧!

(四个垃圾桶慢慢上前:我们是垃圾桶王国的四大家族)

甲:哇!这垃圾桶还挺漂亮啊,有红黄蓝绿四种颜色呢,比交通灯颜色还丰富,有什么用呢?

乙:走!去问问。

甲:(一本正经地)咳咳!垃圾桶先生们,你们为什么有四种颜色啊?

垃圾桶:(异口同声地)因为垃圾要分类存放啊!

甲:(对垃圾桶)先生们,怎么分类呀?

蓝垃圾桶:我收集可回收垃圾。

绿垃圾桶:我收集厨余垃圾。

红垃圾桶:我收集有害垃圾。

黄垃圾桶:我收集其他垃圾。

甲:还分出那么多的名堂来呀。

乙:甲,你知道什么是有害垃圾吗?

甲:我知道,废电池呗!

乙:是不是啊?我问问去。(向红垃圾桶)你好,什么是有害垃圾呢?

红垃圾桶:刚才说的废电池就是。除此之外,还有废油漆、过期药品等。

甲:(得意地)我说得不错吧!

乙:那我再问问。(向蓝垃圾桶)蓝垃圾桶先生,什么是可回收垃圾呢?

蓝垃圾桶:可回收垃圾,顾名思义是回收后可以再利用的。比如纸箱塑料废金属,玻璃破布旧鞋帽,一句话,能卖钱的都归我管。

乙、甲：(恍然大悟)哦！那么哪些是厨余垃圾呢？

绿垃圾桶：就是那些在自然条件下容易分解的垃圾，比如果皮菜皮剩饭菜，树枝树叶小草根。一句话——猪能吃的都是厨余垃圾。

乙：那除了这三类之外，其他的就是不可回收垃圾咯？

黄垃圾桶：聪明！除有害垃圾、厨余垃圾、可回收物以外的其他生活废品都可以丢我这里啦。可以再处理发电呀！

甲：现在我们知道啦，垃圾也不能乱扔啊！

乙：是啊，我们懂得怎么倒垃圾了。嗨，甲，你刚才要倒的垃圾呢？我们把它们分分类吧。(两人边讨论边把垃圾分类放完)

乙：我们快把垃圾分类的方法告诉同学们。

甲：好啊，走吧！(6名同学下场)

师小结：垃圾分类的好处是显而易见的，它不仅可以减少环境污染，还能变废为宝、节约资源。请同学们要让"垃圾分类"意识真正地走进大家心中。

环节四：建言献策，垃圾分类我先行

主持人乙：同学们，我们已经掌握了不少垃圾分类的知识，那么我们可以为垃圾分类做些什么呢？先进行小组讨论，后汇报。

第一小组：我们认为首先要充分学好垃圾分类知识，先对垃圾分类有清楚的认识，提高认识。

第二小组：我们要在实际生活中真正做到按类丢垃圾，这样不仅环保，而且可以变废为宝，节约资源。

第三小组：我们认为我们要有社会责任心，争当小小环保宣传员，把垃圾分类知识宣传给更多的人，提高全民的垃圾分类意识。

第四小组：我们可以在家庭、学校及社区宣传垃圾分类的意义和正确做法，引导同学和社区居民养成垃圾源头减量和分类回收的良好习惯。

主持人甲：4月22日地球日是全世界的环保日。在国家大力倡导环保的今天，有好方法很重要，更重要的是行动起来，让我们从垃圾分类做起，从我做起，保护环境，保护地球！最后大家一起来唱响《垃圾分类歌》。

PPT展示歌谣内容："垃圾是个大杂烩，扔前请你分分类，分清几种垃圾桶，仔细分类可利用。绿色大桶装剩菜，化作肥料来灌溉，瓜果皮核茶叶渣，厨余垃圾容纳它,还有蛋壳和落叶,放进绿桶来装卸。……"在全体同学的歌声中结束本次班会。

【班会总结】

垃圾分类,举手之劳;变废为宝,美化家园。让"垃圾分类"走进人们的心中,让"垃圾分类"为我们的家园添美,让我们养成"垃圾分类"的好习惯。让我们积极参与垃圾分类,共容呵护绿色家园。为了更美好的明天,"垃圾分类"从我做起,从小做起,从现在做起! 一起来行动吧!

【班会延伸】

1. 班会后每个学生写一份《垃圾分类倡议书》,张贴在小区宣传栏。
2. 开展创意环保小发明的活动,在学校展出优秀作品。

（洛阳华洋国际学校　贺会锋　洛阳第四十九中学　任盼盼）

【专家点评】

国家已经将生活垃圾分类管理明确纳入法治框架。本节主题班会聚焦中学生环保意识的培养,通过环保知识问答、垃圾分类小品表演等环节,唤醒大家的环保意识,保护人类唯一赖以生存的地球,减少垃圾对环境的污染,从我做起,并倡导全民树立节约资源和保护环境的意识,起到了很好的教育引导作用。保护环境,人人有责,大手拉小手,全民总动员;垃圾分类,举手之劳,功在当代,利在千秋,让我们的地球更洁净,让我们的家园更美好。

（河南省中小学班主任研究中心首批特聘核心专家　特级教师　裴素青）

第四周:"青春作伴好读书"主题班会

【班会背景】

党的十八大以来,以习近平总书记为核心的党中央高度重视全民阅读,把全民阅读上升到工作的高度。书籍是人类进步的阶梯,阅读则是了解人生和获取知识的重要手段和最好途径。适逢世界读书日的来临,我们召开此次主题班会,旨在推动更多学生去读书,读好书,使之明白读书的意义。

【班会目的】

1. 通过了解令人感动的读书事例,使学生明白读书的重要意义。

2. 教育学生明辨是非,选择阅读好的书籍。

3. 教给学生正确的读书方法,让他们养成好读书、读好书的良好习惯。

【适用年级】

七、八、九年级。

【班会准备】

1. 老师提前收集关于读书的视频。学生们提前练习诗歌《一路书香,一生阳光》。让全班同学搜集令人感动的读书故事。

2. 全班学生每人收集3~5条读书名言,并且制作成书签。

3. 学生在已读过书目中推荐一本最有意义的书,写出好书推荐语。

【班会流程】

第一步:营造氛围

教师选取诗歌《一路书香,一生阳光》的精彩部分暖场。

师引导:人是需要读书的,读好书启发人的智慧,有了智慧才能看清,看清以后才能改变世界,改变世界方能到达幸福彼岸。正如诗歌里所说:"我们涉猎在这茫茫书海,默默地用纯洁的心灵去体味这一片绿地,默默地用美妙的憧憬去悸动这一方天空,一路书香!一生阳光!"对于我们来说,读书究竟有什么作用,而我们又应该怎么去读书呢? 今天,我们就一起来分享交流。

第二步:主题实施过程

环节一:谈谈读书的重要意义

1. 教师播放介绍世界读书日的视频(https://m.baidu.com/sf)和书籍的演变历程视频。(https://m.baidu.com/sf? pd=video_page&nid)

师:通过上面的视频,你觉得书籍对社会发展、人类进步有何重要意义?

生1:从书籍的产生和发展过程我们了解到:书籍逐渐地发展到轻便、历久、易于记载的材料上,这让我们的阅读更便利。

生2:书籍通过不断完善的技术方法,不受时间、空间的限制,具有宣告、阐述、贮存与传播思想文化的功能,是非常重要的工具。

师小结:跨入21世纪,书籍已成为传播知识、科学技术和保存文化的主要工具,更是促进社会政治、经济、文化发展必不可少的重要传播工具。

2. 分享让人感动的读书故事。

师:毛主席一生特别爱读书。他青年时期曾在繁华的马路旁、昏暗的路灯下看书。在他的住所里,床上、办公桌上、休息间里,甚至卫生间里都放着书。读书成就他辉煌的一生,成为一位伟大的无产阶级革命家、战略家、理论家和文学家。同学们还知道哪些感人的读书故事呢?请和大家分享。

生1:疫情期间,一位高三女生在"方舱医院"的病床上专心看书、备战高考的照片走红。她心无旁骛的读书行为,是人们在面对疫情时难得的冷静与理性,是对知识的渴望与未来的憧憬。可见阅读给了她的心灵一座避难所,让她能勇敢地与病魔作斗争并且全力以赴参加高考。

生2:东晋人车胤,年幼时好学不倦,勤奋刻苦。没钱买油灯,便把萤火虫聚集在布袋里,借助微弱的光芒读书,最终成了一位博学多才的人。可见我们应该努力读书,广泛涉猎各种知识,并且要学会利用周边的事物,将困境也能转变为快乐。

3. 交流关于读书的名人名言,交换"自制书签"。

师导入:同学们,颜真卿说过"黑发不知勤学早,白首方悔读书迟",所以读书一定要珍惜时间,把握机会。现在请同学们积极分享收集好的名人名言并且小组内交换书签。(发言人数视具体时间而定)

生1:腹有诗书气自华,读书万卷始通神。——苏轼

生2:读书有三到,谓心到,眼到,口到。——朱熹

师小结:通过读书可以得到教益、获取知识、受到启发而对人类作出贡献,所以我们要热爱读书。

环节二: 好书推荐人人讲

师:世界上有这么多书,到底哪些书才适合我们看呢?首先我想给大家推荐《老人与海》。老人面对困境从不屈服,用他那勇敢的精神不断挑战。他不向命运低头、永不服输的精神和积极向上的人生态度令我折服。每每我面对困难时,便会像老人一样顽强斗争,所以我推荐大家读这本书。下面请同学们也向大家推荐一本好书并读一读你准备的推荐语。

生1:我推荐的书是《钢铁是怎样炼成的》。主人公保尔·柯察金在困难

的生活面前不颓废,在革命战争中不怕困难,艰苦奋斗,他的精神鼓舞了我的父母乐观自信地生活,也教会了我在面对学习中的困难时要直面挑战,刻苦努力,所以我希望大家也能阅读这本书。

生2:我推荐的书是《红星照耀中国》。还记得这首诗歌:"红军不怕远征难,万水千山只等闲……"我被中国共产党人和红军战士坚忍不拔、艰苦卓绝的伟大斗争以及领袖人物伟大而平凡的精神风貌所感动,所以我推荐大家读一读这本书。

环节三:分享读书方法,谈谈读书规划

师:"好书"的标准是思想性好、知识性强、趣味性浓、种类丰富、深浅适宜。那么平日里大家都喜欢怎样阅读呢?现在小组展开讨论,谈谈你们的读书方法,每个小组派一位代表发言。

第一组:我认为读书要有计划性,阅读应该广泛涉猎,有的书本可以泛读,但是我们中学生的名著导读就需要精读。阅读之前可以规定每天读书的页数,利用零碎时间多读书。

第二组:我觉得我们要有合理的阅读步骤。要从头到尾地细读,对重点的、难理解的部分反复读。最好是边读边思考、圈重点、画杠杠。要尽可能把自己原有的知识和新知识结合起来。

师:刚才我们推荐了很多的好书,也分享了很多的读书方法,我提议四月份我们响应学校要求,开展共读《钢铁是怎样炼成的》的活动。现在请小组讨论如何合理安排自己的读书计划,并派一名代表发言。

第一组:在读书月活动中,我们会这样做:把优美的文字摘抄下来,并且在学习中去使用。阅读完以后,我们要在组内分享读书感悟,探讨书中的人物性格,学习书中的人生道理。

第二组:我们小组的读书计划是首先利用周末和学校的阅读时间读书。其次每天摘抄5个喜欢的句子。然后在阅读过的地方进行批注。最后写下读书感悟并且交给老师查阅。

……

师要求:根据刚才的探讨与分享,每位同学都要形成自己的读书计划,我会选择优秀的计划在班级文化园地展出。从今天开始,我们就按照自己的读书规划,开启共读《钢铁是怎样炼成的》的活动吧。

【班会总结】

同学们,通过这节课我们明白了读书的行为和过程是熏陶人、教育人、成长人的重要途径。作为中学生,你们要选择好的书籍,制定合理的读书计划,并且做到会读、能读、爱读。让书籍为同学们打开一扇扇窗,开启一道道门,丰富我们的知识,开阔我们的视野,活跃我们的思维,陶冶我们的情操。

【活动延伸】

1. 每位同学写一份自己的读书计划。
2. 班级办一期以"青春作伴好读书"为主题的黑板报。

(洛阳华洋国际学校 徐翠芸)

【专家点评】

书籍是我们的良师益友,是我们的精神食粮。毛主席说:"人可以一天不吃饭,一天不睡觉,但不能一天不读书。"一个人读书可以改变自己的命运,一个民族读书可以改变一个民族的命运。徐老师结合"世界读书日"开展"青春作伴好读书"主题班会活动,让同学们分享好的读书方法和读书规划,认识读书的重要性,激发同学们的读书热情,意义深远。通过本节主题班会,让学生懂得:读书应该成为自己的一种责任,读书是一个人一生都要做的事情,让书籍陪伴我们成长。

(河南省中小学班主任研究中心首批特聘核心专家 特级教师 裴素青)

五月　科技月

【品格花】

幸运草

【花语】

生生不息,无所畏惧,创新科技,美好期待。

【月主题活动】

围绕培养学生热爱科学、大胆创新的科学品质和精神设计月主题活动。

【周主题班会】

第一周:"传承'五四'精神,厚植家国情怀"主题班会。

第二周:"感恩父母"主题班会。

第三周:"让青春在劳动中闪光"主题班会。

第四周:"科技缔造,国之荣耀"主题班会。

【自选主题班会】

还可以围绕"全国助残日"、青春与责任等内容设计主题班会。

第一周:"传承'五四'精神,厚植家国情怀"主题班会

【班会背景】

习近平总书记指出,青年兴则国家兴,青年强则国家强。百年前,一群为"真理和正义而战"、不畏强暴和黑暗政治的青年和学生唤起了中华民族的爱国热情。新时代青少年更要锐意进取,自强不息,艰苦奋斗,顽强拼搏,真正把爱国之志变成报国之行。值此"五四青年节"来临之际,召开"传承'五四'精神,厚植家国情怀"主题班会,对学生进行爱国主义和责任担当教育恰在当时。

【班会目的】

1. 使学生了解"五四运动"相关史实,理解"五四运动"的历史意义。
2. 培养学生的家国情怀和使命担当,传承新时代"五四"精神。
3. 激发学生的爱国热情,立足当下,勤奋学习,报效祖国。

【适用年级】

七、八、九年级。

【班会准备】

1. 学生提前查阅"五四运动"知识相关内容。
2. 学生提前搜集"五四运动"人物故事事迹。
3. 班主任提前做好PPT,准备"五四运动"视频。

【班会过程】

师导入:同学们,大家好。回顾中华民族发展的历史,"五四运动"是其中波澜壮阔的一页。对于1919年的那场"五四运动"你了解吗?在民族危亡之际,青年一代要担负起怎样的使命和担当?下面让我们一起走进"五四运动",传承"五四"精神。

环节一:走进"五四运动",感知民族大义

师:在历史的长河中,我们还记得那悲壮的一幕,"五四运动"掀起了反帝反封建的巨浪,中国新民主主义革命展开了新的篇章。

下面我们一起观看视频《一分钟了解"五四运动"》(网址:https://haokan. baidu. com/v? vid = 5323376500965994238&pd = bjh&fr =

bjhauthor&type=video)。

"五四运动"的性质是彻底的反帝反封建爱国主义运动。

"五四运动"爆发的导火线是巴黎和会中国外交的失败。

"五四运动"学生们在天安门集会高呼"誓死力争""还我青岛""拒绝在合约上签字""外争主权,内惩国贼"等口号。

"五四运动"严惩的三个卖国贼是曹汝霖、陆宗舆、章宗祥。

"五四运动"中运动主力军是先进青年知识分子。

……

师:一分钟视频让我们走进了百年前那场轰轰烈烈的"五四运动",感知了中华民族在危亡时刻中国青年的民族大义,这是一曲浩气长存的时代壮歌,让我们心情久久不能平静。

环节二:倾听"五四"故事,感悟家国情怀

师:通过视频我们初步了解了"五四运动"的概况,但是这场轰轰烈烈的运动背后还有许多的感人故事,接下来分小组讲述大家准备好的"五四"故事。

第一小组代表:"五四运动"先驱陈独秀,他创办的《新青年》杂志吹响了"五四运动"号角,他高举爱国主义、民主与科学、反帝反封建的旗帜,走社会主义救国之道,在"五四运动"中冲锋在前,毛泽东称他为"五四运动"总司令。

第二小组代表:我们小组分享的是李大钊与"五四运动"的故事,李大钊是"五四运动"的先驱,是他把马克思主义带入了中国,在"五四运动"爆发前,他的救国思想鼓舞了很多人。

……

师:同学们准备得非常充足,让我们倾听了"五四运动"先驱者们的感人故事。现在同学们思考一个问题,"五四运动"的先驱者们身上表现出什么样的爱国情怀呢?

生1:感受到他们身上忧国忧民、追求救国强国的爱国主义精神。

生2:他们带领青年学生无所畏惧地站出来,不怕牺牲,走上街头,大声呐喊,冲到了救国的最前线。感受到他们敢于迎难而上的不屈精神。

……

师:有人说,在和平年代"五四"精神已经不适应新时代的发展要求。我要告诉大家的是:当今世界机遇与挑战并存,发展中的中国比任何时候更需要爱国主义精神洗礼。"五四"精神在新时代焕发出新的生机。下面小组交流讨论,讲述提前准备好的新时代的爱国故事。

生1:疫情期间,很多90后、00后的青年医护工作者不顾自身安危,奔赴抗疫最危险的地方,这就是新时代的爱国主义精神的体现。

生2:我看了一则新闻,中印边境发生冲突,戍守在前线的青年战士用生命捍卫了国家的每寸土地,我认为他们是英雄。

……

师:百年前,一群为"真理和正义而战"、不畏强暴黑暗政治、不负韶华的青年,用勇气和智慧扬起理想的风帆,用拼搏和汗水演绎春华的硕果,唤起了中华民族的爱国热情。薪火相传,亘古至今,新时代爱国主义精神更激励着一代又一代中华儿女为民族伟大复兴而奋斗。

环节三:传承"五四"精神,书写青春誓言

师:我们倾听"五四运动"中先驱者的爱国故事,学习了新时代的感人爱国事迹。从他们身上感悟到"捐躯赴国难,誓死忽如归"的爱国情怀。作为新时代青少年,我们更要锐意进取、自强不息、艰苦奋斗、顽强拼搏,真正把爱国之志变成报国之行。那么在和平年代,作为中学生的我们,爱国可以表现在哪些方面呢?小组交流讨论(提示:可以从生活,学习等方面思考)。

第一小组:我认为爱国表现在方方面面,生活上小到在地上捡垃圾、扶老人过马路,大到参加公益,都是爱国。

第二小组:在班级活动中,做好值日、热爱劳动、乐于奉献就是爱国。

第三小组:平时要多关注时政,关心国家大事,努力学习就是爱国。

师:同学们讲得非常精彩,其实爱国行动就在你我身边,就是要从一点一滴的小事做起。"五四运动"的精神更应该在我们这个时代被发扬被传承。虽然我们现在年纪还小,不能拿起枪杆子像戍边的战士那样守卫着我们的祖国,但我们却可以拿着笔杆勤奋学习,肩负使命,同样也能成为我们祖国的守护者。接下来我们一起高扬爱国主旋律,书写新时代属于我们的青春誓言。

请全体起立,一起宣誓(配乐)《青春誓言》:

切问近思,求智求真;有始有终,刻苦勤奋;

自信自强，自省其身；爱校爱家，心存感恩；

志在四海，不忘其本；不负祖国，不负青春！

【班会总结】

同学们，我们不仅是回顾历史，更重要的是从"五四运动"中得到爱国启发和教育。"少年兴则国兴，少年强则国强。"作为一名新时代的中学生，我们应该以执着的信念、过硬的本领、优良的品德、丰富的知识武装自己。我们要肩负起振兴中华民族的伟大使命，接过历史的接力棒，为中华民族崛起而读书。

【班会延伸】

班会后办一期以传承"五四"精神为主题的黑板报。

（洛阳华洋国际学校　刘岭洁）

【专家点评】

"五四运动"是新民主主义革命的开端。本节班会围绕爱国、进步、民主和科学构成的"五四"精神展开活动，对于青年学生的发展教育具有十分重要的意义。习近平总书记指出："中国梦是我们的，更是你们青年一代的。中华民族伟大复兴梦将在广大青年的接力奋斗中变为现实。"中国梦，就是国家富强、民族复兴的梦，更开启了每个青年的"筑梦空间"。本节主题班会大大激发了同学们的爱国热情，传承"五四"精神，引导他们将个人命运与国家、民族和社会命运结合起来，不负韶华，勤奋读书，为国家发展做出自己的贡献。

（河南省中小学班主任研究中心首批特聘核心专家　特级教师　裴素青）

第二周："感恩父母"主题班会

【班会背景】

孟母三迁择邻为教子，王祥卧冰求鲤为报母恩。父母对孩子的恩情难以言表，孩子对父母的热爱发自真心。人间事事瞬息万变，只有亲身感受过，才会更深刻地明白，不管在什么时代，唯一不变的是父母对孩子的爱和孩子对父母永远的眷恋。

羔羊跪乳，乌鸦反哺。我们要感谢自己的父母，因为父母是世界上最可亲的人,我们时时刻刻都能感受到他们的爱;父母是世界上最无私的人,我们分分秒秒都可体会到他们的亲情。

【班会目的】

1. 引导学生加深对父母的了解认识,让学生懂得感恩父母。

2. 引导学生进一步培养感恩的意识,将其融入日常生活的点点滴滴。

【适用年级】

七、八、九年级。

【班会准备】

活动前期准备好纸巾、多媒体播放器材;准备歌曲《父亲》(演唱:崔京浩或筷子兄弟)、MTV《真的爱你》(演唱:beyond)。在活动中适时播放音乐。

【班会过程】

环节一:情感共鸣

由老师创设情境,引导学生进入情感反思中,在创造情景时播放歌曲崔京浩和筷子兄弟演唱的《父亲》,在即将结束时播放 Beyond 的 MTV《真的爱你》。解说词可参考如下:

孩子们,感恩父母真的是一种说教吗?

那么我们一起回忆一下过去,设想一下明天,这些场景你是否熟悉……

你1岁,她喂养你,给你洗澡。你何以为报?哦,你整夜哭闹!

你2岁,她教你走路。你何以为报?哦,你不理睬,跟跄乱跑!

你3岁,她精心为你做每一餐。你何以为报?你把餐具往地上抛!

你4岁,她给你买了蜡笔。你何以为报?哦,你在家里雪白的墙上画了狗狗和猫猫。你5岁,她给你穿上新衣服过节。你何以为报?哦,你滚在泥地上和小朋友们嬉戏玩闹!你6岁,她送你去读书。你何以为报?你哭喊着说不愿意上学校!你7岁,她给你买了一只皮球。你何以为报?哦,你砸坏邻居的玻璃惹得人家上门来告!你8岁,她给你买冰淇淋。哦,你把黏糊糊的手往她衣服上靠!你9岁,她请老师教你弹钢琴。你何以为报?哦,你宁可坐着发呆不愿把钢琴练好!你10岁,她开车送你去体育馆。你何以为报?哦,你下车就走头也不转,手也不招!你11岁,她带你和你的同学们去看电影。你何以为报?哦,你让她不要和你们坐在一道!

你12岁,她让你不要看某些电视频道。哦,你不理她这一套!你13岁,她建议你去理发。哦,你笑她落伍"土老帽"!你14岁,她替你报名参加了夏令营。哦,你不懂得写信把平安报!你15岁,她下班想让你来抱。你关在卧室不把面来照!你16岁,她陪你学开车,你何以为报?你一有机会独自开着跑!你17岁,她要等一个与你有关的重要电话。你何以为报?哦,你整晚占着电话和朋友把天聊!

你18岁,她在你中学毕业典礼上流下激动的热泪。你何以为报?哦,你彻夜不归与同学聚会一通宵!你19岁,她送你上大学帮你拎着包。你何以为报?哦,你不言谢是因为生怕同学们讥笑!你20岁,她关心你有没有过约会。哦,你说与她无关不要把心操!你21岁,她为你将来的事业出谋划策。你何以为报?哦,你认为你不会像她一样白来人世一遭!你22岁,她庆祝你大学毕业了。哦,你伸手向她要出国游玩的钞票!你23岁,她送你家具,布置你独立生活后的第一间房。哦,你向朋友抱怨说家具一点儿也不时髦!你24岁,她见到了你的对象,询问你们将来的计划。你何以为报?哦,你瞪着眼冲着她喊,妈妈,不要瞎操心,好不好!

你25岁,她帮你置办了许多嫁妆。你何以为报?哦,你在远离她的地方安上了你的爱巢!你30岁,她打电话告诉你抚养宝宝的经验。你何以为报?哦,你说时代不同,她的经验过时了!你40岁,她通知你家里某某人的生日快到了。你何以为报?哦,你说这些天你忙得不可开交!你50岁,她病了,需要你的照料。你觉得她成了负担让你受不了!

接着,有一天,她静静地走了,你忽然想起你还有许多话没有对她说,还有许多事没有为她做到。为什么要到这一天才想到何以为报?别等到她离我们而去时才懂得至亲是那么重要!

注意事项:这是很好的一个"亲情联结"的活动,一定要有充分的情绪铺垫和情感积蕴,只有这样,才能使活动的效果和目的有效达成。

环节二:母爱分享

通过情景创造,引导学生反思,时间留白,进而分享感受母爱。

1. 老师引导

在我们人生成长的道路上,父母双亲是这个世界上一直无怨无悔地关心我们、呵护我们、帮助我们、陪伴我们的人。他们用自己的生命、青春和爱将我们抚养长大,将我们培育成才。他们给我们的爱如大海般深邃,如高山般厚重,如轻风般温暖……少不更事时,我们不懂得怎么关心自己的父母;稍微长大,我们又无力回报自己的父母;真正等到我们懂得关心自己的父母而又可以回报自己的父母时,我们却猛然发现父母已布满皱纹的眼角、已迈着迟缓的步伐。岁月在不经意间让我们长大,却让我们的父母变老。虽然岁月的无情留不住父母的美好的年华,但是我们深厚的情感却可以温暖父母的心。

2. 学生分享

此时可以尝试邀请同学分享自己对父母恩情的感受。注重倾听,达到师生共情、生生共情。

生1:有一次,我生病了,一个晚上都在发烧,是妈妈一直在我身边陪伴我,我知道她一夜都没睡。第二天,我问她,她说自己睡觉了。可是她困得不得了,还不想让我知道。我的妈妈太爱我了,我心里特别感动,特别想为她做点什么。我爱我的妈妈。

生2:一下子,我也说不出具体的事情,但我知道爸爸、妈妈每天给我做饭,接送我,这让我觉得特别温暖,特别幸福。

生3:我是住校生,妈妈和爸爸每周会给我送两次饭,都是我喜欢吃的,有排骨、鱼、虾,特别好吃。我觉得幸福极了,我以后也要给他们做饭。我好爱我的爸爸、妈妈。和他们在一起,我真的特别快乐。

注意事项:

活动的分享环节,如果有的组员不愿意分享或是对个别问题不愿意提及,老师也要灵活处理,千万不要强迫组员进行分享,以免造成伤害,同时也要注意不要影响整个小组气氛。

环节三:亲情互动

1. 教师总结

人生短短几十载,在我们悄然长大的间隙里,父母老去了。虽然现在父母还能为我们操劳,还能为我们担心,但是我们要懂得及早关心、关爱自己的父母。每过去一天就意味着我们和父母相守的日子少一天,在本就不够长久的日子里,我们更应该学会感恩和回报自己的父母。平实的语言、单纯的行动,能让父母体会到亲情的温馨和暖意,而不要空留"树欲静而风不止,子欲养而亲不待"的遗憾。这样的憾事是永远无法弥补的。

2. 制作《我所知道的父母》亲情档案卡,小组完成,每组人数 8 人左右,设置大组不限,控制小组人数。

活动地点:室内。

活动道具:《我所知道的父母》亲情档案卡片纸每人一份、彩笔(在此活动时循环播放歌曲《感恩的心》、《父亲》、MTV《真的爱你》)。

活动规则:在 10 分钟内,组员完成分发的习作。每个组员都独立完成自己的习作,严肃认真、满怀深情地完成,不要与人商量和讨论。其中遇到有不知道的空白,组员可以先行空着,等活动结束后再与自己的父母沟通,填补空白之处。

最后,小组成员完成后,在小组内进行充分的分享和反馈,每位组员都可以和大家分享自己对父母的了解以及活动中的自我感受等。分享环节完成后,大组可以合唱手语歌《感恩的心》,共同表达自己对父母的感激和感恩。

我所知道的父母			
父亲的生日		母亲的生日	
喜爱的运动		兴趣爱好	
最大优点		父母的理想	
喜欢的食品		喜欢的颜色	
喜爱的运动		最好的朋友	
口头禅		对自己的期待	
最后悔的一件事		最得意的一件事	

注意事项:

活动完成后,老师可以进一步鼓励组员回家和父母分享本次活动,比如可以和父母沟通习作中完成的对父母的了解是否准确,或是就一些自己不知道的内容和父母进行沟通,更好地了解父母。此外,可以和父母分享在活动中的一些感受,并积极地与父母进行沟通和表达对父母的感恩之情,将对父母的感激和感恩付诸行动。

【班会总结】

父母是我们最亲、最爱的人,但是很多时候,由于习惯,我们往往忽视了与他们的沟通。他们的期望和想法我们不甚了解,甚至漠视和曲解,而我们的愿望和期许又总以为他们不理解和不明白,渐渐地在彼此之间筑起一道高墙,于是有了误会,有了争吵,甚至有了分离。其实只要我们愿意打开心扉,只要我们勇于突破传统,父母和子女之间可以良好沟通,可以相互理解。当我们向父母传递一份真诚时,父母会向我们传递更为深厚的情感,我们和父母之间的那份深厚情感会变得更浓郁、温馨。

【班会延伸】

1. 将课堂制作的《我所知道的父母》亲情档案卡与父母共享。

2. 换位体验,做一件父母为自己曾做的小事,如"我为妈妈做一份早餐",体味父母每天为我们操劳着的那些看似平凡的却又数年如一日的"小事"。

(洛阳市第十九中学　张洁)

【专家点评】

本次班会主题为感恩父母,而深层次则是对源远流长、博大精深的中华孝文化的具体阐释,更是我们深入贯彻落实社会主义核心价值观的具体体现。我们应该怀有一颗感恩之心——感恩父母之心。从我们呱呱坠地到长成一个风华正茂的青年,是父母给予我们生命,给予我们成长的力量。与他们无穷无尽深海般的爱相比,我们的爱大概只如浪击礁石溅起的水珠。但是我们要怀着感恩的心,凝聚点滴的爱,为父母沏上一杯香浓的茶,让父母明白我们不曾忘记他们朝朝暮暮一鼎一镬里的恩情,明白我们一颗爱他们的拳拳之心,同时也表达出我们对父母深重的感恩之情。

(中原名师工作室主持人　河南省优秀教师　韩秀清)

第三周:"让青春在劳动中闪光"主题班会

【班会背景】

在五育中,德、智、体一直被强调,但劳动教育的地位比较尴尬,劳动的独特育人价值在一定程度上被忽视,劳动教育正被淡化、弱化。习近平总书记指出:"要在学生中弘扬劳动精神,教育引导学生崇尚劳动、尊重劳动,懂得劳动最光荣、劳动最崇高、劳动最伟大、劳动最美丽的道理,长大后能够辛勤劳动、诚实劳动、创造性劳动。"所以,对学生进行劳动观念、劳动志向、劳动感情、劳动习惯、劳动知识、劳动纪律和劳动技能的教育已刻不容缓!

【班会目的】

1. 让学生认清并懂得劳动的重要意义。

2. 让学生树立正确的劳动观念,培养良好的劳动习惯。

3. 培养学生热爱劳动、乐于奉献的价值追求。

【适用年级】

七、八、九年级。

【班会准备】

1. 班会召开前,将课桌重新组合,拼成四个小组;准备四套校服(包括上衣、裤子、衬衣、毛衫);准备四个军用小薄被及被罩(寄宿学校选用)。

2. 学生搜集劳动名言,至少五条;班干拟定班级劳动宣言。

【班会过程】

第一步:班会导入。播放有关人类进化的短片,学生欣赏。

师:同学们,人类的发展史其实就是一部劳动史,在猿到人的进化中,劳动起了决定性的作用。劳动创造了历史,劳动改变了世界。作为新时代的中学生,我们又是怎么看待劳动的呢?我们拥有劳动的好习惯吗?今天让我们一起走进《让青春在劳动中闪光》主题班会,进一步领悟劳动的重要意义,培养劳动的好习惯。

第二步:主题实施过程

环节一:领悟劳动意义

1. 劳动名言我分享

师:名人们是怎样看待劳动的呢?请同学们拿出你搜集到的关于劳动的名人名言,跟小组的同学交流汇总,比一比,看哪个小组搜集到的名言最多,又从中体会到怎样的劳动意义。

劳动是一切知识的源泉。——陶铸

劳动是社会中每个人不可避免的义务。——卢梭

劳动可以使我们摆脱三大灾祸:寂寞、恶习、贫困。——歌德

劳动是世界上一切欢乐和一切美好事情的源泉。——高尔基

2. 劳动榜样身边寻

师：伟人们眼中，劳动的力量不可估量。知识的获取、人生价值的实现、社会的发展、幸福生活的创造都离不开劳动。同学们身边又有哪些劳动的身影让你感动呢？请先在小组内交流，然后代表发言。

生1：我妈妈每天做饭、洗衣，还得带我妹妹，还要工作，妈妈为家庭的付出让我很感动；环卫工人们每天起得最早，为我们城市清洁的环境付出巨大的辛苦，感谢他们。

生2：我们的老师每天坚守岗位，不仅传授知识，还教我们做人，兢兢业业，让我感动；我们班级的值日生每天认真打扫卫生，从不叫苦叫累，给班级一个整洁的环境。

生3：生活老师每天查寝到很晚，生活上用心照顾我们，很让我们感动。

师：正是各行各业劳动者用他们的辛勤劳动，为我们创造了美好的生活。所以劳动是值得尊重的，任何轻视劳动、蔑视劳动的人，都是错误的。愿同学们正确认识劳动的意义，尊重劳动者，养成热爱劳动的习惯。

环节二：劳动技能大比拼

师：培养劳动习惯，还要求我们掌握一定的技能，有能力自主参加一些简单的劳动，今天我们请出各小组的劳动小能手，进行生活技能大比拼，晒一晒我们的劳动本领，体会劳动的快乐。

第一步：PPT展示比赛要求及规则：

项目一：叠衣服比赛。要求：每小组选两个人叠四件衣服，要求最后叠放一起，做到整齐美观。

项目二：套被罩、叠被子比赛（寄宿学校选用）。要求：每小组选两个人合作完成套被罩和叠被子，要求套出的被子整齐服帖，叠出的被子方正美观。

规则：每项50分，分配如下：

（1）速度：25分，20分，15分，10分；（2）整齐美观度：25分，20分，15分，10分。

第二步：选四位班干做评委，评委就位，各小组按次序展开比赛。

第三步：评选出优胜小组，并进行表彰。

师：刚才比赛过程中，有两个小组表现特别优秀，我们欣喜地看到他们的小组代表有条不紊、熟练地操作,可见他们已经具备一定生活自理的本领,小组成员合作也是非常默契,相信他们在亲自劳动的过程中,已经体会到成功的喜悦、劳动的快乐。但有个别同学操作不够熟练,基本生活技能还需提升。

环节三:表一表劳动决心

师:同学们,我们懂得了劳动的重要意义,感受了拥有生活技能的喜悦。叠衣服、叠被子是同学们最基本的生活技能,还有更多的劳动技能需要我们学习。比如:整理书桌书柜、打扫班级卫生、种植花草、简单修理、做力所能及的家务、参与社会公益劳动等等,请同学们谈谈今后你准备怎样把学习到的劳动技能用于班级、学校、家庭和社会的服务之中。

生1:我要积极主动地参与班级的值日劳动,尊重值日生的劳动成果,做好保洁;我要积极参加学校组织的志愿者活动,每周迎接同学们返校,体会为他人服务的快乐。

生2:每周末,我要自己洗衣服、洗鞋袜,学着整理自己的房间和衣柜。

生3:节假日,我要替父母照看弟弟,让他们轻松一些。

师:劳动是中华民族的传统美德,我们理应将它传承下去。作为新时代的中学生,应该做到"困难的事情想办法做,没做过的事情创新做,集体的事情主动做"。让我们都行动起来,做一个爱劳动的优秀中学生。最后,请同学们跟班长一起宣读我们的劳动宣言。

PPT展示宣言:劳动让我们从无到有,劳动让我们充满力量,劳动让我们走向复兴。劳动光荣,懒惰可耻。让我们从此刻做起,从身边做起,从小事做起,尊重劳动,崇尚劳动,热爱劳动,勇于担当,乐于奉献,做新时代的优秀中学生。(班长带领大家宣读)

【班会总结】

劳动是人维持自我生存和自我发展的唯一手段。今天的主题班会,让大家认识到劳动创造世界的重要性,体味了劳动的乐趣和光荣,希望同学们牢固树立"以辛勤劳动为荣,以好逸恶劳为耻"的观念,并将之落实到实际行动上,成长为一名爱学习、爱劳动、德智体美劳全面发展的优秀中学生。

【班会延伸】

1. 办一期"让青春在劳动中闪光"的黑板报。

2. 写出自己一周在学校、家庭的劳动任务单,并遵照执行。

(洛阳华洋国际学校　张小分)

【专家点评】

劳动教育是五育的短板。2020 年 7 月 15 日,教育部公布《大中小学劳动教育指导纲要(试行)》,明确了不同学段的劳动教育目标,再次把学生的劳动教育提到重要位置。其中,初中阶段学生的劳动任务是:兼顾家政学习、校内外生产劳动、服务性劳动。张老师的劳动教育主题班会很及时地为初中劳动教育课做出了典范。本次班会活动,让学生认识到劳动的重要意义,树立劳动最光荣的信念,掌握劳动技能,最后,活动延伸把学生的劳动内容具体落实到每一周,实现了劳动教育的育人目标。

(中原名师工作室主持人　河南省优秀教师　韩秀清)

第四周:"科技缔造,国之荣耀"主题班会

【班会背景】

科技是一个国家的第一生产力,当今国际竞争的实质是以经济和科技实力为基础的综合国力的较量,归根到底是科技、人才的较量。一个国家的科技强大与否,影响一个国家在国际的地位以及国家的命运。少年强则国强,少年是国家的未来,如果青少年能够具有科学探索的精神,那么国家的科技实力就可以变得更加强大。基于这样的时代背景,开展"科技缔造,国之荣耀"主题班会,引导学生树立崇尚科学、勇于探索科学世界的意识。

【班会目的】

1. 深刻理解科技的力量,体会科技强国的重要性。
2. 培养学生热爱科学的兴趣,增强对国家和民族的责任感。
3. 培养学生探索科学的精神,端正学生严谨务实的科学态度。

【适用年级】

七、八、九年级。

【班会准备】

1. 每位学生收集1~2个有关新中国成立以来的国家航天、能源等重大科技成就的资料,在班会上与全班同学交流。

2. 机器人社团的同学准备实验用的器械,班会课上进行展示和讲解。

【班会过程】

导入:同学们,科技无处不在,科技影响着我们的生活。科技的力量是一个国家强大的标志。少年兴,则国家兴。青少年是国家的未来,民族的希望。只有我们树立科技强国的意识,秉承严谨的科学之风,那么国家才会更加强大,祖国的明天才会更加辉煌。

环节一:分享科技成就,激发爱国热情

师:新中国成立71年来,中国科技事业走过不平凡的发展之路,印证了"科技兴则民族兴,科技强则国家强"这一真理。今天我们正在向"科技强国"行列迈进,现在让我们一起回顾新中国成立71年来的诸多科技成就。

生1:从20世纪70年代以来我国多次成功发射了多种性能的人造地球卫星。2003年10月,我国"神舟"五号载人飞船成功地将杨利伟送上太空,并安全返回,我国成为世界上第三个有能力把宇航员送入太空的国家。

生2:2020年7月23日,我国自主研发的"天问一号"火星探测器在中国文昌航天发射场顺利升空,开启了我国火星探测的第一步。

生3:11月24日,在文昌航天发射场,嫦娥五号探测器发射成功,并于2020年12月1日在月球表面着陆。

生4:1964年我国第一颗原子弹爆炸成功。1967年我国第一颗氢弹爆炸成功。20世纪90年代我国建成了大亚湾核电站。

生5:2017年5月,中国首次海域天然气水合物(可燃冰)试采成功,是我国首次、也是世界首次成功实现可燃冰安全可控开采,标志着我国成为全球实现了在海域可燃冰试开采中获得连续稳定产气第一名的国家。

生6:2020年1月11日,位于我国贵州省黔南布依族苗族自治州平塘县克度镇大窝凼的喀斯特洼坑中,500米口径球面射电望远镜正式投入运行。

生7:屠呦呦是第一个证实青蒿素可以在动物体内和人体内有效抵抗疟疾的科学家,获得2011年拉斯克临床医学奖和2015年诺贝尔生理或医学奖,这两项大奖,均为中国本土科学家的"零突破"。

生8:1973年我国成为世界上首次育成籼型杂交水稻的国家,为缓解世界粮食危机做出了贡献。

师:新中国成立以来,经过无数前辈的努力,我们国家的科技实力在不断地增强。我们深知科技改变生活,科技才能救国。请大家谨记:只有科技强大,方可缔造我们自己的国之荣耀。

环节二: 居安思危,树立科学强国意识

播放美国对中兴、华为制裁的新闻和视频。播放PPT,出示目前中国科技处于落后的领域,让学生居安思危,树立科技强国意识。

事例一:我们常用的互联网,13台服务器,10台放置在美国,其他分别置于日本、瑞典和英国。

事例二:诺贝尔奖获奖人数截至目前共计866人,其中美国有364人,而中国只有2人。

事例三:我们国家的芯片制造业还处于落后的阶段。现在作为高端手机的芯片已经需要7nm制程的光刻机了,我国芯片需要全面依赖进口。

PPT展示出需要讨论的问题:

1. 结合历史,思考科技落后的后果。
2. 作为青少年的我们,如何从实际行动树立科技强国的意识?

(学生小组讨论之后,派出代表进行全班分享。发言人数视情况而定)

生1:落后就要挨打,我国近代因为科技落后,才签订了一系列不平等条约,丢失了主权,遗失了大量的国宝。

生2:科技是国家安全的保证,如果科技落后,就会遭遇亡国的危机。

生3:我们青少年应当认真学习,刻苦钻研,多读书,多参与实践活动。

师:与先进国家的差距不是一天产生的,缩小差距也不是一日之功。我们只有不断钻研,树立远大的目标,在校打下扎实的科学文化基础,才能用自己的实际行动担当起强国重任。

环节三: 热爱科学,担起强国重任

师:下面有请我们班的"创客小达人"张翔宇同学为大家展示《超声波测距》和《班级内随机点名——猜对方心中数字》游戏。

PPT展示"一零创客机器人社团":

洛阳华洋国际学校"一零创客机器人社团"在2018年被市教育局评为"中小学优秀社团",获2020年全国青少年信息学奥林匹克竞赛提升组二等奖、基础组一等奖等。

内容展示:《超声波测距》:通过一个发射器,发射出超声波。经过反射后,反射到另外一个接收器中。接收器接收到信号,便会传感到主板,让主板亮灯,从而显示屏也可显示出所探测到的大致数字。

《班级内随机点名——猜对方心里想的数字》:通过函数生成一个随机的数字,学生名字都被数字所代替,经过主板运算、显示,最终实现随机点名。

"猜心中数字":计算机提前设置好程序,接受测试的同学一一回答问题,排除掉错误的数字,以此猜中心中所想的正确数字。

负责演示的同学进行原理讲解。

师:张翔宇同学的展示非常精彩。要想走近科学,首先要爱上科学,通过平时的学习、课下的积累,都可以为我们以后探索科学世界奠定良好的基础。和我们班张翔宇同学一样,在全国也有很多热爱科学的青少年,我们一起来看看他们的发明吧!

PPT展示全国青少年的科技发明,激发同学们爱好科技的热情:

1. 上海市张家巷路学校栾立中同学发明的"波浪发电机"。
2. 浙江省新昌县实验小学竺越同学发明的"速调活扳手"。
3. 北京市海淀区梁昭璜同学发明的"大压簧装卸卡具"。

师:我们看了张翔宇同学的表演,也观看了全国青少年科技大赛的获奖作品。这使我们认识到:我们要从小在心中播下爱好科学的种子,将来才能担起科技强国的重任。

【班会总结】

通过了解国家的科技成就,我们要树立起科技自信的意识。了解与国外的差距,我们更要认真学习文化知识。缺少高科技,我们永远无法成为真正的强国。青少年的我们蕴含着无限的希望,我们应该以科技强国为己任,以探索未知科技为荣耀,树立爱科学、爱动脑、会学习的意识,为实现科技强国的中国梦、缔造属于我们自己的科技荣耀而努力。

【班会延伸】

1. 在班级成立"创客小组""生物兴趣小组""我是小小实验家小组",培养同学们的科学兴趣。

2. 办一期主题为"科技让梦想发光"的黑板报和手抄报。

(洛阳华洋国际学校　杨进杰)

【专家点评】

科技,是一个国家发展、民族进步的力量源泉。本节班会结合班级文化是一次非常好的尝试,不仅让学生感受到了祖国科技的进步,同时也回顾了班级目标,有助于学生树立自己的学习目标和人生目标。分享国家科技成就使学生更直观地感受中国航天技术的发展,教师的介绍更使学生对于科技成就的了解上升到了一定的高度。几位同学设计的小实验也十分精彩,在实验中把自己所学知识展现得淋漓尽致,收到很好的育人效果。

(中原名师工作室主持人　河南省优秀教师　韩秀清)

六月　拼搏月

【品格花】

荷花

【花语】

迎骄阳不惧,出淤泥不染,不惧磨难,追求理想。

【月主题活动】

结合"中考、高考、期末考试"设计月主题活动。

【周主题班会】

第一周:"冲刺中考,无悔青春"主题班会。

第二周:"全力以赴,备战期末"主题班会。

第三周:"做跟时间赛跑的人"主题班会。

第四周:"庆祝建党一百周年——党旗在我心中"主题班会。

【自选主题班会】

结合"世界环境日""父亲节"开展主题班会,或围绕毕业季开展"毕业季,追忆我们的故事"主题班会。

第一周:"冲刺中考,无悔青春"主题班会

【班会背景】

中招考试是每一个迈入高中校门的学生必然走过的历程。这是学生倍感压力的特殊时期,又是"乾坤未定,你我皆是黑马"的未定时期,如何安抚学生浮躁的心,让学生充满信心,激发起努力奋斗的决心,实现心中最美丽的愿景,是本次班会的目标和立足点。

【班会目的】

1. 增强学生自信和动力,培养学生在最后冲刺阶段的吃苦精神。
2. 加强鼓励,勉励学生进一步明确学习目标。
3. 督促学生制定切实合理的中招冲刺复习计划。

【适用年级】

九年级。

【班会准备】

1. 收集学生的书信,挑选出能振奋人心、激发学习动力的信件。
2. 收集学生九年级以来学习和生活点滴的照片,制作PPT。
3. 结合洛阳市一模考试成绩,为每一个学生做数据分析。
4. 准备班会活动需要的物品:一个盒子、裁好的纸片、一本便利贴。
5. 在网上查找诗歌《奋斗的青春最美丽》及背景音乐。
6. 下载歌曲《我相信》(杨培安)。

【班会过程】

师:同学们,进入九年级,我们走的每一步都是那么坚定和自信。回顾走过的岁月,每一个足迹都如此清晰。下面请观看PPT,回首走过的历程。

环节一: 观看PPT

师:进入九年级下学期,我们都干了什么?

1. 中招百日誓师。
2. 投入紧张的体育锻炼。
3. 冲刺实验考试不放过任何一个细节。

4. 计算机考试要不要拿个满分?

5. 中招前的一模。

6. 精准谈心,了解情况,采取措施,目标达成。

7. 发点儿零食,减减压。

8. 学校领导亲切看望,鼓鼓劲儿,加加油!

9. 为学生购买文具袋,助力学生,充满自信,挑战中招。

师:看过 PPT 后,大家是不是感到自己生活在一个友爱的氛围中,很感谢自己曾经的奋斗。请大家谈谈自己的感想。

生 1:汗水和辛劳才能浇灌最美的花朵。我为自己走过的每一步喝彩!

生 2:昨日的拼搏是为今天的成就铺路。

……

环节二:用书信激发斗志

(背景:九年级上学期结束时,安排每个学生书写五封信,同时鼓励七、八年级学生给哥哥、姐姐们写加油信。九年级学生给学弟、学妹们写信,希望他们珍惜时间,把握机会;给同班同学写信,抒发三年来的苦恼和欢乐;给未来的自己写信,告诫自己不应在奋斗的年纪选择安逸;给家人写信、给老师写信,感恩相遇,谆谆教诲永不忘。)

师:书信传情,下面我们请每位小组代表分享一下我们的真情流露。

1. 学生朗读信件。

(1)挑选出五封九年级学生的信在班上分享。

(2)挑选出三封七、八年级学生的信在班上分享。

2. 学生谈感想,表决心。

生 1:感谢家长、老师、同学的陪伴,奋斗的路上我不孤单……

生 2:听着弟弟、妹妹们的鼓励信,我很感动,同时也为自己的不勤奋悔恨不已。虽然以前学习没有真正进入状态,但现在出发为时不晚……

生 3:信件让我充满斗志,我仿佛看到理想高中大门已为我敞开……

3. 将裁好的纸片发给学生,让他们写下自己目前的学习状态。(在纸上吐槽、发泄、画画……释放压力,重新出发)

环节三:感受浓浓的师生情和同学友谊

师:三年的相处,同学眼中的彼此是什么样的?你们期待知道吗?

(1) 让学生把自己的名字写在纸片上,放在盒子里,然后随机抽取,写出"你心目中的同学"。

(2) 书写同学之间最真挚的友谊,同时给同学送上最真挚的祝福。

(3) 把祝福亲自送上,相互拥抱,感受彼此的力量。

老师为每位同学送上祝福,希望同学们沉着、冷静、仔细、认真……

We are friends. We are together. We are the one. We are the best. Forever!

师:纯手写体的祝福送给你们每一位同学。因为老师相信,手写的祝福有温度,能把力量传到……临别了,带着美好的回忆,带着老师的叮咛,愿同学们像海燕一样,面对暴风雨的来临无所畏惧!

环节四:全力以赴,冲刺中考

为每个同学量身打造复习计划和制定目标。

第一步:明确目标,制定计划。

1. 根据一模考试成绩,学生分析各自优势学科和劣势学科;并结合往届三年各高中录取分数为自己明确目标,制定计划。

2. 小组评判,提出合理化建议。

3. 根据学生一模考试情况,老师为每个同学提供数据分析。

4. 学生修改自己的目标和计划,力求更实际、具体。

第二步:学生诗朗诵《奋斗的青春最美丽》。

男:我们生在天地之间,要经受好多考验,就算困难重如泰山。

女:带着梦想永远向前,生活平凡不是平淡,尝尽人生苦辣酸甜。

齐:梅花香自苦寒,只要拼搏,未来美好无限,奋斗的青春最美丽!

男:用汗水换来的微笑最甜蜜,

齐:要相信奋斗的青春最美丽!

女:当青春逝去再来回忆,

齐:要相信奋斗的青春最美丽!

男:追逐梦想的脚步不要停息,

齐:要相信奋斗的青春最美丽!相信自己,创造奇迹!

师：同学们，奋斗的青春是无悔的青春，相信一切的美好都会随之出现！

第三步：学生齐唱《我相信》（杨培安）。

师：同学们，我相信，每个同学凭借自己最后这一阶段的努力和拼搏，定能在中考考场上创造辉煌，留下最出彩的人生足迹！

【班会总结】

师：我们的青春因奋斗而美丽，因奋斗而精彩！我们要像习近平总书记说的那样，拼尽全力加油干，越是艰难越向前，把学科短板补得再扎实一些，把基础知识打得再牢靠一些，坚决打赢中招这一仗！只争朝夕，不负韶华。希望同学们以这次主题班会为契机，拼搏不止，无悔青春！

【班会延伸】

每位同学写出目标卡，张贴在教室墙面上。大家互相促进，共同提高。

(河南省名班主任工作室主持人　田均彦)

【专家点评】

著名作家柳青说过："人生的道路很漫长，但关键处就那么几步。"中考就是学生能否考上自己理想高中的关键一步，也是人生的一个关键转折点。九年苦读，如何把握好中考的临门一脚？田老师抓住这个契机召开"冲刺中考，无悔青春"主题班会，精心设计，通过师生和生生之间的情感共鸣，相互加油鼓劲，进一步增强学生自信，激发学生的学习动力；同时引导每个学生合理制定自己的中招冲刺复习计划，明确中考目标；鼓励学生用拼搏奋斗去实现自己中考金榜题名的梦想，用奋斗去书写自己无悔的青春。

(河南省中小学班主任研究中心首批特聘核心专家　特级教师　裴素青)

第二周："全力以赴，备战期末"主题班会

【班会背景】

学生进入初中以后，在面对学习上的困难时，很多同学往往不能采取正确的方法。随着期末考试的来临，学生复习呈现出不同的情况。有的同学胸有成竹沉稳复习，有的同学手忙脚乱不知所措，有的同学破罐子破摔无所谓。为

了让同学们更好地把握时间,掌握复习方法,坚定自己的学习目标,尽自己最大努力争取优异成绩,班会课势在必行!

【班会目的】

1. 激发学生冲刺期末的热情,增强时间观念,确立期末考试目标。

2. 学习应对期末考试的方法,增强学生信心,让期末复习更高效。

【适用年级】

七、八、九年级。

【班会准备】

1. 学生搜集有关奋斗拼搏的名人名事。

2. 与家长进行交流,提前让家长录制一段鼓励孩子的小视频。

3. 优秀学生代表做好发言准备。

【班会过程】

师:时光飞逝,不知不觉,期末临近,此时此刻,我相信同学们会因期末考试的到来而感到紧张。其实,期末考试并不可怕。只要从现在起,我们做好准备,把平时积累的知识应用到考试中,我们就能以百倍的信心投入到期末考试中。今天,我们为即将到来的期末考试为自己鼓劲加油!

环节一:认识自我,做时间的主人

师:"劝君莫惜金缕衣,劝君惜取少年时。花开堪折直须折,莫待无花空折枝。"时间,每天得到的都是24小时,可是一天的时间给勤勉的人带来聪明和气力,给懒散的人只留下一片悔恨。

同学们,请看大屏幕:你属于哪一类呢?

愚蠢者——等待时间　　聪明者——利用时间

懒惰者——丧失时间　　勤奋者——珍惜时间

无为者——放弃时间　　有志者——赢得时间

闲聊者——消磨时间　　求知者——抓紧时间

糊涂者——糟蹋时间　　好学者——创造时间

自满者——蔑视时间　　劳动者——积累时间

生1:老师,我觉得我的许多时间浪费掉了,老师讲课时我总是注意力不集中,下课总想着赶紧写完作业去玩一会儿,所以我觉得我是一个"糊涂者"。

生2：自从上一次考试名次有所提高，我就变得有些浮躁，总想着很多题我会做，比较容易。这几天复习，我发现很多东西都没有学会，我觉得我是一个"自满者"。

师：同学们，我看到大家都能很正确地认识自己，很多时候不能充分利用时间。高尔基曾说过，世界上最快而又最慢、最长而又最短、最平凡而又最珍贵、最容易被忽视而又最令人后悔的就是时间。所以同学们，学会充分利用时间、善用时间、做时间的主人尤为重要。

环节二：见贤思齐，吸收榜样的力量

师：同学们，我们应该怎样充分利用时间，取得优异成绩呢？其实在我们身边就有这样的同学，他们学习刻苦，热爱劳动，是我们的好榜样。多找别人的优点，多看自己的缺点，不断改正，就是改变自我。那么我们身边充满理想的青春少年又是怎样学习呢？下面请他们为大家分享。

生1：我觉得明确个人目标非常重要，有了目标之后我们就可以制定相应的学习计划。另外和大家分享一下，我觉得建立一个错题集是非常重要的。把在练习中做错的题和没弄懂的题目及时记录下来，逐一解决，效果很好。

生2：我觉得我们要养成良好的学习习惯，比如预习的习惯、上课记笔记的习惯、课后复习的习惯、及时完成作业的习惯等等，这样就会提升我们的成绩了。

师：同学们分享的学习方法非常实用。期末来临，在这里老师也为大家分享一下复习备考的小妙招，希望同学们能够从容应对期末考试。

1. 增强斗志树立目标：有目标才有动力。
2. 争分夺秒利用时间：利用一切可以利用的时间。
3. 调整心态去除浮躁：考试越近，越要调整好心态。
4. 复习有法抓住重点：复习既要全面又要有侧重，注重知识的归纳。
5. 合理安排提高效率：要学会制定适合自己的学习方法。
6. 严格纪律保证氛围：越到最后，越要遵守纪律，保证好的学习氛围。

环节三：充满信心，沉着走向考场

1. 缓解紧张情绪

师：同学们，马上就要考试了，你们多多少少会出现紧张的情绪，其实紧张是正常的，但在压力面前我们需要保持冷静。不能因为心理压力而影响到自己的正常发挥。面对紧张，你是怎么做的呢？

生1：我们可以这样想，考试的内容无非是这些复习过的东西，和别的同学相比，我花的功夫一点也不少，我又何必紧张呢！

生2：给自己积极的心理暗示：我能行！我可以做得到！我准备得很充分，这难不倒我！太棒了，又做完一道题了！

师：同学们回答得非常好，在考试之前我们做好充分的准备，检查考试所需用品，记准开考时间，熟悉考试环境，多给自己一些正面暗示也都可以有效地缓解紧张情绪。在这里老师与大家分享两种有效缓解紧张的方法：

（1）深呼吸的方法：全身放松，通过鼻孔慢慢将气吸入，稍作屏息，再同时用鼻和口缓缓将气呼出。过程类似闻花的香味，吸——呼——吸——呼——吸——呼，做3～5次，就可以有效平复心情。

（2）"鸣天鼓"的方法：我们也来做一做，大家把两肘支在桌上，两手掌心捂住耳朵，头部下垂，闭上眼睛，用两手中间三个指头敲击枕骨。做20次左右，可以消除疲劳，镇定心情。

（老师示范，同学们一起跟着做）

2. 总结"考试失分"原因

师：同学们，做得非常好，从上学开始，我们经历了无数次考试，那么接下来就请大家谈一谈，你经常失分的原因是什么呢？

生1：我总是因为粗心大意而造成失分。

生2：我总是因为书写不规范而失分。

3. 分享"考试技巧"

师：分析了失分的原因，老师为大家准备了如何应对考试的技巧。

（1）考试时的心理：自我暗示，消除焦虑。

（2）试卷到手之后：整体浏览，了解卷子的整体情况。

（3）开始答题时：要坚持先易后难，先熟后生，进行合理安排。

（4）答题第一阶段注意：要审题慢，做题快，内容要简明扼要。

（5）答题第二阶段注意：分段得分，重要步骤不可遗漏，每分必争。

（6）答题完成之后：重视检查环节。

师：通过上面的学习总结，相信同学们应该都有所收获，希望大家按照老师的分享去做一做，相信你一定会有很大收获。今天，我们的家长也为大家送来了祝福。（播放家长祝福视频）

【班会总结】

同学们，面对期末考试，我们应无所畏惧。这节班会课同学们更好地认识了自我，学习了很多优秀的学习经验和方法，汲取了能量。期末考试越来越近，希望同学们全身心地投入到学习中去，用实力来证明自己的能力。祝愿全体同学都能放下包袱，坚定信念，充满希望，科学应对，考出优异成绩。

【班会延伸】

1. 明确期末复习任务单，制作期末考试目标卡。
2. 组织各任课老师进行本学科复习方法指导。

（洛阳华洋国际学校　王琳）

【专家点评】

"工欲善其事，必先利其器。"六月已经进入了期末复习季，此时召开聚焦期末总复习主题班会，恰到好处。面对期末总复习，有的同学胸有成竹有计划复习，有的同学手忙脚乱不知所措。班会通过同学们分享总结好的学习方法和经验，查找自己的问题和不足，寻找最适合自己的学习方法，让每个同学都确立清晰的期末复习备考目标，增强时间观念，增强学生信心，激发期末冲刺的热情，让期末复习更高效。学生掌握了好的学习方法，在学习上就会事半功倍。

（河南省中小学班主任研究中心首批特聘核心专家　特级教师　裴素青）

第三周："做跟时间赛跑的人"主题班会

【班会背景】

本次班会是在大部分学生时间观念不强、缺乏时间管理习惯的背景下开展的。古诗有云："一寸光阴一寸金，寸金难买寸光阴""少壮不努力，老大徒伤悲"等等，这些名言警句都告诉我们时间的宝贵。对于初中生来说，能够利用好时间、做时间的主人尤为重要。因此,结合本班学生特点,设计"做跟时间赛跑的人"主题班会。

【班会目的】

1. 明确时间的短暂与宝贵,树立珍惜时间、跟时间赛跑的意识。
2. 自我剖析,挖掘浪费时间的根源。
3. 学会合理安排和利用时间,养成良好习惯。

【适用年级】

七、八、九年级。

【班会准备】

1. 让学生收集一分钟时间能做哪些事情,体会时间的宝贵。
2. 准备关于时间管理情况的调查问卷。

【班会过程】

环节一:珍惜时间,认识一分钟时间的价值

师:同学们,一分钟时间很短,但却很宝贵,它能创造很多的价值和奇迹。那么一分钟究竟能做哪些事情呢?请大家分组讨论:一分钟能做哪些事情,然后大家积极发言。

生1:一分钟有1800颗恒星爆炸,有9.6亿吨水从地球表面蒸发。

生2:一分钟蜂鸟要振翅4000次,尼亚加拉瀑布会流掉31600吨水。

生3:一分钟体内的每个细胞会发生600万的化学反应。

生4:一分钟可以跑步300米,一分钟可以叠好被子,可以洗完脸。

生5:一分钟可以读完600字的文章,可以背10个英语单词。

师小结:原来一分钟能做这么多事情,那么在我们身边溜走的数以万计的一分钟又能做多少事情呢?孔子用"逝者如斯夫,不舍昼夜"表达了对时光流逝而无法阻止且追悔莫及的感慨。虽然如此,但这并不意味着我们面对时间就无能为力了,我们应该认识到时间的宝贵,懂得珍惜时间能够创造很多的价值,做一个"跟时间赛跑"的人。

环节二:谁是时间的主人

抓住时间、充分利用时间很重要,回到我们自身上来,我们每天大部分时间都在学习中度过,那么我们能否追得上时间的转盘呢?为了清楚地认识到自己对于时间的把控情况,我将给大家发放问卷,请大家完成。

一、问卷调查(选项:a.是　b.有时是　c.否)

(1) 我在每学期开始时能为自己制定一学期的学习计划。(　　)

(2) 我做事情有恒心能坚持到底。(　　)

(3) 我把自己的东西放得井井有条。(　　)

(4) 我能有条理地完成自己该做的事情。(　　)

(5) 我在做事情时不容易受其他事情的干扰。(　　)

(6) 我能有效利用时间,不浪费时间。(　　)

(7) 我能够做到及时反思自己利用时间的情况。(　　)

(8) 我总能今日事今日毕。(　　)

(9) 我在学习上总能打出提前量。(　　)

(10) 我不认为没有时间做自己喜欢的事情。(　　)

二、问卷分析

根据选项分数统计自己的得分。(选"a"记10分,选"b"记5分,选"c"记0分)情况分析:0～40分:说明你管理自己时间的能力还有待大幅度的提高。40～75分:说明你具备较好的时间管理能力,但是在有的方面还有待提高。75～100分:说明你具备很好的时间管理能力和方法,只要坚持下去一定会收到很好的效果。根据问卷结果显示,我们可以得出一个结论:越能充分利用时间、做时间的主人、能追得上时间的脚步的人,他的成绩会越好。

环节三:节省时间,让时间增值

面对自己在学习中对于时间管理方面出现的问题,我们要怎样做才能追赶上时间的脚步呢?鲁迅先生曾说过:"我不是天才,我只是把别人用来喝咖啡的时间用来写作罢了。"下面请大家讨论:平时的学习和生活中怎样能节省时间,把握时间,让时间增值?

小组讨论:第一、二组讨论生活方面,第三、四小组讨论学习方面。

(小组代表发言,发言人数视时间长短而定)

第一小组代表发言:

生1:每天去吃饭的路上可以带上口袋书,抄几个单词,在食堂排队时利用排队的时间也可以背单词。

生2：每天吃饭时避开就餐高峰期，迅速吃完饭回到教室复习。

第二小组代表发言：

生1：晚上回寝室不再吃东西，迅速洗漱完毕，上床休息。

生2：平时打扫卫生的速度可以再快一些，能节省出至少10分钟时间。

第三小组代表发言：

生1：尽量保持桌面整洁，只留正在做的事情。

生2：学习中常用的物品应容易取得，每节课前做好课前准备。

第四小组代表发言：

生1：把各学科的资料分类放置，把不需要的东西坚决扔掉。

生2：写作业时能专心致志，不溜号，不被他人干扰。

师小结：时间犹如指尖划过的风，稍纵即逝。但只要你能抓住它，它也甘愿为你所用，助你绽放属于自己的光彩。通过自我反思与总结，相信大家已经知道该怎样节省时间、利用时间了，我们要做一个跟时间赛跑的人。

环节四：合理安排时间，提高学习效率

能抓得住时间的人，你已经离成功更近一步了。合理安排时间，提高时间利用率，提高学习效率，我们该怎样做呢？请同学们分享经验。（发言人数视时间长短而定）下面请各科成绩优异的同学发言：

生1：在学习理科的时候，重在平日功夫，平日的学习最重要的是课堂的45分钟，听讲要聚精会神，思维紧跟老师，不能有半点溜号。课余时间也非常珍贵，所以要利用好课余时间，一有空就静心思考。课外练习要做到少而精，只要坚持每天做三道题，天长日久，思路就会开阔许多。

生2：学习英语时，要为自己制定一个长远的目标，明确每节课的任务，做好课前预习，抓住课堂时间，课下要及时复习，反复复习。

生3：在背书时，我一直秉承的是"好记性不如烂笔头"理念，背任何知识，我都是先读熟，加上自己的理解后，再背诵，背会了再默写一遍加强记忆，这样能使记忆保持的时间更久一些，在最短的时间内背会更多的东西。

师小结：就像几位同学所说的一样，每一科的学习，首要是能够抓住时间，有效利用时间，做时间的主人。

【班会结尾】

师:相信大家已经学会如何有效、合理地利用时间,提高学习效率。相信大家都能成为一个真正能与时间赛跑的人。请大家宣誓。

班级誓词:我们用青春的名义宣誓:我们,为了自己的理想而拼搏;我们,为了父母的期望而努力;我们,不能有负于老师的辛勤。我们,不能有负于学校的嘱托。我们要用最好的状态,考出最优异的成绩!

【班会总结】

从大家慷慨激昂的宣誓中,我感受到了同学们的信心和决心。莎士比亚曾说过:"抛弃时间的人,时间也抛弃他。"我相信此次班会之后,会有很多同学摆脱课前迷茫、课间傻笑、饭后哄笑、周末睡觉的陋习,真正懂得了时间的宝贵,真正能抓住时间,成为时间的主人。

【班会延伸】

每位同学制定出一天的时间利用表,要求体现时间的合理、有效利用,贴在班级文化专栏里分享学习。

(洛阳华洋国际学校 张文杰)

【专家点评】

班会的内容设置很贴近学生实际,能引起学生的共鸣,引发学生对自己人生的思考和审视。活动环节能将学生积极性充分调动起来,让学生切实看到自己的问题,找到自己的不足,同时能找到正确的解决问题的方法和途径,学生受益很大。宣誓环节是一种必要的仪式感,激发学生的激情与热情,趁热打铁,营造一种时不我待的氛围,将计划付诸行动,能起到立竿见影的效果,也恰恰体现了班会主题"做跟时间赛跑的人"。

(中原名师工作室主持人 河南省优秀教师 韩秀清)

第四周:"庆祝建党一百周年——党旗在我心中"主题班会

【班会背景】

为贯彻落实党的十九大精神,深入推进社会主义核心价值观建设,讴歌中华民族伟大复兴的百年奋斗历程,培养青少年的爱国主义思想,增强使命感、责任感和荣誉感,坚定信心跟党走,结合学校德育爱党主题活动,召开"庆祝建党一百周年——党旗在我心中"主题班会。

【班会目的】

1. 了解党的光荣历史和伟大业绩,迎接党的生日,歌唱祖国、颂扬母亲。理解坚持中国共产党的领导是历史的选择、人民的选择,是祖国繁荣富强、民族伟大复兴的根本保证。

2. 引导学生树立正确的人生观、价值观、世界观,激发学生的爱国热情,增强社会责任感和民族自信心,高举爱国主义旗帜,树立远大理想,做新时代的建设者和接班人。

【适用年级】

七、八、九年级。

【班会准备】

1. 收集资料,确定诗朗诵学生。

2. 召开班干部会议,为主题班会做好准备。

3. 制作PPT,准备背景音乐《歌唱祖国》《今天是你的生日》。

【班会过程】

活动导入:红船精神

1921年夏,在上海召开的中国共产党第一次全国代表大会因遭到法租界巡捕袭扰,被迫转移到浙江嘉兴南湖的一条小船上继续进行,在这里完成了大会议程,宣告中国共产党正式成立。这条小船因而获得了一个永载中国革命史册的名字——红船,而中国共产党建党伟业所蕴含的伟大革命精神,因此被称为"红船精神"。(在中国共产党建党100周年之际,让我们一起走进历史,了解中国共产党的光荣历史和伟大业绩,迎接党的生日,歌唱祖国、颂扬母亲)

环节一:知党史——光辉历程,伴我前行

1. 了解党史(PPT展示)。

开天辟地、敢为人先的首创精神。开天辟地、敢为人先的首创精神是"红船精神"的核心,是党和人民事业发展的动力。

坚定理想、百折不挠的奋斗精神。在中国共产党领导全国人民进行新民主主义革命、社会主义建设和改革的奋斗历程中,无论遇到多大的困难,他们用生命和鲜血谱写出一曲曲坚定理想、百折不挠的壮丽乐章。

立党为公、忠诚为民的奉献精神。中国共产党从诞生的那天起,就以解放全人类、实现共产主义为己任,以全心全意为人民服务为根本宗旨。立党为公、忠诚为民,是中国共产党的性质和宗旨的集中体现,也是我们党区别于其他任何一个政党的显著标志。

一条红船见证中国共产党"开天辟地、敢为人先"的创建历程,引领中国革命道路的前进方向,拉开中华民族伟大复兴的序幕,成为中国共产党探索救国救民道路的光辉起点。

在红船精神指引下,我们党团结带领全国人民找到了一条适合中国国情的革命、建设、改革道路,创造了中华民族发展史上的辉煌业绩,在世界上产生了深刻而广泛的影响。在决胜全面建成小康社会、建设社会主义现代化国家的征程中,让我们在以习近平同志为核心的党中央的领导下,为实现"两个一百年"奋斗目标、实现中华民族伟大复兴而不懈奋斗。

2. 播放视频:"伟大历程 辉煌成就——庆祝中华人民共和国成立70周年大型成就展"(回顾党的光辉历史,理解坚持中国共产党的领导是历史的选择、人民的选择。引导学生深入了解祖国发展历程、辉煌成就,牢固树立社会主义核心价值观,培养学生对党和祖国的真挚感情,树立跟党走的理想信念)。

环节二:感党恩——继承传统、坚定信念

1. 谈感悟:在中国共产党的领导下,改革开放以来,我们国家、各民族人民生活发生了哪些重大变化?谈谈党的惠民政策。

2. 感党恩:党在我心中,理想信念不动摇。

(身为一名中学生,有许多知识要学习,有许多磨难要克服。同学们要树立正确的人生观、世界观、价值观,对于在学习中遇到的困难不要怕,要敢于、善于和困难作斗争。感受党的温暖,响应党的号召,高举爱国主义旗帜,树立远大理想,做新时代的建设者和接班人)

环节三:听党话——不忘初心、牢记使命

1. 讲述先烈故事。(刘胡兰、焦裕禄、雷锋等)

2. 讲述优秀共产党员事迹。(钟南山、李兰娟等)

3. 从先烈们、优秀党员身上看到什么? 应该学习他们的什么精神?

环节四：跟党走——感悟责任，学会担当

新时代的中学生应该有怎样的时代梦想? 学生畅谈理想。(作为新时代的青年,肩负着承前启后、继往开来的历史重任,应该有大视野、大眼界、大襟怀、大担当,仰望星空、立志高远,坚定理想信念,在党的光辉指引下,开拓进取谋发展,与时俱进创辉煌)

环节五：诗朗诵——铭记党恩、与时俱进

甲:中国共产党自1921年成立至今,披荆斩棘,风雨兼程。是她,带领着中国走出黑暗;是她,让我们的生活幸福美满。

乙:当鲜花代替了和平,当我们的天空不再有枪声回荡,当我们的家园不再经受炮火的洗礼,我们是否还能够想到那些把牢底坐穿的先驱者,那些带着铁镣手铐蹒跚步行在长街的革命者,那些倒在血泊中的共产党员以及那些为着坚定的共产主义信念而牺牲的人……

丙:历史车轮滚滚向前,碾碎旧的封建主义,先进的中国共产党应运而生,她带领中国走过几十年的风风雨雨,领导我们跨过一个个沟沟坎坎。

丁:今天,我们欢聚一堂,歌颂伟大的祖国,伟大的党! 没有共产党,就没有新中国! 历史的接力棒传入我们新一代人手中。党啊! 在你光明神圣的领导下,我们一定要努力学习,奋发向上,以优异的成绩,为党增光添彩!

党旗飘飘,青山不老,在党的生日到来之际,我们用歌声为她献上一份深深的敬意和祝愿：

齐:我们祝愿:中国共产党领导下的伟大祖国永远年轻,繁荣昌盛,更加灿烂辉煌!(播放音乐、齐唱歌曲《今天是你的生日》,体会大家对祖国的热爱之情,祝福我们的祖国繁荣富强)

【班会总结】

今天我们以"党旗在我心中"为主题组织了一场非常有教育意义的班会,让我们回顾党史、铭记党恩、与时俱进。青年兴则国兴,青年强则国强,青年一代有理想、有本领、有担当,国家就有前途,民族就有希望。社会主义现代化需要青年去建设,中华民族的伟大复兴需要青年去奋斗。新时代属于我们每一个人,我们必须坚定理想信念,做新时代的"筑梦者"和"奋斗者"。

【班会延伸】

以《今天是你的生日》为题,制作"爱党、爱国宣言"卡,张贴展览,培养学生的爱国情怀,增强责任感、使命感。

(河南省田均彦名班主任工作室成员　胡艳艳)

【专家点评】

在庆祝建党 100 周年之际,开展"党旗在我心中"主题班会,对学生进行爱党爱国教育,用党史为学生点亮心中的理想,照亮前行的路,意义深远。习近平总书记在全国党史工作会上强调指出:"中国共产党的历史是一部丰富生动的教科书。用党的历史教育党员、教育干部、教育群众,尤其是教育青少年,是党史工作服务党和国家大局的重要内容。要着力抓好青少年这个群体,开展形式多样的党的历史知识、光荣传统和优良作风、英雄模范事迹的教育,积极开展党史教育进学校、进课堂、进头脑,从小培养青少年热爱党、热爱社会主义的情感。"中国共产党的历史是中华民族极其宝贵的精神财富,是培养社会主义接班人的重要法宝。我们全体教育工作者,要自觉担起用党的伟大成就激励学生的责任。致敬建党百年,传承红色基因,引领广大青少年学党史,增信念,跟党走。

(河南省中小学班主任研究中心首批特聘核心专家　特级教师　裴素青)

七月　诚信月

【品格花】

桔梗花

【花语】

抱朴守真,诚实守信,胸怀宽广,敢于担当。

【月主题活动】

围绕"七一"建党节和期末诚信考试设计月主题活动。

【周主题班会】

第一周:"诚实守信——为人之本"主题班会。

第二周:"快乐与安全同行"主题班会。

活动一:"致敬建党百年,传承红色基因"主题实践活动。

活动二:"我的暑期阅读计划"主题实践活动。

【自选主题班会】

还可以开展"暑期加油站"主题实践活动,即利用暑假进行文化课查漏补缺并发展相关特长。

第一周:"诚实守信——为人之本"主题班会

【班会背景】

提起诚信大家都耳熟能详,诚,即忠诚老实,实事求是;信,即言而有信,信守承诺。从古至今诚实守信都被人们视为正能量一直传承着。现实生活中有很多诚实守信的事例一直被人们歌颂着,但也存在很多不诚信的现象。鉴于此我们召开一次"诚实守信——为人之本"主题班会,让学生认识诚信,区别不诚信行为,做诚实守信之人。

【班会目的】

1. 使学生明确诚信的含义,理解"诚信"对于自身发展的重要意义。
2. 使学生崇尚"诚信",将诚实守信作为自己的处世原则。
3. 认识社会"不诚信"现象,积极参与社会"诚信体系"构建。

【适用年级】

七、八、九年级。

【班会准备】

教师:课件准备,组织学生收集诚信小故事和社会不诚信现象表现。

学生:收集诚信故事及有关诚信的格言、古训。

【班会过程】

环节一:讲故事,悟诚信

师:下面请同学们来分享一下你收集到的有关诚信的故事。

1. 讲述"诚信故事"

故事1:商鞅"立木为信"的故事

商鞅是战国时期的变法家。在变法前,商鞅先下令在秦国都城南门外立一根3丈长的木头,然后在集市上张贴出布告说:谁能把此木头从南门搬到北门,赏10金。由于不知真假,无人来。商鞅又把赏金长到50金。这时,一名男子将木头从南门扛到了北门。商鞅遵照承诺,当众赏给他50金。这一举动轰动了秦国,人们一传十、十传百,大家都相信商鞅是个一言九鼎的人。后来,商鞅颁布的变法条例获得了人们的信任,很快得以在秦国推广。

故事 2：华洋好少年张成杰"拾金不昧"的故事

这是发生在我们身边真实的事件，洛阳华阳国际学校 2013 级（8）班张成杰同学，一天下午在放学路上捡到一个皮包，发现里面有银行卡、大量人民币等。由于没有联系方式，张成杰同学一直在原地等待失主的到来，最后等到晚上，终于等来失主并归还了皮包。失主非常感动，为孩子和学校赠送了锦旗，张成杰也被评为"洛阳市诚信好少年"，在《洛阳晚报》进行了报道。

师：从同学们分享的诚信故事中我们可以看到，从古至今诚信都是做人之本。

2. 说"诚信感悟"

下面请同学们以小组为单位说一说你们对诚信的感悟。

组 1：诚信看不见，摸不着，但却实实在在存在着，诚信就像空气一样，时时刻刻我们都离不开他。

组 2：诚信对个人来说是做人的根本，对社会来说是社会稳定的基石。

师小结：诚实守信，对于个人而言，是高尚的人格力量；对于企业而言，是宝贵的无形资产；对于国家而言，是立国之本！诚信之事无大小，生活学习中点滴诚信小事构成了我们诚信的品质。

环节二："不诚信现象"面面见

下面请我们的各小组代表分享一下他们收集到的不诚信现象。

第一、二小组：调查社会里的不诚信现象。

查 1：缺斤少两。

某菜市场一家卖菜摊贩缺斤少两，导致该摊贩的菜无人买。

查 2：虚假广告。

小张刚从大学毕业，看到一则招聘广告，随后去参加面试应聘，公司要求缴纳体检费、培训费等各项杂费近 3000 元，在等待体检培训时就联系不上公司，后来小张才得知自己被虚假广告所骗。

查 3：拖欠工资。

某某工程施工队，承诺年底给农民工发工资，可等到年底却找不到施工队负责人，一群农民工流落街头。

查 4：假冒伪劣。

某乳制品企业为了利益最大化,利用化学添加剂充当生牛乳欺骗检测机构,假冒伪劣毒奶粉导致一大批"大头娃娃",残害幼小生命,性质恶劣。

第三、四小组:调查学校里的不诚信现象。

查1:抄袭作业。

小明同学作业不会做,为了不受惩罚,他抄袭了同桌小亮的作业。为了不让老师发现作业是抄袭的,小明把一些过程修改了一下,成功蒙骗过关。但月考来临,小明的成绩却一塌糊涂。

查2:请假说谎。

初二小红为了吃上一碗自己喜欢的酸辣粉,找班主任假装说胃疼要出去开点药,班主任信以为真就批了假条。小红如愿吃到了自己心仪已久的酸辣粉,但回学校没多久就开始上吐下泻,事情非常严重,随后小红家长了解到是小红在外面吃的酸辣粉所致,此时小红悔恨不已。

查3:考试作弊。

高二学生小刚成绩一直处于中等水平,马上要迎来期中考试,恰逢小刚生日,爸爸为了鼓励小刚努力上进,承诺小刚期中考试如果能考进班级前五,就给小刚买一双小刚非常喜欢的篮球鞋。为了得到喜欢的篮球鞋,小刚想到了作弊,结果被监考老师抓到,成绩为零。这下小刚的篮球鞋也不翼而飞了。

师小结:现实生活中存在很多不诚信的现象。在社会,假冒伪劣产品层出不穷,食品安全问题令人担忧。在学校,学生抄袭作业、言行不一、欺骗他人等现象时有发生。希望通过以上不诚信现象的认识,同学们能从小事做起,自觉遵守学校各项规章制度,在校做一个好学生,在家做一个好孩子,在社会上做一个好公民,建立诚信意识。

环节三:"诚信活动"来体验

下面请同学们以小组为单位体验诚信活动。

活动1:做游戏

两人一组,同向站立,前面的人向后倾倒,后面的人给予支撑。设问:

A. 如果你是前面的人,你的身体敢向后倾倒吗?为什么?

B. 如果可以选择,你将选谁做游戏伙伴?为什么?

师小结:具有诚信品德,坚持诚信做事,才会获得信任和尊重,才能形成交往和合作,才能享有信誉和成功。诚信是交往之道。实事求是、对事负责是诚信的又一基本要求。

活动2:诚信大考验

如果你遇到了如下的情况,你会怎么做?说说你的理由。每组派代表抽取情景,大家讨论,一人记录。

情景一:在生物课上,你的同伴打破了实验器具,他让你帮忙隐瞒,老师问你时,你会怎么说?

情景二:壮壮同学是一个热情豪爽的男孩,平时不管谁找他帮忙,他总是一口答应:"没问题!包在我身上。"由于种种原因,他答应的事往往不能兑现,事后也不给对方解释清楚,渐渐地大家有事再也不找他了,甚至有同学还有意疏远他,他非常委屈,觉得大家都不理解他。壮壮的问题出在哪里?

师小结:诚信无小事,生活学习中点滴诚信小事构成了你诚信品质。

环节四:"诚信格言"大比拼(PPT出示)

下面请同学们来分享一下你所收集到的诚信名言。

人而无信,不知其可也。——孔子

一言既出,驷马难追。——《论语颜渊》

一两重的真诚,其值等于一吨重的聪明。——德国谚语

要正直地生活,别想入非非!要诚实地工作,才能前程远大。——陀思妥耶夫斯基

师小结:班会到这里已经接近尾声,请同学们全体起立,一起齐读名言。班会在同学们嘹亮的齐读声中结束。

【班会总结】

人,无信不立;企,无信不旺;国,无信不兴。不信于一时,则不信于一世。通过这次班会,学生认识到了诚信对于人生的重要性。中学生应当从学习上考试不作弊、作业不抄袭等方面做起。在为人处事方面,更应该做到诚实、诚恳、实事求是、重信用、守承诺,做一个德才兼备、诚实守信的人。

【班会延伸】

制作相关板报,把诚信编成打油诗的形式,向更多的同龄孩子宣传,做一次公益宣传活动。写出个人诚信公约,并展示在班级文化园地。

(洛阳华洋国际学校 韩志峰)

【专家点评】

对中学生进行诚信教育,是开展中学生思想政治工作的一项重要任务。本节主题班会聚焦社会、学校中存在的一些不诚信现象,精心设计悟诚信、"不诚信"现象面面见、"诚信活动"来体验和"诚信格言"大比拼四个环节,让同学们懂得:诚信是每个公民的基本素质要求,是为人之本,是一个人品德修养的重要表现。作为老师,目前最为重要的任务莫过于把青年一代培养成为诚实守信的人,为实现中华民族的伟大复兴梦培养更多的建设者和接班人。

(河南省中小学班主任研究中心首批特聘核心专家 特级教师 裴素青)

第二周:"快乐与安全同行"主题班会

【班会背景】

"安全无小事,事事关大局。"暑假将至,为了使学生能过上一个平安、快乐的假期,围绕"道路交通安全""防溺水安全"等易发的安全问题对学生进行放假前的安全教育,提高学生的安全意识,掌握一些自救的方法,在遇到危险时会采取一定的措施,使暑期的快乐与安全同行。

【班会目的】

1. 引导学生学习安全知识,增强安全意识和自我保护意识。

2. 通过活动让学生学会并体验安全自救的常识和方法。

【适用年级】

七、八、九年级。

【班会准备】

1. 视频:《暑期中小学生安全问题调查》(各主流视频网站)。

2. 视频:暑期交通安全教育、防溺水安全教育的动画(全国各地中小学安全教育平台)。溺水救护演练所需的医护物资(医用手套、口罩、担架等)。

3. 校园问卷:暑期学生安全意识调查。暑期安全知识竞赛题(采用现场竞赛的形式)。

【班会过程】

环节一：导入

播放《暑期中小学生安全问题调查》的新闻报道，引发同学们对自身安全的反思，引起学生从思想上重视，激发学生学习的积极性。

公布调查问卷的结果，说明进行安全教育的紧迫性。

环节二：交通安全

1. 观看图片：重大交通事故教训的视频与图片展。
2. 走路、骑车、乘车时需要注意哪些安全问题？小组分享讨论结果。
3. 观看动画视频：交通安全常识。师生共同总结交通安全常识。

第一小组分享：走路安全。

生1：走路要走人行道，没有人行道的地方要靠路边行走。

生2：在横过没有交通信号灯的人行横道时，应当左右看，观察往来车辆的情况，确认安全后再过；不得在车辆临近时突然横过或者中途倒退。

生3：过马路时要注意观察交通信号灯的变化。

生4：不得在车行道内停留、嬉闹；不得有追车等妨碍交通安全的行为。

第二小组分享：骑车安全。

生1：未满12周岁的儿童不能独自骑车。不能在人行道、机动车道骑车。

生2：不能逆行骑车。不能骑车横冲直撞，争道抢行，也不能骑自行车带人。

生3：不能追逐打闹，三五并行过马路。

第三小组分享：乘车安全。

生1：不要搭乘无牌或超载车辆。乘坐公共汽车或旅游车时，不得在车上嬉戏喧闹或有做出影响司机驾驶的行为。

生2：坐在汽车靠近窗边位置的，不得将身体露出或伸出车外，避免会车或车外物的碰剐。不得随意在车上向外抛撒东西，避免伤及他人。

生3：车未停稳，不能下车，避免摔倒造成事故。乘坐私家车，儿童乘车建议使用安全座椅，或使用适合其身高、年龄的安全带。

师生共同总结发生交通事故的应急办法。

教师讲解：遇到交通事故发生，不要慌乱，要沉着冷静。要保护自己，看有无受伤。如果有伤要立即拦车、打的到附近医院救治。同一起事故中有多人受伤,轻伤的,要帮助别人;重伤的,要求助别人,共同脱离危险。

生1补充:要保护交通事故现场,要立即向公安机关报告。

环节三:防溺水安全

1. 播放视频:夏季中小学生因游泳发生的溺水事故的新闻报道。

2. 播放视频:外出游泳安全教育专题片。学生讨论:外出游泳时需要注意哪些问题?师生总结:游泳要严格遵守"四不":未经家长、老师同意不去;没有会游泳的成年人陪同不去;深水的地方不去;江河湖泊水库不去。

溺水原因主要有以下几种:不会游泳;游泳时间过长,疲劳过度;在水中突发病尤其是心脏病;盲目游入深水漩涡。

3. 意外溺水自救的方法:

生1:不要慌张,发现周围有人时立即呼救。

生2:放松全身,让身体漂浮在水面上,将头部浮出水面,用脚踢水,防止体力丧失,等待救援;身体下沉时,可将手掌向下压。

教师补充:如果在水中突然抽筋,又无法靠岸时,立即求救。如周围无人,可深吸一口气潜入水中,伸直抽筋的腿,用手将脚趾向上扳,以解除抽筋。

4. 溺水的急救:

(1) 发现溺水者如何将其救上岸?

生3:可将救生圈、竹竿、木板等物抛给溺水者,再将其拖至岸边;

生4:若没有救护器材,会游泳的人可入水救护。接近溺水者时要转动他的髋部,使其背向自己(为什么?)拖运时通常采用侧泳或仰泳拖运法。

教师强调:未成年人发现有人溺水,不能贸然下水营救,应大声呼救。

(2) 如何开展岸上急救?

生5:当溺水者被救上岸后,应立即将其口腔打开,清除口腔中的分泌物及其他异物。

教师结合图解讲解:控水,救护者一腿跪地,另一腿屈膝,将溺水者的腹部放到屈膝的大腿上,一手扶住他的头部,使他的嘴向下,另一手压他的背部,将其腹内水排出。

生6:如果溺水者昏迷,呼吸微弱或停止,要立即进行人工呼吸,可采用口对口吹气的方法。若心跳停止还应立即配合胸部按压,进行心脏复苏。

教师补充强调:注意要在急救的同时,迅速打急救电话,或拦车送医院。

5. 学生情景剧再现。

情境1:小宇和小新在游泳池游泳,小宇因为体力不支并出现抽筋,水大口灌入口中,并在拼命挣扎,不停地呼救,手掌不停向下按压水。岸上的小新听到后立即向他抛游泳圈,大声呼叫安全救生员,同时跳下水游向小宇,一只手转动小宇髋部使其背对自己并抓住小宇,另一只手划水向岸边游,在救生员的帮助下将小宇拖上岸。

情境2:救生员清除小宇口中的分泌物、控水,并进行胸部按压、人工呼吸。

情境3:岸上其他同学拨打急救电话。

6. 活动讨论:小宇和小新在自救、施救过程中有哪些做得好的地方与不足的地方,并进一步总结控水、胸部按压、人工呼吸的要领及注意事项。

7. 学生体验:安排10组学生(男生、女生各5组)现场模拟胸部按压,进行心脏复苏及人工呼吸。

【班会总结】

通过本次安全教育主题班会,同学们学会了必要的假期安全常识以及处理突发事件的方法,培养了孩子们的自我保护能力及良好的应急心态,有效地提高了学生的安全意识。希望同学们假期间一定要紧绷安全弦,警钟长鸣,度过一个安全快乐的暑假。

【班会延伸】

1. 搜集有关暑期交通安全、防溺水安全、饮食卫生安全、上网安全、家庭防火防盗安全、防骗安全等常识,制作安全提醒小贴士。

2. 班级开展安全知识竞赛活动或者办一期暑假安全手抄报。

(河南省田均彦名班主任工作室成员　韩冲冲)

【专家点评】

本节主题班会以暑期安全教育切入,围绕夏季易发生的安全问题,对学生进行安全教育,提高学生的安全意识,学习安全知识,掌握简单的安全自救常识和方法,让孩子们度过一个平安快乐的暑期。这是一节很实用、很有借鉴意义的班会。安全无小事,学校、家庭和社会都要把学生安全教育问题提到重要工作之列,教育学生树立安全防范意识,学习安全知识和技能,了解相关的安全法律法规常识,养成安全习惯,最大限度地预防和减少青少年安全事故的发生,保障中小学生的健康安全。

(河南省中小学班主任研究中心首批特聘核心专家　特级教师　裴素青)

活动一:"致敬建党百年,传承红色基因"主题实践活动

【活动背景】

红色文化是在革命战争年代,由中国共产党人和人民群众共同创造的具有中国特色的先进文化,蕴含着丰富的革命精神和厚重的历史文化内涵,是中华民族优秀传统文化的重要组成部分。百年征程,百年锤炼,值此建党100周年之际,传承革命精神,弘扬红色文化,成为当今的时代主题。

【活动目的】

通过实践活动的开展,引领学生走近红色文化,深入学习了解党史。激发学生的爱国、爱党热情,领悟红色精神。激励学生努力学习,砥砺奋进。

【适用年级】

七、八、九年级。

【活动准备】

1. 班旗、团旗、共青团宣誓词、红色条幅"传承红色基因,践行初心使命,争做时代新人"、黑色签字笔、10 捧鲜花。

2. 素材:纪录片《红色印记》第 5 集《热血战场的家国忠魂》。

3. 排练红色舞台剧《送你去延安》,排练红色歌曲《唱支山歌给党听》《在灿烂的阳光下》《映山红》,排练诗朗诵《七月的天空》。

4. 协调八路军驻洛办事处纪念馆的参观、讲解事宜;协调联系河南省洛阳第一干休所所长田静斌,协调走访、慰问事宜;安排 10 名献花的学生代表。

【活动过程】

第一阶段:重温红色经典——追忆党的光辉事迹

暑假前组织学生观看《红色印记》第5集《热血战场的家国忠魂》。

师:这就是革命军人!这就是红色精神!哪里有斗争,哪里就有他们的身影,鞠躬尽瘁,死而后已。同学们,你们知道的关于革命军人的光辉事迹有哪些呢?接下来,我们分组讨论,之后每组各派一名代表进行分享。

小组代表1:黄继光:20岁当兵,22岁入党,以自己的身体堵住了敌人机枪射孔,用生命换取了胜利。

小组代表2:刘胡兰:14岁入党,从事革命工作,无所畏惧,15岁英勇就义,牺牲在敌人的铡刀下。

师:每组代表都带领我们重新回忆了战争年代的那些红色经典,革命战士们用他们的鲜血和生命换来了今天的和平,我们要致敬英雄,缅怀先烈。

第二阶段:探寻红色足迹——参观八路军驻洛办事处纪念馆

早上8点全体学生统一从学校出发,乘校车前往洛八办,到达洛八办,下车集中,老师对接参观事宜,强调注意事项,倡导文明参观。

环节一: 参观纪念馆,感受红色文化

师:八路军驻洛办事处纪念馆,简称洛八办,是我党我军于1938~1942年间在国民党一战区长官司令部所在地——洛阳设立的一个公开的统战机构。洛八办诞生于国家危难之时,自成立起,便承担着重要的使命,在中国人民抗日战争史上写下了光辉的一页,接下来就让我们跟着解说员一起走进洛八办。

解说员:同学们好,欢迎来到八路军驻洛办事处纪念馆参观。1938年春,华北沦陷,根据形势,中共中央决定在洛阳设立八路军办事处,发动群众,组织武装,开展抗日游击战,当时决定由时年29岁、在军委统战部工作的刘向三负责到洛阳筹建八路军办事处。1938年10月,刘向三带领50余人乘卡车由延安出发,来到洛阳,组织开展敌后工作,掩护和转送过往干部、进步青年,为根据地筹集、运送军需物资。1939年1月,刘少奇化名"胡服"来到洛八办开展统战工作,宣传我党的抗日民族统一战线主张,积极做好卫立煌等国民党高层人士的统战工作。接下来同学们请跟我一起走进展厅来参观吧。

跟着讲解员我们一起参观了刘少奇住室、电台室、豫西省委会议室等,观看了解革命文物:手枪、证章、手雷、军用锹、铺等军用物品和生活用品等,亲历红色文化。

环节二：讨论交流，领悟红色精神

参观结束之后，集中学生围坐在一起，在老师的带领下交流感悟。

师：循着革命党人的足迹，聆听抗战故事，满载时代记忆的物件，诠释着那段烽火岁月里的革命精神，参观后给你留下最深刻印象的是什么呢？

生1：是"第十八集团军"证章，那是当时八路军随身佩戴的证件，看着这个饱经沧桑的证章，我感觉好像自己身处那个时代，八路军战士就站在我的面前，敬意油然而生。

生2：是当时战士们穿过的布鞋，破烂不堪的旧鞋，见证着抗战的艰辛，感觉自己现在的生活太幸福了，深刻感受到这幸福来之不易。

……

师：和平来之不易，是无数革命军人历经艰辛、用鲜血和生命换来的，珍惜和平，作为新时代的中学生，我们应该做些什么呢？

生1：努力学习，考出理想的成绩，将来回报社会，报效祖国。

生2：养成吃苦耐劳的好习惯，向革命军人学习，勤俭节约，刻苦奋斗。

……

师：一件件陈列，一幕幕景象，都是来自历史的回响，是中华民族伟大复兴的动员令，激励我们每一位新时代中学生，砥砺奋进，不忘初心，传承使命，让河洛大地上的红色基因永不褪色。

环节三：抒发爱国情感，庄严宣誓

组织同学们排列队形，派两名同学展开团旗，由班级团委带领大家重温入团誓词，庄严宣誓。

宣誓结束后，组织学生在八路军驻洛办事处纪念馆门口，拉开条幅合影留念，并组织签字，布置作业：回去后，每人写一篇参观洛八办的观后感，500字，开学后交流评比。

第三阶段：走近红色人物——致敬英模

上午结束洛八办的参观，集体午饭后，下午2点30继续乘校车来到河南省军区洛阳第一干休所，联系田静斌所长，在文化广场集中。

师：同学们，每一位英模、老党员，都是一部鲜活的奋斗史，从他们身上我们都可以找到红色基因，饮水思源，我们不能忘却他们曾经的贡献。首先，请学生代表为他们献花,以表示敬意。接下来,同学们分组跟老英模进行交谈、慰问,听一听老党员讲那革命年代的故事。

40分钟交谈后,组织学生进行《走近红色人物,致敬英模》慰问演出:

1. 演绎红色舞台剧《送你去延安》。
2. 红色诗朗诵《七月的天空》。
3. 红歌演唱《唱支山歌给党听》《在灿烂的阳光下》《映山红》。

演出结束,集体乘校车安全返回学校,结束一天的实践活动。

【活动总结】

追寻红色记忆,领悟红色精神,百载春秋,无数共产党人前仆后继,用鲜血和生命换来了民族独立和民族尊严。不忘初心,牢记使命,用好红色资源,传承红色基因。接过历史的接力棒,我们要为实现中华民族的伟大复兴砥砺奋进,自觉将"小我融入大我",担负起历史和时代赋予的重任。

【活动延伸】

1. "传承红色基因,致敬红色经典"征文比赛,字数600,文体不限。
2. 收集整理红色经典故事,开学召开"人人讲红色故事"主题班会。

(洛阳华洋国际学校　高家林)

【专家点评】

"致敬建党百年,传承红色基因"主题实践活动,让学生走近红色文化,深入了解学习党的历史和丰功伟绩,传承革命精神,激发学生的爱党、爱国热情,领悟和践行红色精神,切实增强学生的历史责任感和使命感,激励学生努力学习,砥砺奋进。习近平总书记多次提出的新时代教育三问:"培养什么人、怎样培养人、为谁培养人?"对此,我们每一个教育工作者都要自觉担当起立德树人,培根铸魂的重任,打牢青年一代爱党爱国的政治底色。

(河南省中小学班主任研究中心首批特聘核心专家　特级教师　裴素青)

活动二:"我的暑期阅读计划"主题实践活动

【活动背景】

七月,我们将迎来暑假。在调整与放松身体的同时,我们更需要涵养静气。用读书陶冶性情,提升素养,敏捷思维,丰富知识,通过读书观察世界。莎士比亚说:"生活里没有书籍,就好像没有光;智慧里没有书籍,就好像鸟儿没有翅膀。"从这个角度来说读书就像心灵的行走,在行走中我们放眼大千世界,欣赏不同的生命风,充实提升自我。因此,我们确定了以"心的远行"为主题的"暑期阅读规划"活动。

【活动目的】

1. 引导学生认识读书的好处,鼓励学生以书为友,养成读书的好习惯,使阅读真正成为学生的自觉行为和生活的需要。

2. 培养学生与人交流沟通、合作探究能力,关注和了解社会的责任感。

3. 制定暑期阅读计划,使每日读书落到实处。

【适用年级】

七、八、九年级。

【活动准备】

假前动员

1. 暑假前,学校就开展暑期阅读活动向学生做一次动员,引导学生认识书籍是作者用自己的人生经历和对社会的认识凝成的文字;读书就是为大家推开了放眼世界的视窗,可以使之在读书中认识自然、认识社会,欣赏不同的生命风景,享受心灵旅行。倡议开展一场以"心灵的远行"为主题的"暑期阅读规划"实践活动。

2. 利用家长会,获得他们的支持与参与。

3. 组织"暑期读书实践小组"并设计读书话题的调查问卷,印刷备用。(注:小组形成,以居住就近为原则,5~8人为宜;设组长并配指导教师)

【活动实施】

第一阶段:(假期第一周)认识自己的心灵"提灯人"

读名人故事,探读书意义,记认识感悟。

名人名家都有一个特点——喜爱读书。文学家鲁迅、冰心如此,数学家华罗庚也如此;毛泽东、彭德怀等老一辈革命家如此,当今央视主持人董卿、新东方创始人俞敏洪也如此。他们为什么那么爱读书?都读什么样的书?上网查找名人读书故事,在了解的过程中去发现、思考名人读书的目的以及读书对于

他们的影响。整理记录自己的思考,写一段感悟文字。(字数不限)

第二阶段:读书看世界,你打开了哪扇窗?

读书让我们足不出户,可目极千里;独居静室,能友伴身边。从读书看世界,你会打开哪扇窗?

1. 青少年读书现状问卷调查

实施过程:每人将准备好的问卷10份发放给居住社区的同龄人或曾经的同学,向受问者说明问卷目的 ,请求配合作答;待其完成答卷后,感谢其配合并收回答卷。

附:青少年读书情况的调查问卷

(1)你喜欢阅读吗?(喜欢□ 一般□ 不喜欢□)

(2)你是每天坚持课外阅读吗?(是□ 有时□ 否□)

(3)你每天阅读的时间大约多少分钟?(0分钟□ 15分钟□ 30分钟□)

(4)你常读哪一类书?(名著□ 校园文学□ 网络小说□ 自然科学□)

(5)你平时是主动阅读还是被动阅读?(主动□ 被要求□ 不读□)

(6)你和父母是否共同阅读,交流阅读体会?(有□ 有时□ 没有□)

(7)你和同学常常交换课外书、交流阅读体会吗?(是□ 有时□ 没□)

(8)你订阅过阅读的期刊、报纸吗?(有□ 没有□ 曾经有□)

(9)你经常会在哪里读书?(自购□ 书屋借阅□ 网上、电子阅读□)

(10)你的阅读感受是什么?(快乐有趣□ 能帮助写作□ 没意思□)

(11)你最想推荐给同学们看的一本书是什么?(   )

(12)你对于阅读有哪些体会想和大家分享?(   )

2. 小组合作进行问卷分析

实施过程:将收回的问卷整理好,小组成员周末按约定在社区活动室(或书屋)汇合,进行问卷分析。

第一步:整理答卷,统计调查数据。(如各类读物阅读人数:名著类、校园文学、网络小说、自然社会科学;读书兴趣;读书方式;书源渠道等)

第二步:小组成员根据统计数据进行分析、探究,总结当代青少年读书现状,从中发现问题,畅谈感想或建议,写成调查报告开学上交。

注意事项:青少年读书情况的调查问卷活动属社会调查,户外进行概率大,须在活动前做好安全教育,要求学生注意安全。此活动需与人交流,活动前老师要对学生进行培训。如:怎样提问,怎样请求配合,怎样表现当代中学生的精神风貌等。

第三阶段:选择书籍,开启读书模式(第二周)

实施过程:

第一步:可根据老师推荐,结合自己所需按泛读、精读的读书方式选定书籍6~8本。

第二步:计划每天读书时段和时长,制作"我的暑期读书记录单"(①打卡单主题:"我的暑期读书记录";②打卡日期、本次阅读用时;③选读书目、阅读方式(精读或浏览);④阅读章节,摘抄或批注的字数);开始阅读后坚持每日读书打卡,养成每天阅读的好习惯。尽量争取和父母一起打卡阅读,交流阅读感受。

第三步:在阅读中做好读书笔记(圈画、摘抄、写感悟等);阅读后,小组进行1~2次读书交流会,说说自己的读书收获及思考的问题,请辅导老师做指导。可邀请家长参与。(地点:社区活动室,时间:周末)

附教师推荐书目:《西游记》《红楼梦》《水浒传》《三国演义》《聊斋志异》《儒林外史》《红岩》《红星照耀中国》《骆驼祥子》《狼图腾》《追风筝的人》《千江有水千江月》《海底两万里》《昆虫记》《宋词三百首》《唐诗三百首》《名人传》《中国文化导读》《庄子》《苏东坡传》《文化苦旅》《我与地坛》《闲话中国人》《上下五千年》《林清玄散文集》《飞向太空港》《梦溪笔谈》《十万个为什么》《科学的历程》。

第四阶段:暑期读书实践活动总结(暑假最后一周)

时光飞逝,暑假即将结束,回顾这徜徉书海与书为伴的几十个日夜,你一定会看到暑期自己心灵远行的脚印。它记录着放眼世界的收获,养成自律、提升自我的喜悦,还有更多的对读书的热爱。请你写一篇不少于600字的"读书实践活动之我见",记下这一路走来的风景,记下自己的活动心得,待开学与老师同学分享。

【活动延伸】

1. 开学上交《我的暑期读书记录单》,老师指导汇总班级读书记录,制作暑期班级读书清单,展示大家的读书成果。

2. 评比实践活动优秀小组及读书小明星,进行一次"好书分享暨读书经验交流会",并制定新学期读书计划。

【活动总结】

先哲程颐说:"外物之味,久则可厌;读书之味,愈久愈深。"读书是诗意的生存、幸福的生活、温暖的生命体验。"暑期读书实践活动",使同学们通过了解名人读书故事,明白了冰心为什么说"读书好,多读书,读好书";通过调查青少年读书现状,懂得了去关注和分析社会;在快意阅读中开阔了视野、修养了身心;在亲子共读交流中体会和增进了亲情;在与同学研讨分享中,提升了交流沟通、合作探究的能力。"心灵的远行",培养了同学们读书的习惯,引领着他们用书香相伴人生。

(洛阳华洋国际学校　王欣)

【专家点评】

暑假是学生读书、涵养静气、陶冶性情的好时候。阅读可以提升学生的文学素养,丰富知识储备。以书为友,做一次心灵的远行,正如莎士比亚所说:"生活里没有书籍,就好像没有光;智慧里没有书籍,就好像鸟儿没有翅膀。"因此,利用暑假精心设计这篇"我的暑期阅读计划"主题实践活动,引导学生多读书,培养阅读兴趣,养成读书好习惯,意义重大。通过本节主题班会,让学生懂得,读书是学生的必修课,读书是一辈子的事,读书使人终身受益。

(河南省中小学班主任研究中心首批特聘核心专家　特级教师　裴素青)

八月　实践月

【品格花】

桂花

【花语】

朴实无华,香满天下,脚踏实地,行而致远。

【月主题活动】

围绕"暑假主题实践活动"设计月主题活动。

【周主题活动】

活动一:"青春在奉献中闪光"志愿者主题实践活动。

活动二:"我为小区植物做'名片'"主题实践活动。

活动三:"我的暑期'十个一'"主题实践活动。

第四周:"迷彩岁月,青春记忆"主题班会。

【自选主题活动】

开展丰富多彩的暑期社会实践活动,撰写暑期社会实践调查报告和小论文。

活动一:"青春在奉献中闪光"志愿者主题实践活动

【活动背景】

奉献是一种不求回报的给予,奉献既是一种情操,也是一种平凡的精神,既包含着崇高的境界,也蕴含着不同的层次。然而奉献并不是"镜中花、水中月",而是可以通过自己的实践活动来表达和践行的。青春因为奉献而精彩,利用暑期设计活动,让学生的暑期生活变得更有意义,从而培养学生们的奉献精神,让青春在奉献中闪光。

【活动目的】

1. 通过主题活动,培养学生的社会责任感和奉献意识。
2. 通过活动让学生充分学习"帮助他人,快乐自己"的雷锋精神。

【适用年级】

七、八、九年级。

【活动准备】

1. 暑假前围绕青春在奉献中闪光展开讨论,提出各自的想法,并针对此次实践活动可能出现的问题进行讨论,制定出一系列问题解决方案。
2. 以班级为单位分组准备绘画纸、手机、相机、录音笔等。
3. 领取社会实践记录表并确定敬老院、交通指挥点联系方式。

【活动过程】

第一阶段:报名分组,确定任务。

为了更好地提升每位同学的参与度,以及考虑安全性因素,本着就近原则,以地域划分小组,确定成员、组长及联络老师,每组最少五名同学。

第二阶段:确定活动时间、地点。

第三阶段:具体实施阶段,做到组织有序,有文字记载,有图片记录。

第四阶段:完成社会实践表,资料归类整理,撰写总结。

活动一:榜样引领,寻找最美奉献者

开展"追寻奉献印记,传承奉献基因"文化实践活动,着力聚焦、发现、传播奉献人物、奉献事迹,切实引导青年学生"知奉献""懂奉献""悟奉献",做社会主义核心价值观的坚定的信仰者、积极的传播者、模范的践行者。

1. 寻找身边最美的劳动者，体会无私奉献

马克思曾说任何一个民族如果停止了劳动，不用一年就是几个星期也要灭亡。毛泽东也曾说过一切坏事都是从不劳而获开始的。的确劳动是世界上一切欢乐和美好的事情的源泉，劳动是最可靠的财富。所以劳动人民正是我们学习奉献的最好素材。

同学们需要拿起手机，发现身边的劳动者，记录他们生活的点滴，如：清洁工的一天、售货员的一天、公交司机的一天，也可以跟随自己的父母去上班，观察记录父母一天的工作。把他们的美和你的感动一起传递出来，用一句真挚的话语，诉说劳动者的滴滴汗水，用一幅深情的画面倾诉劳动者的心灵旅程，并对你认为深受感动的劳动者进行采访，完成调查记录。

2. 寻找疫情中最美的"逆行者"，感悟大爱无言

苏霍姆林斯基曾说："对人来说，最大的幸福是把自己的精神力量奉献给他人。"2020年的新冠疫情，涌现出了太多的责任与奉献的故事。在疫情面前有无数为爱逆行的人，他们是奉献的主角，是我们学习的榜样。今天就让我们去寻找疫情中最美的逆行者。

同学们需要通过新闻报道收集最美逆行者奉献的故事。他们可以是为了更好地实施救援、剪掉长发不辱使命和责任的白衣天使；他们可以是守住关口不计报酬敢于当先的基层工作者；他们可以是义无反顾冲锋在抗击疫情最前线的中国军人；他们也可以是快递小哥、公交司机、科研工作者、超市售货员。请同学们用手中的笔或者相机记录他们最美的一面。

每位同学收集一位逆行者为爱奉献的故事，返校时同学之间相互分享。

活动二：时代担当，践行"奉献"精神

雷锋精神是我们宝贵的精神财富，不会因时代变化而褪色，它代表了中华民族的优秀品质和传统，也是社会主义核心价值观的生动体现。其实质和核心是全心全意为人民服务、为了人民的事业无私奉献。它已经成为我们这个时代精神文明的同义语，成为先进文化的象征。向雷锋同志学习，从我做起，践行"奉献"精神。

1. 关爱他人——走进敬老院

活动主题：敬老爱老、服务他人。

活动要求：四心、四不怕（热心、爱心、耐心、细心；不怕苦、不怕累、不怕难、不怕丢面子）。

活动流程：（1）在老师和家长的指导帮助下，与敬老院取得联系，了解具体情况。（2）慰问老人，赠送自己制作的爱心小礼物。（3）帮助老人打扫卫生，让老人感受到人间温暖。（4）文艺表演，给老人唱他们熟悉的老歌。（5）根据他们不同的爱好和他们一起下棋打牌，或者教他们手机上网。（6）成果展示，呼吁社会，收集整理活动资料，并以实践报告的方式进行展示，呼吁更多的人去关爱老人。

活动小结：通过走进敬老院的活动，同学们不仅给老人们送去了欢乐，提高了他们的生活质量，丰富了他们的精神生活，也切实践行了"奉献"精神，同时也可以带动更多的人为关爱老人奉献自己的力量。

2. 文明执勤——我是交通协管员

活动主题：和谐与奉献同行，生命与文明共存。

活动要求：安全、负责、文明、礼貌。

活动流程：

（1）到达预定地点，分工发放工具，有序开展志愿工作。

（2）生一进行交通安全宣传单发放工作，提高市民的交通安全意识。

（3）生二进行交通协管指挥工作，及时劝导有交通违法行为的市民。例如：不遵守交通信号灯、随意翻越栅栏、违章带人、乱丢垃圾等。

（4）生三统计，将违法行为按照机动车、非机动车、行人分类统计。

（5）生四进行拍照记录。其余学生机动安排。

（6）活动结束后，收齐协管工具，做好交接工作，并总结此次活动。

活动小结：学生参与文明执勤的活动，既体会到了奉献精神，也认真思考生命安全问题，谨记生命安全第一，交通法则不可违。同时也体验了交通部门工作者的艰辛，在未来的人生道路上能更好地践行奉献精神。

【活动总结】

通过此次主题活动，我们进一步了解到奉献是一种责任、一种优秀品质。从古代文人的"天下兴亡，匹夫有责"到为人民呕心沥血的周总理，还有全心全意为人民服务的雷锋叔叔,无一不是我们学习的榜样。他们将爱心的接力棒一代代地传下来,在奉献精神中激发奉献的行为,把为国奉献为民请命的热情融入每一滴奋斗的汗水、每一步前进的足迹当中。作为一名青年学生,我们要时刻铭记自己的责任,把践行奉献精神作为自己人生的使命。

【活动延伸】

根据要求完成社会实践表格填写。选择一个最美奉献者的故事,讲给同学们听。

(洛阳华洋国际学校 张怡)

【专家点评】

利用暑期组织学生开展志愿者活动,培养学生"帮助他人,快乐自己"的奉献精神和社会责任感,是一项十分有意义的活动。志愿者精神提倡"互相帮助、助人自助、无私奉献、不求回报"。开展志愿者活动,是弘扬社会主义价值观、传播社会正能量的最好体现。广大青年已经成为当代志愿者的中坚力量,教育其发扬志愿者精神,传承中华民族美德,让青春在奉献中闪光,是一项十分有意义的工作。

(河南省中小学班主任研究中心首批特聘核心专家 特级教师 裴素青)

活动二:"我为小区植物做'名片'"主题实践活动

【活动背景】

中国学生发展核心素养关于"责任担当"中提到:"学生要热爱并尊重自然,与自然和谐相处。"在我们生活的小区里,随处可见各种植物,不同的植物有着不同的生物学分类和生活习性。而学生在校期间通过生物学课程的学习,对这些知识已经有了比较系统的认识和了解。利用暑假,通过实践活动,尝试对一个区域环境中的植物进行识别、分类,为小区植物做"名片",理论联系实际、学以致用的同时,培养了学生热爱科学的品质。

【活动目的】

1. 让学生亲近自然,激发学生的学习兴趣,培养热爱科学的品质。

2. 培养学生学会初步的科学探究方法,如查阅资料、分类汇总等。

3. 通过社会实践活动,培养学生环保意识,提升学生社会责任感。

【适用年级】

七、八、九年级。

【活动准备】

1. 组建兴趣小组,确定辅导教师和组长。

2. 准备实践活动用具:(1)准备制作和悬挂植物"名片"的工具——彩色卡纸、马克笔、便利贴、剪刀、胶水、彩色细钢丝绳、A4过塑膜等。(2)查询工具准备:手机微信关注小程序"传图识花草"或"拍照知花草",用于植物品种的初步识别。(3)电脑浏览器收藏"百度百科"用于查阅详细资料。

【活动要求】

1. 活动内容:通过实地调查、收集植物照片、网上查阅相关植物分类信息进行分类整理,然后制作植物"名片",最后为小区内每一种植物进行挂牌。

2. 活动注意事项

(1) 就近原则:活动地点要立足于学生所在小区,便于学生广泛参与。

(2) 合作原则:学生要小组合作,集思广益。

(3) 安全原则:增强安全意识,并安排老师落实安全保障。

【活动过程】

第一阶段:制定活动方案(7月1日~7月5日)

在学期末,同学们根据家庭居住地的就近原则,自愿组成兴趣小组(6~8人为宜),确定组长、活动小区、活动时间等,完成记录表格相关内容(见附表1)。每组还需确定一名辅导教师,每组还可以招募一名家长志愿者参与,负责带领组长提前完成与小区物业的沟通,说明来意,争取小区物业的支持和帮助,带领小组成员完成小区植物调查活动并保障活动期间的安全。

第二阶段:活动实施(7月6日~7月末)

1. 小区植物调查

(1) 现场植物调查

在辅导教师和组长的带领下,全组成员带齐所需用具到既定小区开展现场植物调查工作。进入小区后,两人一组,一人手持手机负责收集拍照,一人手持硬板夹夹好的植物调查记录表进行详细登记。

第一步:拍照记录

将观察到的植物拍照存档,所拍照片要求能体现出该植物的全貌特征。

第二步:植物编号

在植物醒目位置粘贴上数字编号,编号要与记录表上编号相对应。

第三步:确认植物名称

确认植物名称可分以下三种情况:①对已经能识别的植物,可直接填写在记录表的表格内;②现场无法确认的植物,利用手机微信小程序"传图识花草"进行鉴别,然后再记录;③如果用小程序查询后,因相似种类较多仍不能确认的,则在记录表上做好标记,随后通过请教老师或专家、查阅专业资料等方式进行确认、记录。

温馨提示:① 如果小区面积较大,可分几天,并采用抽样调查的方法进行调查。每次调查结束后,小组要对当天记录结果进行汇总整理。② 调查时间最好确定在周六和周日,方便邀请家长参加。

(2) 资料整理汇总

完成现场植物调查后,全体组员要集中起来,在辅导教师的指导下,对资料进行整理汇总,确定收集到的植物种类、名称,然后分工合作,通过利用"百度百科"对每种植物的别称、英文名、科属、基本特征等内容进行查询和记录,完善记录表上的全部内容。

2. 制作小区植物"名片"

完成小区植物现场调查后,依据整理完成的植物分类记录表,小组成员集中在一起,分工合作,进行植物"名片"的制作。

具体制作方法:

第一步:制作植物"名片"

将事先准备好的卡纸剪成约 10cm×15cm 大小的纸片,可以是长方形、椭圆形、蝴蝶形、树叶形等丰富多样的形状。

第二步:填写植物"名片"

将植物的基本信息,如名称、别称、英文名、科属、基本特征等书写在剪裁好的卡纸上,要求内容准确、字体工整。在适当的位置,粘贴相应植物的照片。

第三步：植物"名片"过塑

"名片"内容全部完成后，装入过塑膜，统一拿到文印店进行过塑。

第四步：植物"名片"打孔、编号

在"名片"上适当的位置打孔，穿上细钢丝绳或尼龙绳。在便利贴上书写编号，对应粘贴在制作好的"名片"上。示例如下：

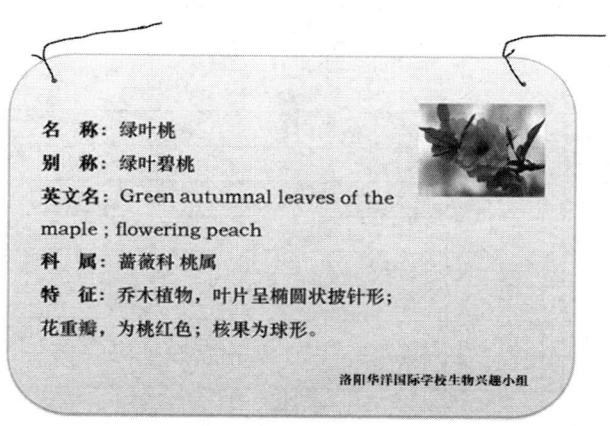

3. 为小区植物挂"名片"

完成植物"名片"制作后，辅导教师和组长先与小区物业联系，邀请他们一起参加，确定挂牌时间、指导挂牌具体位置，借用梯子、凳子等工具。在老师和工作人员的帮助下，同学们亲手将制作好的植物"名片"按对应编号挂在植物合适的位置上（避免张冠李戴）。

温馨提示：辅导教师要在实践全过程中保证小组成员的安全，每个环节注意采集现场活动照片、视频，活动结束后整理并上交学校留存。

【活动总结】

通过本次为小区植物做"名片"的实践活动，同学们体会了生命之美、自然之美、和谐之美；增长了植物学的相关知识，锻炼了信息收集、整理能力和动手操作能力；培养了小组团结合作、实事求是、一丝不苟的科学态度。同时，我们制作的精美"名片"扮靓了小区，不仅成为一道靓丽的风景线，而且赢得了小区物业工作人员的一致好评和居民们的广泛赞誉。在今后的学习生活中，我们要多开展类似有意义的实践活动，更希望大家将来能够成为一名生物学家，为我国的科学事业做出更大的贡献。

【活动延伸】

根据小组调查结果,汇总形成该小区的植物名录(见附表2)。一式两份,一份赠予该小区物业留存,另一份作为本次暑期实践活动的成果展示。

附表1

"我为小区植物做'名片'"暑期实践活动调查记录表

组名			记录人		
辅导老师			组长		
组员					
小区名称			活动时间		
具体责任分工					
编号	植物名	别称	英文名	科属	特征
1					
2					
3					
4					
5					
6					
7					
8					
9					
10					
备注					

附表2

_____小区植物名录

编号	植物名称	图片	别称	英文名	科属	基本特征
1						
2						
3						
4						
5						

(洛阳华洋国际学校 黄博)

【专家点评】

利用暑假实践活动,尝试对一个区域环境中的植物进行识别、分类,为小区植物做"名片",这是一个非常有意义的实践活动。这项活动,不仅让同学们学会理论联系实际、学以致用,同时培养了同学们小组合作、科学分类、查阅资料等初步的科学探究方法,激发了同学们学习生物学的兴趣,从小培养学生热爱科学的品质,在学生心中播下热爱科学的种子和梦想,真是一个值得推广和借鉴的暑期实践活动。

(河南省中小学班主任研究中心首批特聘核心专家　特级教师　裴素青)

活动三:"我的暑期'十个一'"主题实践活动

【活动背景】

积累生命的体验,拓展生命的宽度,增添生命的色彩。《基础课程改革纲要》要求各级学校超越教材、课堂和学校的局限开展形式多样的综合实践活动。暑假将至,洛阳华洋国际学校坚持利用假期开展"十个一"实践活动,帮助学生拓宽视野、增长知识、体味亲情、认识社会、培养良好习惯,引导学生在实践中品味世间百态,在实践中提升综合素养。

【活动目的】

1. 用阅读、锻炼身体、学做菜肴、职业体验等活动丰富学生的假期生活,科学规划假期,增长学生的生活技能。

2. 以给父母写信、学做家务、亲子共读、共赏影视节目的形式,增进两代人的交流,密切亲子关系,体会浓浓亲情。

3. 参与公益活动、介绍家乡,让学生拓展成长空间、丰富阅历,初步形成对社会的责任意识,培养学生爱家乡、爱祖国的积极情感。

【适用年级】

七、八、九年级。

【活动准备】

1. 学校根据学生的身心发展特点,确立十项实践活动贯穿整个暑假。

2. 洛阳华洋国际学校编制《暑期"十个一"实践活动手册》。明确每项活动的目的和要求,将活动手册下发学生。学生据实填写,开学后上交。

3. 组建实践活动小组。根据居住就近原则,5~8人为一组(可根据具体情况设定小组人数)。班主任和班级任课教师担任暑期"十个一"实践活动辅导老师,还可招募家长志愿者参与筹备"暑期特色活动"动员暨启动会。

4. 每项活动都要强调安全注意事项。

【活动过程】

第一阶段:活动启动

学期期末考试后,组织召开"暑期'十个一'实践活动"动员暨启动会。班主任进行班级动员,引导学生利用假期参与形式多样的实践活动。走进社会,体验生活,学习生活技能,培养积极向上的品格;根据班级学生实际情况编排小组,明确负责人和辅导老师。每个小组需有老师和家长代表参与其中,负责协助同学共同完成暑期"十个一"实践活动。

提出活动要求:每周向辅导老师反馈活动进度,返校前完成所有十项活动。提示强调活动过程中的安全问题。明确返校后需提交《暑期"十个一"实践活动手册》,进行总结表彰。

家长代表发言表明支持态度;学生代表发言保证积极参加活动,收获生命的体验;班主任预祝本次活动圆满结束,同学们度过一个平安、愉快、收获满满的假期。

第二阶段:活动实施

依据《暑期"十个一"实践活动手册》,全体学生在老师和家长的监督帮助下认真完成各项活动,活动小组每周五通过班级群和老师保持联系。

1. 读一本好书

目标:从指定的《西游记》《艾青文集》《红星照耀中国》《海底两万里》《朝花夕拾》中任选一本精读;或从《红岩》《钢铁是怎样炼成的》《平凡的世界》《苏东坡传》《三体》等书籍中任选两本,泛读。通过读书,开阔视野,培养良好的阅读习惯,增强阅读和写作能力。

要求:读两至三本书,(其中要有一本和父母共读)并独立完成两张读书卡片的制作。卡片要有书名记录、作者简介,摘抄佳句不少于10条。另写出不少于600字的读后感一篇。

2. 学做一道菜肴

目的:"一粥一饭当思来之不易。"让学生在家长的指导下,通过学做一道菜,学习生活技能,增进亲子关系,体会劳动带来的快乐,懂得幸福的生活源于劳动,形成热爱劳动的意识。

要求:记录并简要说明这道菜的制作流程,提供菜肴成品图片,开学后分享;活动过程中注意安全,要在家长的指导下使用刀具、炉火等。

3. 每天做一次家务劳动

目的:让学生体会父母的辛苦,分担力所能及的家务劳动,如:洗碗、洗衣、打扫卫生、整理个人房间、整理衣柜书柜、为家人准备简单早饭等,增强生活自理能力,培养对家庭的责任感。

要求:在家长帮助下,提交做家务照片,简单记录每日劳动内容、劳动时间、劳动感受等。

4. 看一部有意义的电视节目

目的:推荐学生假期选看《为了和平》《跨过鸭绿江》《辉煌中国》《大国崛起》《厉害了,我的国》《大国外交》等经典纪录片一部,了解新中国发展历程,进一步增强道路自信、文化自信,对学生进行革命理想信念教育,厚植爱国主义情怀,传承优良红色基因。

要求:请家长配合提前准备视频材料,与学生共同观看,适时讲解、交流感受;学生需完成不少于500字的观后感。

5. 办一期防溺水安全题材的手抄报

目的:暑假是溺水事故的多发期,为进一步提高学生安全防范意识,了解防溺水知识、学习基本自救自护方法,设立本活动。

要求:学生查找资料,了解防溺水"六要""六不要"相关知识;家长协助学生学习、掌握防溺水的自救互救方法;最后,办一张防溺水的手抄报,A3纸大小,图文并茂,文字书写规范,开学后对优秀作品进行表彰,在班级文化栏展示。

6. 进行一次职业体验

目的:让学生在体验父母的职业活动中,初步了解职业分类,形成职业认知;适当渗透职业生涯规划,为树立职业理想奠定基础。同时体验父母长辈工作的辛苦,能理解、尊重、感恩父母。

要求:在父母所在职业岗位开展1~2天以内的职业体验活动。观察父母工作内容,记录职业要求及活动感受。父母要对学生的表现给予评语。

7. 给父母写一封家书

目的：初中阶段，孩子和父母之间的冲突难以避免。书信可以帮助亲子之间架起沟通的桥梁。利用书信跟父母说说心里话，有助于加强双方的沟通理解，营造和谐家庭氛围。

要求：严格按照书信格式完成，不少于 300 字。

8. 写一篇介绍家乡的解说词

目的：家乡，记载成长的轨迹，寄托我们的情感，抚慰我们的心灵。通过学生了解、介绍家乡的名人故事、名胜古迹以及家乡的变化，激起我们对家乡、对祖国的自豪感，培养学生的家国情怀。

要求：学生需查阅文献资料，走访当地名胜古迹，了解家乡历史，感受家乡变化。完成不少于 300 字的介绍家乡解说词。注意拍摄照片，文献整理。

9. 做一次义务劳动

目的：引导学生积极参与社会公益劳动。在公园进行义务劳动——打扫卫生、捡拾垃圾（可选在广场、社区、敬老院等地）。在劳动奉献中体会助人的快乐，锻炼人际交往能力，增强社会责任感。

要求：辅导老师提前约定好时间及集合地点，学生准备好卫生工具、统一着装，邀请志愿者家长随行拍照，学生事后填写社会实践活动表。此活动大多在户外进行，需注意活动安全，时间宜选在周末，避免单独活动。

10. 坚持每天锻炼一次

目的："生命在于运动"，通过每天半小时阳光体育运动锻炼身体，强健体魄，增强身体素质，彰显青春活力。

要求：设立每日锻炼清单，从跳绳 100 个、立定跳远 20 次、50 米往返跑 4 次、平板支撑 1 分钟等任选 2 项，坚持每天锻炼，完成后打卡。

【活动总结】

开学后，各班按要求收交暑期"十个一"实践活动成果记录，如：《防溺水手抄报》《给家长的一封信》《观后感》《读后感》《家乡解说词》等。将优秀作品制作"多彩假期"成果展板，对在实践活动中表现特别突出的班级、学生和家长颁发荣誉证书。

【活动延伸】

1. 将《社会实践调查表》放入学生个人成长档案,计入学分。

2. 开展《给父母的一封信》优秀征文比赛。办《防溺水手抄报》在班级文化栏展出。

(洛阳华洋国际学校　段鸿鹏　张蓓蓓)

【专家点评】

洛阳华洋国际学校利用假期,为学生组织编写了"十个一"暑期主题实践活动手册。通过暑期阅读、学做家务、职业体验、影视观赏、公益活动等丰富多彩的主题实践活动,帮助学生拓宽视野、增长知识、体味亲情、认识社会、培养良好习惯,引导学生在实践中品味世间百态,在实践中提升综合素养,培养学生的社会责任感,为学生在课内与课外、生活与实践之间架起了一座桥梁。活动开展几年来,收到了很好的育人效果,值得借鉴。

(河南省中小学班主任研究中心首批特聘核心专家　特级教师　裴素青)

第四周:"迷彩岁月,青春记忆"主题班会

【班会背景】

对初一学生来说,入学报到就意味着一个全新的开始,从此刻起,他们要适应陌生的环境,承受紧张的学习压力,应对成长中的挫折,处理复杂的人际关系。如果他们能走过这个"坎",就会成为一个阳光自信、积极进取、严格自律、意志坚强的中学生。因此,在初中学段正式开始前,组织新生开展军训十分必要。军训可以对学生塑型、凝神、聚气,培养良好的生活习惯和吃苦耐劳的意志品质,为初中三年的学习生活打好基础。

【班会目的】

1. 通过观看阅兵视频,感受威武雄壮的方队气势,激发民族自豪感。

2. 学习解放军热爱祖国、不怕苦、不怕死、迎难而上的精神品质。

3. 通过讨论,让学生认识到军训的重要意义,以饱满的热情投入到军训中,并把这种精神状态延续到初中三年的学习生活中。

【适用年级】

七年级。

【班会准备】

1. 国庆阅兵视频资料;制作前期学生军训成果视频短片。

2. 歌曲《当那一天来临》《强军战歌》。

【班会过程】

第一步:情境创设

1. 暖场音乐《当那一天来临》(词:王晓岭 曲:王路明 演唱:彭丽媛)

2. 导入

班主任:同学们,从小学跨入初中,我们的人生从此便步入了一个新的阶段,对我们来说是既充满期待又带些许害怕,既有喜悦更有挑战。如何在短时间内使自己快速成长起来,成为一个信念坚定、纪律严明、吃苦耐劳、意志坚强的中学生,让我们共同走进军训,去迎接血与火的洗礼。

第二步:主题实施过程

主持人甲:流火的八月,我们迎来了人生中崭新的生活。

主持人乙:迎着朝阳,踏着晨露,我们迈着铿锵有力的步伐。

主持人甲:整齐的宿舍、绿色的军营、嘹亮的歌声,这就是我们的军训。

主持人乙:军训——拉开了我们人生一道亮丽的风景线。

合:××班"军训第一课"主题班会现在开始。

主持人甲:首先让我们观看解放军国庆阅兵方队的飒爽英姿吧!

环节一:感受国威、军魂——学习解放军

1. 观看国庆阅兵方队的精彩视频

主持人甲:中国人民解放军国庆阅兵方队,向全世界展示了我们的国威军威,看了阅兵视频后,我们不禁热血沸腾,激情满怀,豪情万丈。在他们身上,我们看到了当代中国军人的青春自信,他们是强大中国最闪亮的名片。那么,解放军为什么能走出这样整齐划一、气势恢弘、铿锵有力、让人叹为观止的队列来?我们又应该学习解放军什么精神呢?

2. 学习解放军严明的纪律、不怕苦不怕牺牲的精神

主持人乙:军营是一所大学校、一座大熔炉,它能锻造出不怕苦、不怕死、

严守纪律、勇往直前、敢于挑战一切艰难险阻的优秀品质。下面,我们一起观看视频,致敬英雄。

（1）观看视频短片《在烈火中永生》（一分钟了解邱少云的英勇事迹）

主持人甲：同学们，烈火焚身，乱喊乱叫，随地打滚是本能，而邱少云却做到了纹丝不动，直至壮烈牺牲。在他身上充分体现了纪律高于生命，国家利益高于一切的价值追求，他是用"特殊材料"做成的，他是我们民族的骄傲。下面，我们再看一则令我们肃然起敬的爱国故事。

（2）观看卫国戍边英雄团的英雄事迹短片（三分钟短视频）

主持人甲：五位卫国戍边英雄在印军力量数十倍于己的险恶环境下，大义凛然，以血肉之躯阻挡了敌人的挑衅行为，保卫国土，寸土不让，即使牺牲个人也要坚决维护国家和民族的尊严。他们是中国的军魂，是和平年代"最可爱的人"，是最耀眼的"红星"，也是我们应该崇尚和学习的榜样。

主持人乙：同学们，解放军为了守护我们的岁月静好，不怕流血，不怕牺牲，而我们在军训中吃些苦、流点汗、磨破点皮又算得了什么呢！看了这个视频，我想同学们一定感触很深，下面请大家结合几日来的军训，谈一谈自己的认识和感悟，我们应该以什么样的心态对待军训？

环节二：如何对待军训——感悟大家谈

生1：军训确实很苦很累，但刚才看了视频，我觉得与军人相比，我们这点苦和累算不了什么，今后的军训我会加倍努力。

生2：军训培养了我的独立、吃苦和拼搏精神，让我学会了坚强，今后不会再对生活有那么多抱怨。

生3：后面几天的军训，我一定要向解放军学习，不怕吃苦，顽强拼搏，为个人争光，为班级争光。

环节三：为自己的成长喝彩——观看前期军训成果视频掠影

主持人甲：同学们，从我们入学报到、第一天军训起，老师就一直陪伴在我们身边，用镜头全程记录了我们军训生活的点点滴滴，并特意制作了视频短片。军训以来，我们一起站军姿、喊口号、踢正步、整内务，大家的声音沙哑了、脸庞晒黑了。下面让我们一起观看军训成果短片，感受我们的蜕变成长。（播放本班学生军训成果，老师提前制作好视频）

环节四：结尾——集体宣誓

主持人乙：同学们，看了视频，我们为自己的进步高兴，也为自己的成长喝彩，让我们带着必胜的信念，克服一切困难，全身心投入到后面的军训中去。下面，请同学们举起右手跟我一起宣誓（幻灯片显示誓词内容）。

我宣誓：我们是满怀理想的华洋学子，我们是充满朝气的风华少年，带着父母的期盼，怀着坚定的信念，我们将用心投入训练，努力做到：尊敬老师，尊重教官；刻苦训练，严守纪律；服从命令，听从指挥；磨炼意志，不怕困难；争做军训标兵，为班级增光，为学校添彩！

【班会总结】

同学们：宝剑锋从磨砺出，梅花香自苦寒来！几天来你们的精彩表现，让我对你们充满期待，相信通过军训，你们吃苦意识、纪律意识、团结意识和精神面貌都会发生很大的改变。希望同学们将军训中培养的过硬作风延续到初中三年的学习生活之中，再创新辉煌。

班会结束：全班合唱《强军战歌》（播放背景音乐）。

【班会延伸】

军训结束后，每人写1篇600字左右的军训心得体会，进行班级展示。

（洛阳华洋国际学校　李锋）

【专家点评】

一提到军训，有些同学会感到恐惧和害怕，请假、装病。如何应对这个问题，本节主题班会给出了答案，它用国庆阅兵方队的铿锵步伐告诉学生，军训里的苦不是苦，军训里不仅有汗水和泪水，更有刚强和坚韧；它用卫国成边英雄的壮举告诉我们，军训里不仅有纪律和严苛，更有成长和荣耀。军训里有青春的底色，有人生最美好的记忆。军训，值得每一名中学生珍惜。这是一个有情感温度的班会，它给学生以信心、鼓舞和前行的力量。

（河南省中小学班主任研究中心首批特聘核心专家　特级教师　裴素青）

九月　目标月

【品格花】

美人蕉

【花语】

目标明确,意志坚强,志存高远,脚踏实地。

【月主题活动】

围绕"新学年、新目标"设计月主题活动。

【周主题班会】

第一周:"新学期从树目标立规矩开始"主题班会。

第二周:"成长路上,感恩有您"主题班会。

第三周:"铭记历史,勿忘国耻"主题班会。

第四周:"学会学习"主题班会。

【自选主题班会】

还可以围绕新学期新目标、《开学第一课》设计主题班会。起始年级可围绕如何建立新班级、如何制定班级公约等开展主题班会。

第一周:"新学期从树目标立规矩开始"主题班会

【班会背景】

新学期,是学生们树立新目标、培养良好习惯的关键时期。俗话说:"抓住头不发愁。"新学期帮助学生树立奋斗目标、懂规矩很重要,对起始年级学生来说,树目标立规矩尤为重要。学生们刚刚进入一个新环境新集体,往往会表现出无所适从、没有目标、纪律涣散、违纪现象层出不穷等现象。因此,开学伊始召开"新学期从树目标立规矩开始"的主题班会,让学生树立奋斗目标,养成遵守校纪班规的良好习惯意义重大。

【班会目的】

1. 让学生了解明白目标、规矩对个人成长和社会发展的重要意义。

2. 教育学生增强纪律意识,自觉遵守校纪班规,养成良好行为习惯。

【适用年级】

七、八、九年级。

【班会准备】

1. 背景音乐《严守纪律歌》;拟制班级誓词。

2. 课前发放《新学期个人目标卡》,让学生填写好。

【班会过程】

第一步:情境导入

暖场音乐《严守纪律歌》(词:石祥等 曲:张千一 演唱:戴玉强)。

第二步:主题实施过程

环节一:制定"新学期目标卡"

师:同学们,带着对未来的美好期许,我们一起走进新学期。人们常说新学期、新目标、新气象,有了新目标,人生才有方向,学习生活才会有动力。那么新学期你的目标是什么呢?班会前,老师发放了新学期个人目标卡,涵盖了学习、纪律、劳动卫生、人际交往等方面,同学们已经填写了表格。下面,请大家小组内交流一下,相互学习,相互借鉴。(时间3分钟)

<table>
<tr><td colspan="11" align="center">_____同学新学期目标卡</td></tr>
<tr><td colspan="11" align="center">（有目标就有方向,有方向就有动力）</td></tr>
<tr><td rowspan="6">学习</td><td rowspan="3">期中</td><td>语文：</td><td>数学：</td><td>英语：</td><td>物理：</td><td>化学：</td><td>生物：</td><td>总分：</td></tr>
<tr><td>思品：</td><td>历史：</td><td>地理：</td><td>体育：</td><td>音乐：</td><td>美术：</td><td>名次：</td></tr>
<tr><td colspan="7">我的学习榜样：</td></tr>
<tr><td rowspan="3">期末</td><td>语文：</td><td>数学：</td><td>英语：</td><td>物理：</td><td>化学：</td><td>生物：</td><td>总分：</td></tr>
<tr><td>思品：</td><td>历史：</td><td>地理：</td><td>体育：</td><td>音乐：</td><td>美术：</td><td>名次：</td></tr>
<tr><td colspan="7">我的学习榜样：</td></tr>
<tr><td colspan="2">纪律</td><td colspan="9"></td></tr>
<tr><td colspan="2">卫生</td><td colspan="9"></td></tr>
<tr><td colspan="2">交往</td><td colspan="9"></td></tr>
<tr><td colspan="2">格言</td><td colspan="9"></td></tr>
</table>

（小组内讨论交流,班会后新学期个人目标卡统一上交,张贴在班级文化墙上）

师：同学们,刚才我们小组内交流了新学期个人目标,通过讨论交流,新学期大家制定的目标更加科学,更加符合实际。希望同学们相互学习,相互鼓励,加倍努力,如期实现个人目标。实现目标,自己的努力是关键,班级大环境也很重要。同学们期望我们的班级是什么样子？（学生回答：班风好、学风浓）那么如何保证有一个好的班风,纪律规矩是保证。下面,让我们一起来制定我们的班级公约。

环节二：讨论制定《班级公约》

第一步,分小组讨论,制定《班级公约草案》。

师：班级公约包括学习、纪律、劳动卫生和文明公约等部分,现在我们分组进行讨论,时间5分钟,任务分工如下：

第一小组：讨论制定《班级学习公约》草案。

第二小组：讨论制定《班级纪律公约》草案。

第三小组：讨论制定《班级劳动卫生公约》草案。

第四小组：讨论制定《班级文明公约》草案。

（各小组按照分工,讨论后制定出草案）

师：好,时间到。下面,我们按照第一至第四小组的顺序,依次请各小组代表上台分享本组讨论结果,其他小组补充。

第二步,小组交流展示,其他同学补充完善。

第一小组上台展示《班级学习公约》草案。

(1) 目标明确,态度端正,学习勤奋,刻苦努力。

(2) 按时上下课,不迟到,不早退,遵守课堂纪律。

(3) 课前预习,上课专心听讲,积极思考,主动回答问题。

(4) 自习课认真做作业,保持安静,营造良好学习氛围。

(5) 认真完成作业,独立完成作业,按时交作业。

其他小组补充:诚信考试,不作弊;作业书写工整,错题及时订正。

第二小组上台展示《班级纪律公约》草案。

(1) 仪容仪表符合学校要求,着装美观大方,不着奇装异服。

(2) 不带手机进校园,特殊情况需提前向班主任汇报。

(3) 集体活动集合迅速,活动期间遵守纪律,保持良好秩序。

(4) 在餐厅规定区域就餐,不将食品带到教学区食用。

(5) 不在学校收寄快递。尊重老师,服从管理。

其他小组补充:不带易燃易爆物品、管制刀具等违禁物品入校;不在宿舍过生日;按时归寝,按时熄灯。

第三小组上台展示《班级劳动卫生公约》草案。

(1) 热爱班集体,积极参加班级劳动,不偷懒,不装病。

(2) 轮流值日,教室地面、黑板、柜子、门窗及电器,卫生打扫干净,及时倒垃圾,物品和桌椅摆放整齐。

(3) 爱护公共环境,校园内不随地吐痰,不乱扔纸屑和垃圾。

(4) 爱护劳动工具,发现问题及时维修或上报老师。

其他小组补充:积极参加社会实践和公益活动,积极参加校园志愿者活动,在家里主动帮父母干活,承担义务。

第四小组上台展示《班级文明公约》草案。

(1) 校园内外不抽烟、不喝酒。

(2) 团结同学,互帮互助,不说脏话,不骂人,不打架。

(3) 与同学和睦相处,友好交往。尊敬老师和长辈,见面主动问好。

（4）勤俭节约，节水节电，爱惜粮食，倡导光盘行动。

其他小组补充：爱护花草树木，不随意攀折；爱惜公物，不随意横穿操场，踩踏草坪；教学楼和宿舍等公共场合，保持安静，不大声喧哗。

第三步，最后形成《班级公约》。

（班会后，班委和小组长召开专题会议，结合同学们的意见建议，汇总形成《班级公约》，打印出来张贴在班级公告栏上，提醒大家遵照执行）

师：刚才，我们按照分小组讨论——上台展示——补充完善的流程对《班级公约》草案进行了讨论，综合大家的意见，汇总形成了我们班的《班级公约》。

环节三：遵守班规班纪，我宣誓我行动

师：同学们，班级公约对大家是一种约束，但更是一种爱护，它让我们在约束中养成好习惯，形成好班风。《班级公约》重在落实，也难在落实。遵守班规，让我们从小事做起，从自我做起。下面，让我们郑重宣誓。（PPT课件显示誓词内容）

誓　词

请大家举起右拳，跟我宣誓：

我是××班的一员，新学期，新目标，新要求，我要志存高远，奋发图强；严守校纪，遵守班规；热爱劳动，保护环境；崇尚礼仪，文明生活。勿以善小而不为，勿以恶小而为之，做一个勤奋上进、文明守纪、全面发展的中学生。

【班会总结】

同学们：新学期从树目标、立规矩开始。没有目标，生活就失去了方向。没有规矩，目标也只能是空中楼阁。今天的主题班会，我们一起制定了新学期个人目标和《班级公约》，进行了集体宣誓，这是一次神圣的仪式，更是一份郑重的承诺。遵守班规我先行，遵规守纪见行动。希望同学们在生活中相互提醒，相互监督，在校做一个好学生，在家里做一个好孩子，在社会上做一个好公民。让优秀成为一种习惯，好习惯让我们受益一生。

【班会延伸】

1．将《新学期个人目标卡》张贴在班级文化墙上，相互学习。

2．将讨论形成的《班级公约》张贴在班级公告栏上，大家遵照执行。

（洛阳华洋国际学校　李锋）

【专家点评】

新学期如何让学生尽快适应新环境,养成良好习惯,树目标立规矩无疑是头等任务。如何让学生发自内心地接受和执行是一个难题。这节班会课给出了回答,发挥学生的主体性和聪明才智,在实践中育人,在活动中育人。此次班会既是一次明目标、立规矩的过程,也是一次学生自我教育的过程。班会最后的宣誓环节,有效调动了学生情绪,营造了氛围,起到了春风化雨、润物无声的教育效果。学生永远是班级文化建设、班规班约建设的主体,只有让学生参与其中,班级文化和班级制度才能焕发出生命活力。

(河南省中小学班主任研究中心首批特聘核心专家　特级教师　裴素青)

第二周:"成长路上,感恩有您"主题班会

【班会背景】

尊师重教是中华民族的传统美德。国家为了弘扬"尊师重教"的传统,将每年的9月10日定为教师节。教师节到来之际,是对学生进行感恩教育的良好时机,教育学生要孝亲敬长、有感恩之心。本次班会以丰富的活动为载体,引导学生自觉地把尊敬老师、感恩老师落实到行动上。

【班会目的】

1. 使学生了解老师工作的辛苦、懂得尊重老师。
2. 增进师生感情,使学生懂得感谢老师的教育之恩。
3. 使学生常怀感恩之心,养成尊师重教的优秀品质。

【适用年级】

七、八、九年级。

【班会准备】

1. 提前让学生搜集尊师小故事,准备好小红花和彩笔。
2. 提前布置7个小组分别采访各科老师,做好记录,并以小组为单位做一张A3纸大小的贺卡。
3. 班主任制作班会PPT和音乐,邀请各科老师参加班会。

【班会过程】

活动导入：

（配乐《长大后我就成了你》，同学们坐好，音乐渐弱，主持人上台）

主持人甲：同学们大家好，习近平总书记提到："一个人遇到好老师是人生的幸运，一个学校拥有好老师是学校的光荣，一个民族源源不断涌现出一批又一批好老师则是民族的希望。自古以来，中华民族就有尊师重教、崇智尚学的优良传统。"

主持人乙：今年的教师节马上就要到了，在这个属于老师的节日里，让我们全体起立，对辛勤培养我们的老师说一声"老师，您辛苦了"。（学生齐说）同学们请坐下。现在我宣布"成长路上，感恩有您"主题班会现在开始。

环节一：老师，我想对您说

主持人甲：平时我们更多的是面对传授知识的老师，鼓励你奋进、辛苦批改作业的老师。3天前，7个小组已经领到任务，化身小记者，分别采访咱们班的各科老师，下面各小组代表，分享一下你所采访的老师的故事。

第一组：我们组通过采访了解到政治晋老师家的小孩才一岁多，每次来学校给我们上课，只能趁着小孩没看见偷偷地走……

第二组：语文杨老师中午总是牺牲休息时间，为了同学们提高成绩，留在办公室辅导学生，很感动……

第三组：数学闫老师也很辛苦，我们每天的课时练、作业本、限时练卷子堆得像山，老师经常批改作业到晚上11点半，第二天从来没有耽误给我们上早读。

……

主持人甲：我相信你们一定对老师们有了更深的了解。是啊，老师对我们的爱是无私的、无价的。

主持人乙：老师对我们的爱不仅仅表现在学习上，他还教会了我们怎样做人，像我们的父母关心着我们的生活。

环节二：同学，老师想对你说

主持人甲：我们和老师之间有很多难忘的故事、感动的瞬间。在同学们采访老师的当天，老师们也录了小视频送给同学们，我们一起看看吧。

（准备：在小组采访老师的同时，老师们录一段激励学生的话，班主任负责收集、剪辑、配乐等制作。播放提前录制的视频）

语文杨老师：希望同学们都多多读书，成为一个知识渊博的人……

数学闫老师：低头是题海，抬头是未来……

英语王老师：只要勤学苦练，讲一口流利的英语不是梦……

政治晋老师：严师出高徒，请理解我的批评……

……

主持人乙：苍鹰感恩长空，因为长空任它飞翔；鲜花感恩雨露，因为雨露滋润它成长。我们感恩老师，因为老师教我们知识，助我们成长。

主持人甲：老师们的叮嘱让我们无比感动，老师们无私奉献的精神是永远值得我们学习和敬佩的。

环节三：谢谢您，亲爱的老师！

主持人甲：尊师重教是中华民族的优良传统。毛主席在给他的老师徐特立老先生的生日贺信中说道：你是我20年以前的老师，现在仍然是我的老师，将来必定还是我的老师。

主持人乙：今天我们也认识到老师对我们的付出和不易，谢谢您，我亲爱的老师；谢谢您，我亲爱的老师！（语气渐强）

1. 我以我心"谢师恩"

主持人甲：尊师重教不是一句口号，而是实实在在的行动，要落实到日常生活中。我们要用我们的一言一行来表达对老师的尊敬与爱戴。

主持人乙：我们在日常学习生活中该如何把对老师的感恩付诸行动呢？请大家发表看法。

生1：我们应该树立明确的学习目标，端正学习态度，认真听讲，按时认真完成作业。遇到不懂的问题，及时虚心向老师请教。

生2：我们要理解老师，不和老师顶撞，遇到问题及时沟通；正确看待老师的鼓励和批评。不骄不躁，努力成为老师的骄傲。

生3：我们不仅要跟老师学习知识，更要学习他们身上无私奉献的精神，多为他人着想，努力让自己变得更好，早日成为对社会国家有用的人。

……

主持人甲：一个人无论地位有多高，成就有多大，如果饮水思源，他就不会忘记老师在他的成长道路上所花费的巨大心血。

主持人乙：是老师，让我们告别愚昧；是老师，让我们挥别贫穷；是老师，让我们智慧起来，让民族振兴起来。

2. 送您一朵"大红花"

主持人甲：教师节马上就要到了，各小组分别为各科老师制作了贺卡。下面请各小组把贺卡放在桌子上。

主持人乙：在平时，如果我们表现优秀，老师都会给我们"一朵小红花"。今天就让我们送给我们亲爱的老师们"一朵大红花"。请同学们拿出提前准备的小红花，在小红花上写上你的祝福，并粘贴到相应老师贺卡的背面，组成一个充满祝福的贺卡。

学生活动：全班同学动起来，写祝福，粘贴小红花和祝福语。（配乐）

主持人甲：每一朵小红花都代表着同学们深深的祝福，每一句祝福都会让老师感到阵阵的温暖。

主持人乙：各小组把祝福满满的贺卡送给各科老师，并深深地鞠躬，说一声：老师，您辛苦啦，祝您节日快乐！

3. 唱支赞歌"给您听"

主持人甲：请让我们大声说出：谢谢您，老师！谢谢您，老师！（渐强）

主持人乙：亲爱的老师，让我们怀着最真挚的祝福，唱支赞歌给您听。

《每当我走过老师窗前》：静静的深夜群星在闪耀，老师的房间彻夜明亮；每当我轻轻走过您窗前，明亮的灯光照耀我心房。啊，每当想起您，敬爱的好老师。一阵阵暖流心中激荡，培育新一代辛勤的园丁。今天深夜啊灯光仍在亮，呕心沥血您在写教材，高大的身影映在您窗上。啊，每当想起您，敬爱的好老师。一阵阵暖流心中激荡，新长征路上老师立新功；一群群接班人茁壮成长，肩负祖国希望奔向四方，您总是含泪深情凝望。

……

（学生活动：在感动的音乐中结束本次班会，学生走到老师面前，拥抱老师、送上祝福）

【班会总结】

同学们向老师送上精美的贺卡,这一声声亲切的问候,一张张美丽的贺卡,都折射出中华民族的优秀传统。希望同学们今后更能够懂得老师的关爱,体谅老师的辛苦,永远心存感恩,用努力学习来回报师恩。让我们永远怀揣感恩之心,和老师们一起成长、一起飞翔。

【班会延伸】

办一期"庆祝教师节"的黑板报。

(洛阳华洋国际学校　董志恒　刘岭洁)

【专家点评】

古人云:"国将兴,必贵师而重傅;国将衰,必贱师而轻傅。""善之本在教,教之本在师。"老师对个人成长、国家兴衰的重要作用不言而喻。教育部部长陈宝生在2018年全国教育大会上指出:"要在全社会倡导尊师重教,重提师道尊严,厚植尊师文化,弘扬尊师传统,营造尊师氛围。"在教师节到来之际,举行一次感恩老师的主题班会非常有必要,本节主题班会设计新颖,在老师的鼓励中,增进师生的情感交流,从学生采访中理解老师的辛苦,把感恩老师的种子播种在孩子们的心田,厚植尊师重道文化,培植尊师重道的道德根基。

(河南省中小学班主任研究中心首批特聘核心专家　特级教师　裴素青)

第三周:"铭记历史,勿忘国耻"主题班会

【班会背景】

爱国主义教育是学校永恒不变的主题。为了加强学生的思想道德教育,大力弘扬爱国主义精神,充分发挥革命纪念日和践行社会主义核心价值观中的载体和带动作用,我班利用"九一八"这一契机对学生进行爱国主义教育,教育学生铭记历史,勿忘国耻。

【班会目的】

1. 回顾"九一八"事变,教育学生铭记历史,勿忘国耻。
2. 通过各小组不同活动形式的展示,升华同学们的爱国主义情感。

3. 帮助学生懂得爱国与责任的关系,勉励学生,努力学习,振兴中华。

【适用年级】

七、八、九年级。

【班会准备】

1. 黑板主题背景设计,奠定基调。

2. 将学生分为 4 个小组,确认各小组主题活动的形式。

3. 组内制作 PPT,准备情景剧道具,进行彩排。

【班会过程】

步骤一:主题导入

师:亲爱的同学们,1931 年 9 月 18 日在东北发生了一件震惊中外的事。你们知道是哪个历史事件吗。

生:"九一八"事变!

师:没错! 大家对"九一八"事变有哪些了解?

生:1931 年,日本开始侵略我们了!……

师:很好! 1931 年 9 月 18 日——每一个中华儿女都不能忘却的日子。因为从那天起,日本人开始一步步侵吞我们的土地,踩躏、屠杀我们的人民;从那天起,我们开始了长达 14 年艰苦卓绝的抗日战争。"国破尚如此,我何惜此头。"东北抗日英雄吉鸿昌牺牲前的慷慨陈词至今让我们铭记。虽然"九一八"已过去 89 年,但我们不会忘记那屈辱、那血泪!

步骤二:主题实施过程

环节一:情景剧表演,主题感知

第一组表演情景剧《再现九一八》。

以视频《追寻历史之 9 月 18 日 九一八事变爆发》作为背景引入表演。(视频连接:https://www.youtube.com/watch? v=7－MDXZRT9cI)

场景一:(幻灯片配奉天城驻军王旅长官邸图片,多名学生饰演士兵、官员提着行李,在门外行色匆匆,音效:枪炮声)

警察局长赶往王旅长住处,在门口相遇喊道:"王旅长,小鬼子终于绷不住了,要动手了。警察局全力配合你们北大营。"(见士兵提行李离开喊道)"哎,你们这是干什么?"

王旅长:"我接到命令,全旅撤出北大营,向东山嘴子集结。"

黄局长惊讶道:"什么?你们要撤?那奉天不要了?"

王旅长无奈道:"那你让我怎么办啊?上面的命令不准抵抗,我既不能违抗军令,又不能让弟兄们等死,只好出此下策啊!"

黄局长质问道:"你们要撤了,奉天城的老百姓怎么办?粮库不要了?金库不要了?还有几百架飞机都拱手让给日本人?"

王旅长边离开边无奈说道:"没办法,谁愿意把大好河山让给日本人,军人以服从命令为天职。黄局长,我劝你跟我们一起撤吧。"

黄局长义愤填膺道:"王旅长,我承认军人要服从命令,可是将在外军令有所不受啊!"

王旅长:"要不我再给你们留点武器弹药,你们好自为之吧。"(说完,王旅长下)

黄局长愤慨道:"你们不打我们打,中国人不能丢了骨性!"

场景二:(幻灯片配战火前线图片,音效:炮火连连)

一名士兵倒下口吐鲜血,连长抱起士兵喊道:"兄弟!兄弟!"

垂死士兵:"连长,告诉我的家人,我不是懦…懦夫!"

士兵2:"连长,我们撤吧,守不住了。"

连长:"不打死几个鬼子,能对得起我们死去的兄弟吗?"

士兵2:"赵参谋长问为什么不撤出?"

连长:"你告诉他,我们三连全体将士与北大营共存亡,不撤退一步。"

士兵2:"连长,你也要为弟兄们着想啊!"

连长起身喊道:"兄弟们,不怕死的跟我冲出去杀小日本!"

众人齐喊:"杀啊!"

(幻灯片播放被炸烂的我军尸体图片)

旁白:据史料记载,在9月18日的夜晚,东北军官兵在突围战中共打死打伤日本军25人,而我军伤亡失踪总计483人。由于国民政府的不抵抗政策,沈阳城次日即告陷落,不到半年东北沦陷,抗日战争拉开序幕……

环节二:影音展示,激发情感

"九一八"事变之后,日本开始一步一步侵略中国,对中国的老百姓烧杀抢夺,犯下了滔天罪行。由第二组学生代表上台展示抗日战争图片和新闻视频《南京大屠杀》,进一步激发同学们的爱国情感和忧患意识。

(视频连接：https://www.bilibili.com/video/av17219293/)

环节三：小组讨论,畅谈感受

1. 按小组对日本的残暴行为进行认识交流,并分析日本侵略中国的原因,然后发表感想及见解。

2. 同学们齐读:落后就要挨打！挨打意味着什么？意味着:财富,被一笔一笔掠去！土地,被大片大片吞噬！鲜血,被一滴一滴吸干！

环节四：诗歌朗诵,升华情感

89年很短,不过是历史的一瞬。89年很长,可以是一个人的一生。忘记历史等于背叛,不要让这段回忆变成教科书上的故事。请听第三组同学的诗歌朗诵《铭记历史,勿忘国耻》。(配乐《共和国之恋》)

环节五：分享故事,学习先烈

师:在抗日战争期间,中华大地上涌现了无数的英雄儿女,大家看这一张照片,这是当时空军航校毕业生的班级合照。这群年轻人,在毕业那年立下誓言:"风云际会壮士飞,誓死报国不生还。"最后,他们都在抗战中先后殉国,牺牲时只有20多岁。大队长高志航,在他带出的学生们都牺牲后,面色泰然。他说:"我的学生们都死了,现在轮到我这个当老师的给他们报仇了。"这是抗日期间学生和老师的故事,同学们,你们还知道哪些革命先辈的英雄故事呢？

请第四组同学讲述革命先辈的英雄故事。

生1:抗日名将"左权"壮烈牺牲的故事。

生2：15岁女战士张晶麟加入妇救会，被日军抓获后经受严刑拷打，拒不泄密而最终牺牲的故事。

环节六：振兴中华，贵在行动

历史催我们奋进，将来更不容我们懈怠。作为新时代的中学生，我们肩负着建设祖国、保卫祖国的重任！请小组讨论，振兴祖国的责任和切实可行的计划。各小组交流分享。

生1："我觉得爱国应该表现在日常生活当中。比如在周一升国旗时穿校服，佩戴好红领巾，保持肃穆，唱国歌时声音响亮；爱国可以从身边小事做起，爱护我们的校园，现在努力学习，长大报效祖国。"

生2："从张晶麟姐姐身上，我们能看到抗日战争时期同龄人对国家存亡的责任感，为了保守秘密她不惜献出生命，这种勇气让我们敬佩。作为青少年、国家未来的建设者，我们应该努力进取、甘于奉献，为班级、学校、社会、国家贡献自己的一份力量。"

生3："今天老师和大家讲的抗日故事让我们感动，今后我要关心同学、尊敬老师、孝敬父母，每天传播正能量，我想这也是爱国。"

【班会总结】

同学们，"忘记历史等于背叛"！我们今天用各种方式纪念这段历史，不是为了延续历史的仇恨，而是为了深刻了解中华民族曾经受的苦难，为了牢记用生命和鲜血作为代价换来的沉痛教训，那就是：落后就要挨打！发展才能强大！希望同学们铭记历史，从中汲取精神力量，为了自己的美好未来，也为了祖国的繁荣昌盛，不负韶华，继续奋斗！

最后齐唱《我和我的祖国》，歌曲结束后齐呼："祖国母亲，我爱您！"

【班会延伸】

1. 以"纪念'九一八'，勿忘国耻，振兴中华"为主题出一期主题板报。

2. 利用双休日，观看一部"九一八"相关的影片，并写出电影观后感600字，进行班级交流、展览。

（河南省田均彦名班主任工作室成员 张娜娜）

【专家点评】

本节班会围绕纪念"九一八"这一主题，对学生进行爱国主义教育，铭记历史,勿忘国耻。大力弘扬爱国主义精神,践行社会主义核心价值观,升华同学们的爱国主义情感。班会还帮助学生理解爱国与责任的关系,激发了同学们振兴中华的责任感,勉励学生珍惜当下,以"天下兴亡,匹夫有责"的责任担当,为实现中华民族伟大复兴的中国梦而努力学习,立志报国。

(河南省中小学班主任研究中心首批特聘核心专家　特级教师　裴素青)

第四周:"学会学习"主题班会

【班会背景】

"学会学习"是中小学生核心素养"自主发展"的重要组成部分,是新时期对学生群体在面对未来复杂的环境提出的时代要求。进入初中以后,一些同学在学习上遇到了很多问题,如学习动力不足、学习方法不当、学习习惯不良等等。如何让学生学会学习,在新学期培养学生的学习习惯、学习方法和学习能力尤为重要。

【班会目的】

1. 通过班会学习,让同学们查找出自身学习问题。
2. 转变学习方式,掌握适合自己的学习方法,培养良好的学习习惯。

【适用年级】

七、八、九年级。

【班会准备】

1. 请往届优秀学生做好介绍高中、甚至大学校园生活的准备。
2. 提前邀请各学科老师进行学习方法分享,并准备好"学习方法卡"。

【班会过程】

环节一:先为我们的学习来"诊脉"

师:同学们,从小学过渡到初中,学习方法会发生很大改变。其实好的学习方法就是成功的一半,但进入初中以后,随着学习的难度增加,好些同学感到力不从心,那么问题出在哪里呢?在这里我们一起先来做一个小测试。

诊脉"学习方法"问卷调查如下:(在以下和你情况相似的括号内打"√",

如果你没这种情况请在括号内打"×")

(1) 经常感觉对学习没有兴趣。(　　)

(2) 上课注意力总是不集中。(　　)

(3) 觉得自己在学习上压力很大。(　　)

(4) 对不喜欢的学科就不愿学。(　　)

(5) 不与成绩好的同学进行比较。(　　)

(6) 每天没有固定的时间学习。(　　)

(7) 上课经常听不懂。(　　)

(8) 觉得学的知识不扎实,前面学后面忘。(　　)

(9) 作业不能独立完成。(　　)

(10) 觉得平时学的还不错,就是考不好。(　　)

(11) 不认真分析考试过的试卷。(　　)

(12) 自己做过的题,还会重复出错。(　　)

(13) 遇到学习上不懂的问题,不去想办法弄明白。(　　)

(14) 觉得有些公式定理很难记住。(　　)

(15) 课后做作业时,常做一些小动作。(　　)

(16) 经常与同学讨论学习上的问题。(　　)

(17) 学习问题不深钻,浮在表面。(　　)

(18) 学习上经常应付,得过且过。(　　)

(19) 未考虑过自己的学习方法。(　　)

(20) 经常独立思考一些问题。(　　)

问卷分析:打"√"少于(包括)5个的同学,整体学习习惯良好,希望继续努力,争取更大进步。打"√"在5～10个的同学,则需抓紧时间制定计划,抓紧时间改正。如果打"√"在10个以上的同学,那么问题就较严重,需要请老师、同学或父母帮助自己改正。

师:通过大家的统计,我看到同学们或多或少都有一些不好的学习方法和习惯。法国学者培根曾经说过:"习惯是人生的主宰,人们应该努力地追求好习惯。"好的学习习惯就好比是开门钥匙,帮您打开一扇快速提升学习效率的学习之门。初中三年,养成良好的学习习惯,至关重要。

环节二：好的"学习方法"是"秘钥"

1. 优秀毕业学生代表分享学习方法

师：同学们，那么怎样养成良好的学习习惯呢？今天我们邀请到了我们的优秀毕业生代表，下面有请学姐、学长们为大家分享他们的学习方法吧。

（提前约请优秀毕业生代表，最好是一名男生、一名女生作经验分享）

学长：我建议大家做好课前预习，预习可以大大提高我们的听课效率，扫除课堂学习的知识障碍。同时通过预习，可以轻松发现一些问题或疑难点，这样我们就可以带着问题去听课，学习效率会明显提高。

学姐：做好课后复习，同样重要。及时对听课内容进行复习，可以加深对学习内容的理解，这样就会减少遗忘。

2. 优秀学生代表分享学习方法

师：感谢学姐学长为我们带来经验分享。同学们，良好的学习习惯是学好初中课程的必备条件。作为一名初中生，我们应该培养哪些较好的学习习惯呢？接下来就请我们班优秀学生代表来分享她的经验吧。（已提前让学生准备，学生代表发言）

生1：我认为勤思好问很重要，遇到难题要先自己思考，实在不会的题目要向周边同学、老师请教。自己思考很重要，做有用功（效率）更重要！两者合理结合，学习效率就提高了！

生2：我认为学习需利用好碎片时间，在上学的路上、午饭排队时都可以学习。只要想学，随时随地，滴水成河，就会收到意想不到的效果。

3. 不同学科"学习方法"分享

师：同学们说的方法很实用，下面请各小组分享不同学科的学习方法。（在班会前，班级分成了若干小组，每个小组负责采访不同的学科老师，让各学科老师谈谈不同学科学习方法）

第一小组分享：语文学习方法。语文在于积累，要有好的学习方法，即听、说、读、写的能力。多听，即要求认真听，能听到并抓住课本的核心内容；多说，应主动寻找锻炼说话能力的机会；多读，对于好文章或古诗、文言文等相对难度较高的文章要反复读；多写，则可以通过课外阅读和生活积累好句和作文素材。

第二小组分享:数学学习方法。注重课前预习,带着问题走进课堂,能让你的数学学习事半功倍;需要大量练习,只有大量练习才能对所学知识进行有效巩固。注重改错,收集你自己做过的错题,订正并写清错误的原因,这些资料是属于你个人的财富。

环节三:寻找适合自己的学习方法

师:同学们,什么是最好的学习方法呢?我们可以借鉴其他同学好的学习方法,但老师认为,适合自己的就是最好的。结合我们的实际,老师在这里给大家总结了初中生较好学习方法,我们一起来学习一下:

1. 加强自制力,明确学习计划。课前预习,上课时做笔记。
2. 复习时善于思考,不懂就问。劳逸结合很重要,均衡各科。
3. 吸收课外知识,增加知识广度。

师:同学们,在学习的过程中应做到先计划后学习、先预习后听讲、先复习后做作业、先打好基础后灵活思维、先独立思考后请教别人、先调整心态后参加考试,我们称它为"六先六后"学习法。听完了老师和同学们的分享相信大家受益匪浅,接下来请同学们找到适合自己的学习方法并制作精美的"学习方法卡",勉励自己。(下附学习方法卡)

我的学习方法卡		
语文	如:多阅读、多写作、多背诵	
数学		
英语		
文综		
理综		
姓名		学习座右铭

【班会总结】

通过同学们学习方法交流思维火花的碰撞,你一定会有很多收获。希望通过这次班会,你能认识到自己的不足,找到适合自己的学习方法,增强自己的学习兴趣,努力让自己变得更优秀。同学们,希望你们找到适合自己的学习方法,勤奋努力拼搏,达到事半功倍的效果。我们一起努力前行!

【班会延伸】

制作学习方法卡片并进行张贴。组织学生进行优秀作业、试卷展示。

(洛阳华洋国际学校　王琳)

【专家点评】

法国著名数学家笛卡尔说:"最有价值的知识,是关于方法的知识。"正确的学习方法可以对学习起到事半功倍的作用。本节主题班会,王老师带领同学们先从诊脉自己的学习方法入手,再到学习方法分享,最后聚焦到寻找最适合自己的学习方法上,设计新颖,注重实效,有很好的借鉴作用。有人对几十位诺贝尔奖获得者进行研究认为,学生在学习期间,最重要的目标技能就是要掌握学习的方法。学习方法也是一种知识,也是可以学习的。一个人如果没有掌握学习方法,像一个猎人到森林里去打猎没有带枪一样。找到了适合自己的学习方法,也就是找到了书山的"捷径"。

(河南省中小学班主任研究中心首批特聘核心专家　特级教师　裴素青)

十月 爱国月

【品格花】

一串红

【花语】

奔放高雅,赤红热烈,修齐治平,家国情怀。

【月主题活动】

结合国庆节,围绕爱国主义教育设计月主题活动。

【周主题班会】

第一周:"祖国母亲,我爱你!"主题班会。

第二周:"中秋话团圆"主题班会。

第三周:"走过青春的花季雨季"主题班会。

第四周:"读好书,让经典照亮青春"主题班会。

【自选主题班会】

还可以结合秋天与收获、好习惯养成、"班规班风"等内容设计开展主题班会活动。

第一周:"祖国母亲,我爱你!"主题班会

【班会背景】

2018年9月1日下午,厦门大学对"精日"女研究生田佳良做出开除党籍、退学处分。2020年7月19日,中国科学院研究生季子越因在境外社交平台多次发表涉及南京大屠杀等错误言论被学校开除学籍。这样的案例时常发生,因此,对学生进行爱国主义教育尤为迫切,刻不容缓。本次班会以爱国主义教育为主线,培养学生的爱国主义情怀。

【班会目的】

激发学生的爱国热情和自豪感,树立为中华民族伟大复兴而努力奋斗的坚定信念。

【适用年级】

七、八、九年级。

【班会准备】

1. 搜集爱国主义材料(图片、音频、视频等)。制作PPT。

2. 提前准备本次班会活动有奖竞猜环节的奖品(文具、书籍、证书等)。

【班会过程】

环节一:升国旗,唱国歌。

环节二:"我爱你,中国,我爱你中国……"背景音乐响起。在优美的背景音乐中,大家一起观看一段3分钟左右的视频 Amazing China,了解中国近年来在各个领域取得的伟大成就。

师:热爱祖国首先体现在对祖国的了解上,同学们对祖国究竟有多少了解,下面我们来一轮有奖知识竞猜。

【有奖知识竞猜】

第一轮以小组形式进行比赛,轮流回答。回答正确得1分,回答错误扣1分,最后统计各组所得总分。

(1)中国政府对香港和澳门恢复行使主权分别是在_____年和_____年。(1997年,1999年)

(2)_____年12月2日,中央人民政府通过《关于中华人民共和国国庆日的决议》,规定每年10月1日为国庆日,并以这一天作为宣告中华人民共和国成立的日子。从_____年起,每年的10月1日成了中国各族人民隆重欢庆的节日。(1949年,1950年)

(3)新中国成立以来,在国庆庆典上共进行过_____次阅兵。(15次)

(4)我国领土面积为_____平方公里,其中最南端在_____,最西端在_____。(960万,曾母暗沙,帕米尔高原)

(5)中国最大的岛屿是什么?_____(台湾岛)

(6)中国哪个省岛屿最多?_____(浙江)

……

环节三:关于祖国最让你感动的一句话

师:关于祖国,有些话听到后就再也不能忘记。在最新公布的开国大典高清彩色影像中,一声振聋发聩的"中华人民共和国中央人民政府今天成立了",让无数人再次泪目。从小到大,总有些话,组成了专属于你的独家记忆。那么你的印象中关于祖国有哪些让你感动的话呢?(小组讨论1分钟并发言)

同学们发言结束,观看一段视频,重温新中国成立以来那些国家栋梁说过的话和一些重要的珍贵时刻。https://video.weibo.com/show?fid=1034:4419124470688485。

有一句话,让人热泪盈眶。

毛主席1949年10月1日在天安门城楼上庄严宣告:"中华人民共和国中央人民政府今天成立了!"

"5,4,3,2,1,起爆!"——第一颗原子弹爆炸成功。

"3∶0,战胜美国队!"——中国女排第一次参加奥运会并获得冠军。

"你们可以下岗,我们上岗。"——香港回归祖国

"Beijing"——北京获得第二十九届夏季奥运会主办权

有一句话,感受中国脊梁。

"外国人能搞的,中国人不能搞?"——中国"航天之父""两弹一星"元勋钱学森

"这是对全体中国科学家的嘉奖!"——诺贝尔生理学或医学奖得主 屠呦呦

"天眼如果有一点瑕疵,我们对不起国家。它不是我个人,有点关系不大。"——"中国天眼"之父　南仁东

"中国人的饭碗要牢牢掌握到自己手上去。"——杂交水稻之父　袁隆平

有一句话,明白国家力量。

"向右看,1——2——"——九三胜利日大阅兵

"以中国海军名义,保证抵达和平的彼岸。"——海军护航编队也门撤侨

"灾情就是命令,灾区的百姓正期盼着我们!"——汶川地震空降兵十五勇士

"你即将进入中国领空;立即离开!"——中国空军空中双语喊话

"中国,加油!"——香港中环国歌快闪

环节四:阅读材料,观看视频并讨论

材料一:2018年4月16日,美国商务部发布公告称,美国政府在未来7年内禁止中兴通讯向美国企业购买敏感产品。2019年美国政府开始全方位限制打压中国华为公司,禁止全世界所有国家的企业使用美国技术为华为公司提供任何产品。

材料二:美国总统特朗普称,将在9月24日对2000亿美元中国输美商品加征10%的关税,明年将提高至25%。中美贸易战开始。

材料三:2018年9月20日,经中央军委批准,增加"献身国防科技事业杰出科学家"林俊德、"逐梦海天的强军先锋"张超为全军挂像英模。

思考讨论:阅读以上材料并观看视频;小组交流,推荐一名同学发言。

生1:看完第一个视频材料,了解中国两家科技企业华为和中兴在通讯领域是非常厉害的,在5G行业甚至领先全世界,但却遭到了美国的无端打压。这给中国企业和中国人提了个醒,我们一定要掌握核心技术……

生2:看完第二个视频材料,我内心十分复杂和不安。40年来,我们国家实力越来越强大,人民生活越来越富足。但是世界上有些国家有些人就是看不得我们越来越好,用各种卑劣手段向我们施压……

生3:看完第三个视频材料,我的内心充满了骄傲和自豪。我们国家正是有了像林俊德院士和张超这样的无名英雄,才会在这么严峻的外部环境中一步步发展到今天。这是我们中华民族的优良传统,更是我们每个中华儿女应

该学习和继承的高尚品质……

师小结:爱国是具体的,正是因为有一批像林俊德、张超这样的英模,默默为祖国的富强作出贡献,我们的国家才会越来越强大。但我们要居安思危,目前国际形势异常严峻,霸权主义横行,我们的发展之路依然面临诸多挑战。

环节五:爱国从我做起

梁启超先生说过,"少年强则国强"。爱国是具体的,作为学生,爱国主要体现在遵纪守法,不做损害国家利益和集体利益的事,努力学习,早日成为祖国的栋梁之材。请大家各抒己见,谈谈你的建议。

提示与建议:(1)热爱祖国文化和大好河山,自觉抵制崇洋媚外思想。(2)提倡理性爱国。(3)从身边的小事做起,把爱祖国与爱家乡、爱集体、爱岗敬业结合起来。

环节六:集体合唱

大家齐唱《歌唱祖国》,班会圆满结束。

【班会总结】

热爱祖国,不是一句口号,也不是一次主题班会就能全部体现的。大家在日常生活中,要爱父母、爱老师、爱同学、爱集体,谨记"少年强则国强",立志"为中华崛起而读书",要有一种"天下兴亡,匹夫有责"的责任感和使命感,并将其落实到实际行动中。

(河南师范大学附属中学　孙雪燕)

【专家点评】

"天下兴亡,匹夫有责",青年一代有理想、有担当,国家就有前途,民族就有希望。2019年11月,中共中央、国务院印发的《新时代爱国主义教育实施纲要》指出:"爱国主义是中华民族的民族心、民族魂,是中华民族最重要的精神财富,是中国人民和中华民族维护民族独立和民族尊严的强大精神动力。"本节班会,"知识竞猜"寓教以乐,激发爱国之情;"让你感动的一句话"树立榜样,砥砺强国之志;"观看视频并讨论"立足时代,强化报国之行。

(中原名师工作室主持人　特级教师　周枫琳)

第二周:"中秋话团圆"主题班会

【班会背景】

中秋节是中华民族的传统节日之一,象征着温馨、美好和团圆。中秋节有吃月饼、猜灯谜、诵诗词等传统习俗,背后潜藏着丰富的教育资源,是难得的教育契机。学校品德教育要善于捕捉这一时机,及时对学生进行中华优秀传统文化的教育熏陶,提升学生的民族自豪感,增强文化自信。

【班会目的】

1. 了解中秋节的由来和各种习俗典故,学习弘扬中华优秀传统文化。
2. 教育引导学生珍惜友情亲情,增强爱家爱国的情感。

【适用年级】

七、八、九年级。

【班会准备】

1. 背景音乐《但愿人长久》《故乡的云》《月光曲》等。
2. 关于中秋的灯谜、诗词、月饼;搜集中秋节由来、传说相关资料。
3. 主持人、主持词及 PPT 课件。

【班会过程】

第一步:情境创设

1. 暖场音乐《但愿人长久》(词:苏轼 曲:梁宏志 演唱 王菲)

2. 导入

师:幽幽桂花香,皎洁白月光。一轮明月下,人们在聚餐赏景、在饮酒作诗、在品月饼尝美食、在期盼美好。我们的中秋如何过呢?下面有请我们的主持人闪亮登场。

第二步:主题实施过程

主持人甲:海上生明月,天涯共此时,又是一年中秋佳节团圆时。

主持人乙:明月当空洒银玉,中秋正至喜悦人。

合:××班"中秋话团圆"主题班会现在开始!

环节一: 话中秋——中秋传说知多少

1. "中秋节"的由来

主持人甲：了解中秋节由来，走进中秋习俗，感受中华传统文化的独特魅力，正当其时。

主持人乙：说到中秋节，我们自然会联想到赏月、吃月饼、猜灯谜等活动，哪位同学能告诉我们中秋节的由来？

生1：农历八月十五，是一年秋季的中期，所以称为"中秋"。中国的农历，一年分为四季，每季又分为孟、仲、季三部分，因而中秋也称"仲秋"。由于八月十五的月亮更圆、更明亮，所以又叫作"月夕""八月节"。

生2：中秋节缘于上古时期人们对天象的崇拜——敬月习俗的遗痕。在二十四节气中，"秋分"时节是古老的"祭月节"，中秋节由"祭月节"而来。

2. "中秋"传说

主持人甲：中华文化博大精深，每一个传统节日后都有一段动人的故事，关于中秋也流传着很多民间故事，下面我们请几位同学分享一下。

生1讲述"嫦娥奔月"的故事（略）。

生2讲述"吴刚折桂"的故事（略）。

生3讲述"玉兔捣药"的故事（略）。

主持人甲（总结）：感谢三位同学的精彩分享，关于中秋的故事传说尽管内容各异，但都体现着人们渴望团圆、祈盼丰收和幸福之意。中秋节已成为我们弥足珍贵的精神文化遗产。

环节二：诵"中秋"——走进中秋诗词大会

1. 中秋诗词朗诵

主持人乙：诗词是中华民族传统文化大观园中的瑰宝。关于中秋的诗词，常常有一些触动人们灵魂的东西，令人动情。

主持人甲：在今天这个特殊的日子里怎能少了诗词的身影。下面，让我们掌声欢迎××同学朗诵《水调歌头·明月几时有》。（播放背景音乐）

主持人甲：感谢××同学的精彩朗诵！一曲《水调歌头》，让我们置身皓月当空、亲人千里、孤高旷远的情境之中，此刻，我们对中秋的理解更深刻了。

2. 中秋"月"字飞花令

主持人乙（过渡）：同学们，关于中秋节的诗词不胜枚举，古人给我们留下了宝贵的精神财富,我们需要把它学习传承下去。今天我们也来一次以"月"为关键字的飞花令,一起感受古人眼里的皎洁明月。

主持人甲:现在我宣布比赛规则,全班划分为 6 个小组(每组 6 人),按照从 1~6 组的顺序,每组接龙说出一句诗,诗中必须包含一个"月"字,停顿不超过 5 秒钟,坚持到最后的一组获胜,下面开始。

小组 1:举头望明月,低头思故乡。

小组 2:露从今夜白,月是故乡明。

小组 3:海上生明月,天涯共此时。

小组 4:秦时明月汉时关,万里长征人未还。

主持人乙(总结):祝贺第三组同学摘得飞花令桂冠。(掌声)今天,我们带着对团圆幸福的渴望,开展了飞花令游戏,在活动中我们深刻体验了诗歌中月的美丽、亲情的芬芳和家的温暖。

环节三:庆"中秋"——品月饼、猜灯谜

1. 品月饼,感受生活的香甜

主持人甲:中秋有一个特别的重要习俗就是吃月饼,现在就让我们来了解一下月饼:外形似圆,象征团圆,表达合家团圆。饼中有馅,表面有花纹,花纹主要有月亮、桂树、玉兔等,在圆中表达美好的愿望。

主持人乙:月饼表示团圆。今天老师也给我们带来了香甜的月饼,我们一起吃月饼,感受班级大家庭的温暖。(同学们围坐在一起,分吃月饼)

2. 猜灯谜,让节日多一份诗意

主持人乙:只吃月饼,这个中秋节就少了一些韵味,下面我们一起进入猜灯谜环节。(PPT 展示灯谜,小组比赛)

1. 平日不思,中秋想你,有方有圆,甜甜蜜蜜。(打一食品名)(月饼)
2. 木兰迷恋中秋夜。(打一成语)(花好月圆)
3. 云盖中秋月,雨淋元宵灯。(打一成语)(下落不明)
4. 中秋佳节结良缘。(打一城市名)(重庆)

主持人甲(过渡):小小的月饼,激烈的灯谜竞猜活动,让我们品味到了原汁原味的中秋节。

环节四:感"中秋"——我的中秋温情故事

播放背景音乐《月光曲》。

主持人乙：儿时不识月，呼作白玉盘。中秋，承载了我们许多美好的记忆。时值中秋月圆之际，让我们一起品味"中秋佳节"的幸福，讲述难忘的中秋故事。

（学生自由发言，分享自己的中秋节故事……）

主持人乙：吃饼赏月，阖家团聚，这是亿万中国人的"中秋之约"，她用强烈的仪式感，构成了我们不可磨灭的中秋情怀。

环节五："中秋"话团圆——解决台湾问题、实现祖国统一

主持人甲：圆圆的月饼，体现的是"月圆"的美满。血亲团圆、民族团结、国家统一，也蕴藏着炎黄子孙对祖国统一、中华民族大团圆的民族渴望。

（播放背景音乐《故乡的云》，PPT显示中国地图）

主持人乙：看到这张地图，我想起了隔海相望、一衣带水的台湾，想起了那一颗颗随祖国命运跳动的爱国之心。我们渴望隔海相望的同胞能早日和我们团聚，渴望祖国统一大业能够早日完全实现。

（播放背景音乐《故乡的云》，集体朗诵余光中的《乡愁》，PPT课件显示内容）

【班会总结】

同学们：今天的主题班会我们一起了解了中秋节的由来和相关传说；通过开展飞花令游戏，领略了中华文化的独特魅力；通过分享中秋温情故事，我们感受了生活的幸福美好。最后，我们集体朗诵了台湾著名诗人余光中的《乡愁》，表达了渴望台湾早日回到祖国怀抱的美好愿望，这是我们与台湾同胞的一个约定，更是我们这一代人共同的使命。

【班会延伸】

以"祖国等你归来"为题，给台湾中学生写一封信，字数500左右。

（洛阳市教育局民办教育促进中心　宋丹丹）

【专家点评】

中秋节是中华民族的传统节日之一，以节日为契机对学生进行爱国主义教育很有必要。此次主题班会通过设置话中秋、诵中秋、庆中秋、感中秋和中秋畅想五个环节，在潜移默化中让学生了解了中秋节习俗，感悟了中华优秀传

统文化的魅力,增强了文化自信。班会最大的亮点是视野开阔、设计精妙、层层递进,从渴望家人团圆入题,落脚到中华民族的大团圆,既呼应了"团圆"的主题,又完成了爱国主义情感的教育升华。值得学习借鉴。

(河南省中小学班主任研究中心首批特聘核心专家　特级教师　裴素青)

第三周:"走过青春的花季雨季"主题班会

【班会背景】

青春期是中学生心智快速成长和成熟的重要阶段。青春期的中学生,又正处在冲动、好奇、渴望、困惑、迷茫交织的阶段,为帮助学生正视遇到的一些问题,解决一些困惑和迷茫,引导他们树立人生的远大目标,顺利度过青春期,特开展青春期教育主题班会活动。

【班会目的】

1. 引导学生树立正确的目标追求。

2. 引导学生认识青春期,懂得青春期男女生如何正常的交往。

3. 树立正确的人生观和价值观,摒弃不健康的生活习惯及行为方式。

【适用年级】

七、八、九年级。

【班会准备】

1. 由班干部提前拟定班级的"青春宣言"。

2. 下载歌曲《花季少年》,查找有关案例,做班会PPT。

【班会过程】

第一步:营造气氛,播放歌曲《花季少年》

师导入:青春花季是人生中最美的时光,我们拥有父母呵护的幸福,长辈寄寓的希望,同学间最纯真的友谊,人生最绚丽的梦想。然而,花的开放也难以避免雨雪风霜,我们该怎样走过花季雨季,让青春无悔绽放?今天,让我们一起探讨。我宣布"走过青春的花季雨季"主题班会现在开始。

第二步:主题实施过程

环节一：青春的"花儿"美在哪？

师：同学们，进入中学的我们，无论男孩女孩，我们都处在人生最美的青春花季，像每一种"花"都有各自独特的美，牡丹雍容华贵、落落大方；菊花迎寒斗霜、高洁正直；梅花凌寒坚韧、雪送幽香。那么，你认为大家眼中最美的"帅男孩""好女孩"该是什么样子的呢？请各小组从家长、老师、同学的角度讨论并汇总看法。

1."帅男孩"的样子

家长眼中：健康、听话，学习好，有孝心，有责任，勤俭，独立。

老师眼中：阳光向上，有责任担当，学习有目标追求，活泼开朗。

同学眼中：运动场上的健将，课堂上活跃发言，生活中开朗乐观，大度宽容，乐于助人，有正义感，不怕吃苦，爱劳动。

2."好女孩"的样子

家长眼中：乖巧体贴，有孝心，不攀比，理解父母，努力学习。

老师眼中：衣着朴实，举止文雅，善良有爱心，学习努力，自信开朗。

同学眼中：真诚友善，文静好学，自信聪明，成绩优异，多才多艺。

师小结：不同人眼中对青春男孩女孩这朵最美的花有着不同的欣赏，但是共同的一点就是要善良真诚、懂事孝顺、坚强勇敢、阳光自信、有目标有追求，男孩刚强果敢，女孩温柔体贴，这就是"最美"的少男少女。

环节二：走过青春的"雨季"

1.认识青春期的"风风雨雨"

师：俗话说"雨不洒花花不红"，最美的青春花季一定会有风吹雨打。同学们进入中学以来，学习压力增大，与父母的关系越来越紧张，与同学的交往也会遇到一些困惑等等，每个人都会有各自的成长烦恼。你在生活中经历了哪些风风雨雨呢？请小组讨论，代表发言。

第一小组：进入初中后压力增大，感觉内心慌乱，越想静下来学习越坐不住。成绩上不去，总觉得自己比别人笨。我们也想学习好，成为父母的骄傲，可是我不知道怎样做。

第二小组：现在我们最怕的就是父母的唠叨，我们已经长大了，他们却不能理解我们，他们眼中只有"别人家的孩子"。

第三小组：我们都喜欢玩手机，周末回家经常因为手机和父母起冲突，很烦。难道手机是洪水猛兽吗？

师：同学们的发言，让我感受到了你们内心深处的焦虑、迷茫，渴望长大独立的愿望和想要被尊重理解的心愿。这是你们从稚嫩走向成熟的过程，也是蜕变中要承受的痛苦，所以同学们要在老师家长的帮助下勇敢地面对，树立远大的目标，勇于拼搏，相信所有的付出都会结出硕果。否则，将会失足于人生的泥淖。请看案例分析。

2. 安全走过"青春的雨季"（PPT展示案例分析）

案例一：沈同学进入初中后，成绩大不如从前，总觉得其他同学看不起他，老师也不关注他，最后厌学，死活都不愿意回学校，令父母苦恼。

案例二：张同学，男，高一学生。入学成绩一般，爱好体育活动，性格倔强，自尊心强，但因为喜欢看港澳台的"古惑仔"电视、电影，并模仿"大哥"，养成抽烟等不良习惯，逐渐对家长老师的教育产生强烈的抵触，慢慢发展为用言语威胁等方式拉拢一批学生组成小团体，堕落成校园恶霸。

案例三：2020年7月18日，保定一高中男孩平日以自我为中心，不听人劝告，迷恋上手机后，通宵玩耍，并与前来劝止的父亲发生口角，一怒之下从30楼跳下，生命之花就此凋零。

师：同学们，这几个案例中的少年没有形成正确的世界观，缺少是非判断能力，法律意识淡薄，受到外界的影响、诱惑，走向极端，造成害人害己的后果，因此，面临着身体心理巨变的你们，应该了解自己的心理特点，学会正确处理矛盾，跨越成长中的沟沟坎坎，在风雨中绽放青春之花。

环节三："青春花开"应有时

1. 谈谈青春期的"男女生交往"

师：绽放青春是美好的，也正是因为它的美好，所以懵懂情愫是少男少女必然经历的小确幸，那我们该怎样把握好这种情愫、建立健康的交往意识呢？下面有关中学生的几种做法，请你判断对错。（PPT展示）

（1）小兰因班级工作和小刚接触较多，班里疯传他们在恋爱。

（2）小叶仰慕球场上活跃的小明，总是找机会接近，关注对方的每一点变化，以致心神不宁，失去自我。

（3）小吴对邻班一女生产生好感，想尽办法从其他同学那要来女孩的微信，周末加其聊天。学校里，当看到她和其他男生说话，心里很生气。

（4）小红接到一男生的表白情书，内心很慌乱，最后主动跟老师沟通。

（5）小明过生日，邀请班内小敏晚上去 KTV 唱歌，小敏妈妈不同意。

学生交流看法：

生 1：我认为第一种做法是错误的，工作交往是正常的交往，我们不应该那么敏感，况且男女生之间也有友谊。

生 2：我认为第二三种做法都是错误的，我们欣赏别人的长处，但不应该把目光锁定在某一个同学身上，影响正常的学习生活。

生 3：我认为第四五种做法是正确的，首先，未成年人保护法明文规定：未成年人不能进入营业性娱乐场所。其次，在自己遇到困惑、没有好的解决方法时，要学会请求老师或长辈的帮助。

师：看来同学们对男女同学如何交往有一定的认识。青春花季，异性之间相互欣赏是正常的情感，但是要把握好尺度和分寸，否则就会进入"早恋"的误区，那么早恋究竟有什么样的危害呢？同学们看下面的案例。

2."青春花开"莫折枝

案例一：初二，张同学和谭同学都是班干，成绩优异，他们由于工作接触较多，互生好感，两人每天心神不定，情绪波动。结果成绩直线下滑，最后与自己心仪的高中失之交臂，后悔莫及。

案例二：2019 年，南通某中学一女生因被男友分手，痛苦不已，认为如果不是因为当初接受了对方的礼物，两人的感情就不会发展，也不会有今天的痛苦。悔恨之中，拿出水果刀，剁掉了自己的一节手指，造成了一生的缺陷。

师：青春花季是最美好的，纯真的情感是最动人的，只有精心呵护，才会适时绽放出最美丽的青春之花。

环节四：走过花季，青春无悔

师：花季的我们，在等待绚丽绽放的那一天。请结合自己的生活和前面的分析谈谈如何让自己拥有一个无悔的青春。小组内交流，然后代表展示。

第一小组：我们应该了解自己生理、心理变化，不惊慌、不迷茫，保持良好的心态。树立远大的目标，努力拼搏，坚持不懈，做一个阳光自信的少年。

第二小组：我们要多读书，丰富自己的知识积累，在青春花季播下梦想的种子，做一个有理想、有追求、有报国之志的青春少年。

第三小组：我们应该学会理解父母、老师，不跟他们顶撞，有事多沟通。

师：是的，迷茫、彷徨不应该是我们的青春字眼，我们有明确的目标、感恩的情怀，我们坚强乐观、敢于担当，我们就是青春花季最美的"花"儿。

最后，请跟随班长诵读我们的"青春宣言"（PPT展示青春宣言）：

青春宣言

走过花季，无惧风雨，我拼搏成长；

热爱生命，热爱生活，我追求阳光；

青春无悔，勇往直前，我奔向远方；

让生活因我而美丽！让世界有我更芳香！

（班会在同学们高昂的宣言声中，在青春昂扬积极向上的氛围中结束）

【班会总结】

青春花开最浪漫，在不知不觉中，我们已经走入了这个朦胧而又美丽的年龄，这是人生道路上的黄金时期，无论是身体的生长发育还是健康人格的形成，这一时期尤为关键。当然也是事故多发地段，希望同学们拥有高远的志向，顽强的毅力，坚定的信念，乐观的精神，健康愉快安全地度过这一敏感时期，绽放出最美的自己，拥有无悔的青春。

【班会延伸】

请同学们写一篇题为"走过花季 青春无悔"的600字作文。

（洛阳华洋国际学校　张小分　王欣）

【专家点评】

青春期教育是一个敏感而重要的话题，也是学校和家庭教育很难把握的一个教育难点。青春期是一个人的品德和世界观初步形成的关键年龄阶段，中学阶段正是人生的青春期，他们的心里表现为极度敏感、自我任性、冲动不计后果、渴望独立和被尊重等。怎么对待青春期孩子出现的各种问题，是包容妥协？是放任不管？还是强硬管理？如果方法不当，就会直接导致孩子走向极端。本节主题班会用诗意般的语言将青春期敏感的话题呈现给学生，通过大量的案例分享，引导学生追求健康向上的精神风貌和目标，帮助学生树立正确的人生观和价值取向,摒弃不健康的习惯及行为方式,安全度过青春期的花季雨季,是一节难得的青春期教育班会,值得借鉴。

(河南省中小学班主任研究中心首批特聘核心专家　特级教师　裴素青)

第四周:"读好书,让经典照亮青春"主题班会

【班会背景】

随着社会发展,我们每天被大量娱乐化、碎片化的信息包围,这让许多人很难沉下心来去阅读。如何让阅读成为一种传统,让学生成为一个热爱读书的学生,尤为重要。"立身以立学为先,立学以读书为本",学生因为知书而达礼,明礼而向善,从而提升学生的整体素养,达到全面发展。在这样的背景下我们举行了"读好书,让经典照亮青春"主题班会。

【班会目的】

激发学生的读书兴趣,体会读书的重要性和乐趣,学会读书的方法,培养读书习惯。同时在读书时要有选择地读,读有意义的书。

【适用年级】

七、八、九年级。

【活动准备】

1. 让学生准备"我的读书故事",要求每小组不少于6个。
2. 搜集名人读书故事、读书名言。每人写下自己的"读书座右铭"。
3. 全体同学每人推荐一本自己读过的有意义的书,并说明理由。
4. 让学生提前做好准备,分享自己好的读书方法。

【班会过程】

环节一:讲讲读书的故事

师:国家主席习近平在俄罗斯索契接受俄罗斯电视台专访时,谈到了自己的个人爱好:阅读。习近平坦言,"读书已成了我的一种生活方式",并列举出多项读书的好处,"读书可以让人保持思想活力,让人得到智慧启发,让人滋养浩然之气"。今天,老师为大家分享习近平总书记的读书故事。(在 PPT 上分

享习近平读砖头书、背字典、三读《资本论》等故事）

同学们，听完习近平主席的读书故事，请分享自己读书的故事吧。

生1：我的爸爸妈妈爱读书，所以我家里有一个大书柜，小时候我经常爬上去，去看那些有图片的书，久而久之就喜欢上了读书。

……

（同学们已经做好了准备，同学们走上讲台分享自己的读书故事）

师：听完了大家所说的故事，我发现每人都有不同的读书经历，但有一点是相同的，那就是爱读书。古往今来的名人又有怎样的读书故事呢？请同学们来分享一下。

（参考事例：车胤囊萤夜读　孙康映雪读书　唐汝洵苦读书）

环节二：说说读书名言

1. 读书名言大比拼

师：同学们，从古至今有许多关于读书的名言警句，引人警醒，发人深思。下面就要考考大家了。各小组轮流答题进行经典名言接龙。

（PPT上打出要提问的名言，同学抢答，每题10分，得分最高者奖励）

读书破万卷，下笔如有神。——杜甫

读万卷书，行万里路。——顾炎武

学而不厌，诲人不倦。——孔丘

书犹药也，善读之可以医愚。——刘向

……

2. 分享我最欣赏的"读书格言"

（上周已经要求同学们将最欣赏的"读书格言"做成了书签，同学们相互交换分享，并进行"最美书签"评比）

环节三：推荐经典书目

师：同学们，在你阅读过的书中，哪一本令你印象深刻呢？今天老师向大家推荐海明威的《老人与海》。这部小说是根据一位古巴渔夫的真实经历创作的，以写实手法记录了桑提阿果老人捕鱼的全过程，塑造了一个在重压下仍然保持优雅风度、在精神上永远不可战胜的老人形象。这部小说创下了人类出版史上空前绝后的一个纪录：48小时售出530万册！作品在当年就获得了普利策奖,两年后又获得了诺贝尔奖。老师把这部举世闻名的小说推荐给大家。

师:下面请同学踊跃发言,把你喜欢的一本书推荐给大家。

生1:我给大家推荐苏联作家奥斯特洛夫斯基的《钢铁是怎样炼成的》,这是作者根据自己亲身经历写成的一部小说。讲述了主人公保尔·柯察金从一个不懂事的少年成长为一个忠于革命的布尔什维克战士,再到双目失明却坚强不屈创作小说、成为一块坚强钢铁(是指他的精神)的故事。

……

环节四:分享学习读书方法

师:同学们,古时候,"著于竹帛谓之书"。书是极其珍贵的东西。与之相比,现代人读书是非常幸福的。孔子晚年是何等吃力地在读《易》,"韦编三绝"!想想所谓的"学富五车",也仅等于当今一本十来万字的书。宋代的黄山谷说:"人不读书,则俗欲生其间,照镜则面目可憎,对人则语言无味。"仔细品味其言,也的确有一番道理。然而读书不可一味盲读,需要讲究方法。

师:下面就请同学们来介绍一下,你是怎样读书的呢?

生:我喜欢边读书边做批注,每次在自己读书有感悟的地方,就会写下自己对文字的理解,每本书读下来印象就会很深。

……

(学生分享自己的读书方法,老师适时作出评价)

师:大家介绍的读书方法,各有不同。有的同学读书善于快读,有的同学则喜欢咬文嚼字;有的同学善于记笔记、做批注,有的同学则追求速度,更注重愉悦感。下面老师给大家介绍几种读书的方法,希望大家认真学习。

1. 朱子读书法(PPT展示)

即朱熹读书法,我国古代的传统读书法的典型代表之一。此法对后世影响极大。朱熹去世后,其弟子即归纳为"朱子读书六法":

(1)循序渐进。读书须有次第,"字求其训,句索其旨,未得乎前,则不敢求其后",切戒急于求成。

(2)熟读精思。读书"若读得熟而又思得精,自然心与理一,永远不忘"。

(3)虚心涵泳。即读书要有虚心的态度,"惟笃志虚心",方"道理明"。

(4)体己体察。即读书要善于将书上的"圣贤言语,体之于身"。

(5) 着紧用力。意即读书要勤奋，下苦功夫。

(6) 居敬持志。读书要有纯净专一的心境和坚定远大的志向。

2. "SQ3R"读书法（PPT展示）

这是一种高效节时的读书法，它分为五个部分：SURVER（觉察），QUESTION（提问），READ（阅读），RECITE（复述），REVIEW（复习）。

(1) 浏览。拿到书，先概括地读一读书的摘要、目录，做大体了解。

(2) 发问。一边粗读，一边提问，读懂书中各章节标题之间的联系。

(3) 阅读。通篇细读，重点篇章反复读。边读边思，圈出重点。

(4) 复述。读后，像"过电影"一样回忆书的内容，巩固知识。

(5) 复习。隔一段时间再复读一遍，"温故而知新"，获得新的体会。

【班会总结】

通过这次班会，同学们学习了许多关于读书的故事，从他们身上学到了刻苦读书的重要性。无论何时，学习是多么的重要，无论什么时候，读书，都要成为你生命中不可或缺的一部分，成为你的生活方式。希望同学们在以后的学习中，爱读书、读好书、善读书，努力建设我们的书香社会。

【班会延伸】

组织开展"浸润经典，品味书香"读书征文比赛和演讲比赛。

（洛阳华洋国际学校　王琳）

【专家点评】

本节主题班会聚焦学生从读好书、好读书和掌握好的读书方法入手，精心设计，激发学生的读书兴趣，体会读书的重要性，探索好的读书方法和培养好的读书习惯，是一节很好的班会课，值得学习和借鉴。古人云："书中自有颜如玉，书中自有黄金屋。"莎士比亚说："书籍是全世界的营养。"有数据显示，世界上人均读书多的国家，无一例外是经济和技术发达的国家。书籍是人类知识的载体，是人类智慧的结晶，是人类进步的阶梯。让我们摒弃浮躁喧嚣，静下心来爱上读书吧，让读书成为一种习惯，让读书陪伴一生。

（河南省中小学班主任研究中心首批特聘核心专家　特级教师　裴素青）

十一月　安全月

【品格花】

月季花

【花语】

期盼幸福,向往未来,友善关爱,心系安全。

【月主题活动】

结合"119",围绕安全主题教育设计月主题活动。

【周主题班会】

第一周:"远离校园暴力,学会自我保护"主题班会。

第二周:"珍爱生命,学会自救"主题班会。

第三周:"好习惯伴我成长"主题班会。

第四周:"敬畏自然,珍爱生命"主题班会。

【自选主题班会】

还可以围绕"全国消防安全教育日"和"世界糖尿病日"等开展安全与健康主题班会。

第一周:"远离校园暴力,学会自我保护"主题班会

【班会背景】

校园本是学生学习的乐园,成长的摇篮,我们期望学生都能在和谐安全的环境中愉快学习,健康成长,但是,近年来,校园暴力事件频频发生,其触目惊心的场面已经大大超出人们的想象。原来纯洁美好的校园何以变得如此血腥!本该单纯乐观、积极向上的孩子为何变得如此冲动、暴戾,甚至残忍?当你遭遇校园暴力时你又该怎么办……太多的问题值得我们老师、家长、学生还有社会去思考、解决,因此我们要加强对学生远离校园暴力的教育,引导学生增强自我保护意识,从而有利于营造安全、文明、有序的校园环境。

【班会目的】

1. 引导学生了解校园暴力,认识其危害,学会必要的应对措施。
2. 教会学生应对校园暴力侵害的一般技能和方法。
3. 帮助学生树立自我保护的意识,自觉远离暴力。

【适用年级】

七、八、九年级。

【班会准备】

1. 教师搜集、查阅并整理相关校园暴力的资料,制作课件。
2. 学生提前搜集典型校园暴力事件的案例。
3. 学生提前进行小组分角色表演排练。

【班会过程】

导入:

师:同学们,校园是我们学习的乐园,成长的摇篮。我们渴望在和谐安全的环境中愉快学习,健康成长。然而,校园生活中发生的一些不和谐的事情,会对我们健康成长构成巨大的威胁,我们的校园到底怎么了?今天我们就以"远离校园暴力,学会自我保护"为题,召开主题班会。

环节一:讲故事,谈表现

师:同学们,下面请讲一讲发生在你身边的或你了解的校园暴力事件。

生1：我分享的故事是："值日未扫致人死亡"。

卫生委员郑某某与被害人王某某是同班同学，一天轮到王某某值日了，郑某某因被害人王某某值日但未清理干净而发生口角；之后王某某在经过郑的座位时推了郑的后背，造成推打，恼羞成怒，最终，王某某头部严重受伤，在接受治疗后死亡。案发当天，郑某某被警方抓获归案。

生2：我分享的故事是："女生太邋遢被同学打成十级伤残"。

重庆某初中女同学因住校期间不注重个人卫生而引起同寝室其他女同学"公愤"，五名女学生随即一起打耳光"教育"这位女生，导致其十级伤残。

生3：我分享的故事是："食堂口角大打出手"。

高二某班学生李某中午在学校食堂打饭时插队，被詹某制止，李某不听劝告，两人在食堂内发生了口角，詹某回班上以后，将事情告诉其他几位男同学，大家商议后，在下午放学的时候在校门口堵住李某同学，群殴李某，导致他脱落两颗牙齿、身体多处受伤住院。

师：校园本来是学习知识、掌握技能的地方，是结交真挚友谊的象牙塔，然而随着暴力事件的层出不穷，学校也不再那么平静了，而更让人忧虑的是，与暴力事件更多联系在一起的是一群花季般的少女，她们往往不顾念同窗之情，不顾她人的尊严，给她们的学习和生活带来了巨大的危害。为了构建和谐校园，树立自我保护的意识，今天我们主要从这三个方面探讨学习，即：

1. 校园暴力的含义和表现。
2. 校园暴力的危害和原因。
3. 校园暴力的预防与应对。

师总结：同学们分享的大部分都是校园暴力中比较严重的暴力即行为暴力，如打架斗殴、敲诈勒索等。除了硬暴力之外，校园暴力还表现为其他两个方面，其中一种是语言暴力，如谩骂同学、给同学起侮辱性绰号、造谣污蔑中伤同学等；另外一种是心理暴力，具体的表现为恐吓、歧视、排斥、孤立同学等。

环节二：悟危害，析原因

师：同学们，不管是行为暴力还是语言暴力、心理暴力，都会对我们的身体或心灵造成重大的伤害。接下来，我们跟着镜头一起来了解发生在校园里的案例故事（播放视频）。

视频内容:13岁的小庄在自己班的教室,众目睽睽之下,被同班四个女生拳打脚踢,继而又被拽进女厕所"教训"了近两个小时,被打了80多个耳光——这份屈辱如今深深地烙印在小庄的心头,成为挥之不去的阴影。"我不想读书了,再也不想上学了!",望着可怜的女儿,父母伤心欲绝。小庄的父母因忙于做生意,对小庄的在校生活了解甚少甚至是不闻不问,平时都是爷爷奶奶照顾小庄的生活起居,从小养成任性、唯我独尊的毛病,和同学的关系处理得不好,学习成绩也较差,平时和同学起冲突,老师认为"一个巴掌拍不响",也没有去细究原因,这次事件,还与之前和同学起的冲突有关,同学报复小庄,就有了小庄这次的遭遇。

师:这个案例中的小庄今年才13岁,小小年纪的她遭遇这些事情之后,还能承受得住吗?接下来我们一起来分析下这起校园暴力给小庄带来了哪些伤害?又伤害了哪些人呢?请同学们按照所画表格,小组讨论探究,并把小组的探究结果和大家分享。

学生小组讨论,教师出示小组讨论要求及表格。

受影响对象	造成的危害	原因
小庄		
家族		
学校		
社会		

师:下面请同学们说一说你这个案件造成了哪些危害,原因又是什么呢?

生1:我认为会给小庄的身体和心理都造成极大的伤害,让她厌恶上学,心理留下阴影,原因在于她自身的身心发展不平衡,极端的个人中心思想,唯我独尊,口无遮拦,跟同学之间的关系处理得不好,施暴者以暴制暴,处理与人之间的矛盾很冲突过于冲动,法律意识淡薄等。

生2:我认为会给小庄的家庭带来极大的伤害,影响家庭的和睦以及正常的家庭关系,甚至会影响家长的工作,直接影响他们的生活,原因在于家长平时对小庄疏于管理,不重视孩子的身心发展的细节问题。

生3:我认为会损害学校的名誉,影响学校正常的教学秩序,也会给学校的其他孩子造成不好的示范作用,原因在于学校的校风校纪管理存在漏洞,只注重应试教育。

生4：我认为会对社会造成一定的影响，造成社会秩序的混乱，破坏社会环境的安宁，原因在于各种社会变化和社会问题使得整个社会的价值观变得混乱，比如暴力文化。

师：校园暴力就像弥漫在校园上空的阴霾，让我们的生活缺少了阳光；就像无形的魔掌，让我们食不甘味，寝不安席，因此我们要远离校园暴力，敢于向校园暴力说不，从而创建我们的平安校园！

环节三：早预防，巧应对

师：那发生在小庄身上的这些校园暴力是否可以预防和避免呢？结合本案谈谈怎样才能预防校园暴力的发生呢？

生1：可以避免的，比如说小庄平时要待人处世谦恭有礼；谨慎交友，避免结交有不良习气的朋友；平时上学时所带零钱不宜过多，平时不炫耀就可以避免惹祸上身。

生2：可以避免的，比如施暴者能够正确处理同学之间的矛盾，不恶语相加，不诉诸武力；施暴者能够学会调控情绪，遇到矛盾时不冲动。

生3：可以避免的，比如老师能够及时发现他们之间的苗头，并及时地找他们了解沟通情况，化解他们之间的矛盾，就可以避免矛盾的激化。

……

师：其实并不是所有的校园暴力都是可以避免的，当校园暴力不能避免的时候我们应如何保护自己呢？请看下面的两个情景，同学们组内分角色表演这两个情景，并思考面对此种情形你该怎么做。

情景如下：

情景1：放学后，你被几个高年级学生堵着收取"保护费"。

情景2：你被多个"仇人"堵到厕所，对方要对你进行围殴。

师总结：当遭遇不能避免的校园暴力的时候，我们一定要临危不乱，既要有勇气，又要有智慧。应对校园暴力的方法主要有这些：可以找机会逃跑，或者可以大声呼救；关键时刻，可以求饶，但这里的求饶并不是懦弱的表现，而是减少伤害的策略；发生危险时，要双手抱头，尽力保护头部；在人身和财产双重危险时，应以人身安全为重，舍财保命。

师：下面请同学们说一说通过这次班会你有哪些收获呢？

生1：我懂得了我们不仅要在行为上不要与同学发生肢体冲突，更要在言语上不要讽刺、挖苦同学，给同学起外号，毕竟，心灵的伤害比身体的伤害更要严重！

生2：我懂得了在平时的学习生活中，要正确地处理与同学之间的关系，和平共处，从而预防校园暴力的发生。

生3：我懂得了在遭遇校园暴力之后千万不要忍气吞声，忍气吞声只会纵容暴力的再次发生。所以面对校园暴力我们要树立报告意识和证据意识，在遭遇校园暴力之后一定要及时向家长、老师或警察报告，采取最有效的救助措施，必要时拿起法律的武器维护自己的合法权益。

……

师小结：通过这次远离校园暴力的主题班会，同学们明白了我们要敢于向校园暴力说不，要珍惜同学的友谊，更要珍重我们的生命，不负青春，不负韶华，为创建安全、文明、和谐、有序的校园贡献自己的力量。同时，也要有法律意识，学会自我保护，如遇困难，要勇于向家长、老师、同学甚至法律求助，通过正当手段实施自我防卫，维护自己的合法权益。

【活动总结】

校园暴力是人际冲突的一个极端，对我们来说是双重伤害，同时也体现出人际交往的问题。我们青少年共同生活在一起，就应当互相帮助、互相谅解、互相包容，仇恨的种子长不出和平的芽，暴力不能真正地解决问题，让我们一起大声说"远离校园暴力，学会自我保护"！

　　　　　　　　校园暴力可以防，
　　　　　　　　方法掌握要适当，
　　　　　　　　求助师长来帮忙，
　　　　　　　　必要时候用法律，
　　　　　　　　自我保护有保障！

【活动延伸】

请学生拟订有关"远离校园暴力，学会自我保护"的倡议书。

（河南师范大学附属中学　李园园）

【专家点评】

作为教育工作者,应该有足够的决心和智慧破解校园暴力难题,这就要求我们要加强远离校园暴力教育,引导学生树立正确的价值观,正如习近平总书记所说:"人生的扣子从一开始就要扣好。"本次班会主题选择有针对性,且符合学生的年龄、心理特点;在班会设计中情境设置真实、有效,以真实的校园暴力故事为例,带领学生自主探究校园暴力的危害以及产生的原因,并通过设置情境、小组表演,引导学生掌握提前预防、巧妙应对的措施,实效性强。

(中原名师工作室主持人　特级教师　周枫琳)

第二周:"珍爱生命,学会自救"主题班会

【班会背景】

11月9日的月日数恰好与火警电话号码119相同,为了增加全民的消防安全意识,公安部于1992年发起消防安全日,将每年的11月9日定为全国的"消防宣传日"。冬季是火灾高发期。了解如何预防火灾的发生,发生了如何进行自救,不仅仅是学生学习自我救助知识,更是他们体悟敬畏生命、珍惜生命、提高规则意识、安全意识的良机。

【班会目的】

1. 播放视频让学生直观感受火灾的无情,认识到遵循规则办事的重要性,避免出现人为因素造成灾难。

2. 实例分析让学生了解火灾发生原因,通过知识推送让学生熟悉火灾预防和自救常识。

3. 根植安全意识、规则意识,让每个学生懂得敬畏生命、珍惜生命。

【班会准备】

1. 下载视频《2019年10月典型火灾案例》,并根据班会安排适当剪辑。

2. 学生收集重大火灾案例,并分析收集的案例,简要说明案例中起火的原因,并对如何预防提出个人意见,形成文字。

【适用年级】

七、八、九年级。

【班会过程】

环节一：观看火灾安全视频

活动一：观看视频《2019年10月典型火灾案例》(播3分钟)

师：灾难是苦痛的，所以我们不愿意去回忆苦痛。但是我们需要从已经发生的灾难中分析原因，汲取教训，防患于未然。反思过去是因为我们想要更安全地前行。有请今天班会的主持人上台。

主持人甲：视频中的画面触目惊心！刚刚过去的一个月一个地市竟然发生了如此多场火灾，每一场灾难会造成多少财产的损失，造成多少人员的伤亡！

主持人乙：2019年全国共发生火灾13.2万起，死亡1108人，受伤573人，直接财产损失达17.7亿元。这些冰冷的数字毁掉了多少人的努力，导致多少家庭家破人亡！

主持人甲：今天我们一起回顾这些灾难，深刻分析火灾的发生原因，学会在灾难面前自救互救。

主持人乙：为了让同学们从现在起就树立起强烈的责任意识、安全意识，并将这些意识根植心中，现在让我们一起全心投入到今天的主题班会"珍爱生命，学会自救"。

环节二：火灾原因分析

主持人甲：首先我们进入第一个板块：火灾原因调查。现在我们请同学们向大家介绍自己的火灾原因调查报告。有请！

生1：我查找到一个材料，一个公司厂房车间起火。起火原因是电器线路短路并引燃地面油污和隔热层的泡沫，且现场工作人员缺位造成了火势的蔓延扩大，简单说是因为生产生活用电不规范、岗位失责引发火灾。

生2：2019年6月11日早6时，大理市一旅游公司起火，致使6人死亡，直接经济损失近35万元。造成起火直接原因是货架底部的锂电池在充电过程中起火，引燃周围可燃物，随后蔓延成灾。间接原因是没有完善的建筑分隔设施的"三合一"场所，存放大量具有火灾隐患的电动自行车及电池；再者管理上不到位,该单位同时对多个锂电池和多辆电动自行车进行长时间充电,并未采取隔离、监护等防范措施。我认为这个事件人为因素比较大,安全意识差,防范措施不到位。

主持人甲:乙同学看来准备很充分,不但找到了比较翔实的材料,还对火灾原因提出了个人看法。希望接下来的同学向他学习。

生3:我认为我们现在生活的主要场所是家和学校,我通过多方资料了解了一下家庭火灾事故,结果材料很多,太可怕了!危险真的就在我们身边。家庭火灾事故大多因超负荷用电、线路老化或厨房火灾引起。

主持人甲:看来大家准备得都比较充分,并且对材料进行了认真的整理和分析。下面以小组为单位讨论归纳一下可能引发火灾的原因。

生4:引发火灾的原因大致有以下几个方面:

(1)超负荷用电,如一插座多用,长时间充电,电扇、电磁炉等超长时间工作等,还有线路老化不及时更新电路等原因引发短路,产生电火花引发火灾。

(2)使用明火不按规范操作,如电焊、火炉、厨房用火、小孩玩火等造成火星引燃可燃物从而引发火灾。

主持人甲:归根结底主要是安全意识淡薄,消防意识不强,安全责任没有落实到人,面对安全隐患抱着侥幸心理。很多火灾的发生,都是人为因素造成的,我们一定要加强对灾难的认识,星星之火就可能引发大的灾难,我们一定要将安全意识、责任意识深植于心。

师:同学们,之所以要求大家提前搜集资料,就是想加深你们对灾难的认识,就是想借此加强你们对安全意识、责任意识和规则意识的体悟,在日常生活中学会不懂就问,按规则办事。安全问题,我们要周周说,天天说。

环节三:火场自救法学习

主持人甲:每个人不但要有安全意识,努力做到不因个人的因素造成灾难,更要掌握火灾中自救的方法。

火场逃生自救指南卡	
一、熟悉环境法	了解和熟悉我们经常或临时所处建筑物的消防安全环境,查看安全通道是否通畅。

续表

二、迅速撤离法	逃生行动分秒必争。听到火灾警报或意识到自己可能被烟火包围，千万不要迟疑，不要贪恋财物，要立即跑出房间，设法脱险
三、毛巾保护法	一定要把毛巾多叠几层，才能起到滤烟作用。
四、通道疏散法	根据火势情况，优先选用最便捷、最安全的通道和疏散设施。保持冷静，听从指挥，在逃生时最好向头部、身上浇些凉水，或用湿物将身体裹好，要低势行进或匍匐爬行穿过危险区
五、绳索滑行法	当各通道全部被浓烟烈火封锁时，可用此法。但要注意1.时间条件允许。2.保证绳索够结实够长。3.要观察出口周边是否安全。
六、暂时避难法	在无路可逃生的情况下，应积极寻找暂时的避难处所，以保护自己，择机而逃。要对避难处所进行处理。首先应关紧房间迎火的门窗，如门窗或其他空洞有烟进入，要用毛巾床单等物品堵住；最后淋湿房间内一切可燃物，一直坚持到火灾熄灭。

主持人乙：这些方法最最关键的是始终保持冷静，心中充满希望，积极与困难作斗争。我们学校将于11月9日前后在全校举行消防疏散演练，请同学们积极准备好需要物品，认真参与。

主持人甲、乙：今天我们探讨了如何预防火灾和火灾中如何进行自救。请同学们认识火灾的危害，增强自律，加强安全意识，努力做到防患于未然。

【班会总结】

师：同学们，生命属于我们只有一次，任何人的生命都值得尊重保护，尤其是我们自己的生命！"君子不立于危墙之下"，智慧的人不会把自己置于危险的境地，请大家增强忧患意识、安全意识和责任意识，了解各种危险情形下的自救常识，守护自己平安一生，守护自己的家人一生平安！

【班会延伸】

1. 每位同学对自家的用电、用气、老旧破损线路等安全问题进行一次详细的排查，写出排查清单，整改方案，并和家长一起讨论落实。

2. 以小组为单位对教室存在的安全隐患进行排查，并提出合理化建议。

(河南省田均彦名班主任工作室成员　赛建波)

【专家点评】

保障广大中小学生的安全，把珍爱生命的基本安全知识从小根植于学生内心，让学生在安全、稳定的环境中健康成长，是新时代学校安全教育的新要求。让中小学生认识火灾的危害性,掌握科学报警和正确逃生的方法,提高中小学生火灾防范意识和自防自救能力,至关重要。本节班会课针对性强,让学生自主收集火灾案例并分析其产生的原因,具有极强的警醒作用。

(中原名师工作室主持人　特级教师　周枫琳)

第三周:"好习惯伴我成长"主题班会

【班会背景】

初中阶段的学生们正处于青春期,不守规则的行为时有发生,而这些所作所为给家长和老师带来了不少困扰,有些还存在着较为严重的安全隐患。为了规范大家的行为,提升自我形象,保持班级的稳定和谐,培养学生良好的行为习惯,特组织开展本次班会活动。

【班会目的】

1. 通过生活中的事例,让同学们认识行为习惯养成的重要性。

2. 让同学们学习好习惯养成的方法。

3. 通过思想教育引导学生及时改变不良习惯,养成好习惯。

【适用年级】

七、八、九年级。

【班会准备】

1. 提前收集日常校园生活中存在的不良行为习惯,制作成PPT展示给大家,课堂上进行小组讨论,提高认识。

2. 收集具有良好习惯的伟人故事。

3. 想想自己从小到大有哪些好的习惯。

【班会过程】

班会导入:认识习惯

师:我不是你的影子,但我与你亲密无间。我不是机器,但我全心全意听命于你。对成功的人来说,——我是功臣;对失败的人来说,——我是罪人。我到底是谁?(答案:习惯)

培根曾说过:"习惯真是一种顽强而巨大的力量,它可以主宰人生。"是的,没有人天生就拥有超人的智慧,成功的捷径恰恰在于貌似不起眼的良好习惯。"专门谈优点是救不了自己的,只有认清缺点,才可以自救。"

环节一:"不良习惯"大家谈

(展示 PPT,同学们针对以下行为,小组讨论,各抒己见谈看法)

在思考问题时一边旋笔一边思考。

考试考差了后,开始下定决心认真学习,但几天后又松懈了。

自习课无所事事,东张西望。

自制力差,时间安排不合理,利用率不高。

吃完的食品袋随手扔在地上。

课间大声说笑甚至追逐打闹。

给同学起绰号、骂人,见到老师扭头就走。

下面请小组代表发言。

第一小组代表:

我认为上面这些习惯不仅影响学习的专注度,不利于专注学习,而且会使学习效率下降。

第二小组代表:

我认为在校园内有不文明的举止行为,有损自己的修养内涵,中国是文明古国,我们是文明人,要做文明事。

师:通过刚才的分享,我们了解了不良习惯,知道了不良习惯的危害,下面请同学们谈谈在日常校园生活中,存在我们身边的不良习惯,以便让同学们有更深刻的认识。

生1:在我们的校园内、楼梯上总能见到与我们美丽的校园极不和谐的纸屑,宿舍楼、寝室内总有一些果皮、牛奶盒随处可见,甚至有的同学认为反正有值日的同学和清洁工打扫,扔了又何妨。

生2:有的同学在教学楼走廊上追逐打闹,走路推推搡搡习以为常;还有部分同学相互之间讲脏话、粗话,随意攀爬树枝,甚至还有个别同学故意损坏学校的公共财物……

师:同学们分享的非常好,在校园生活中我们很多同学把文化知识的学习放在首位,而常常忽略了社会公德的培养、文明习惯的养成,而这恰恰从本质上展现出一个人的思想品质。所以养成良好的习惯对我们每一个学生都至关重要。

环节二:"好习惯"大家说

师:好的习惯可以让人受益终生,下面请同学们谈谈自己都有哪些好习惯,给大家分享一下。

在我们读书学习的时候,坐姿端正。

每周我都会合理制定周学习计划,并保质保量高效完成作业。

在生活中我会自备垃圾袋,将废纸等收集起来。

从小父母就教导我,对人有礼貌,见到老师和长辈就问好。

在学习生活中我喜欢阅读,老师经常告诉我们阅读能净化我们的心灵,所以我养成了阅读习惯。

环节三:"自律习惯"大家学

1. 分享名人名家故事

生1:明末清初爱国主义思想家、著名学者顾炎武采取"自督读书"的措施,每天规定必须读完的卷数,限定自己每天读完后把所读的书抄写一遍。他读完《资治通鉴》后,一部书就变成了两部书。要求自己每读一本书都要做笔记,写下心得体会。他的部分读书笔记,后来汇成了著名的《日知录》一书。

生2:汉朝儒学大师孙敬,从小读书十分刻苦,经常读到深夜,因为怕自己睡着,就把头发用绳子系在屋梁上,每当自己昏昏欲睡、头垂到一定的时候,头发就会被拉得很痛,从而防止自己打瞌睡犯困。

师引导:通过同学们的分享,成功人士都具有自律的好习惯。有明确的目标,持续不断的学习力,有效的时间管理,极强的计划制订与执行能力等。成功学家把这些因素统归为自我管理能力,即纪律性。成功的关键是有效的自我管理,就是在工作和学习中养成了自律好习惯。

2. "好习惯"伴我成长

如何才能学会自我管理的好习惯呢?

(1)自我管理习惯形成的三阶段

① 他人管理(小时候父母家人的管理)。

② 协助性自我管理(老师、社会的监督管理,但有意识自我管理)。

③ 自我管理(独立生活后,自我管理的真实回归)。

(2) 21天养成自我管理的好习惯

第一阶段:1~7天为改变期。

这个阶段你必须不时提醒自己注意改变,并刻意要求自己。因为你一不留意,你的坏情绪、坏毛病就会浮出水面,让你又回到从前。

第二阶段:8~14天为要求期。

经过一周的刻意改变,但你不可大意,一不留神,你的坏习惯、坏毛病还会再来破坏你,让你回到从前。所以,你还要提醒自己,要求自己。

第三阶段:15~21天为稳定期。

在这个阶段,会使新习惯成为你学习的一部分。你不再刻意要求自己,它已经像你抬手看表一样的自然了。

(3) "好习惯"大家学

师:同学们分小组自主发言,谈谈我们在学习、生活方面应该养成哪些自我管理的好习惯。

生1:认识到自习课讲话会影响他人,那就督促自己养成脚踏实地埋头学习的好习惯。

生2:认识到听课做笔记的重要性后,就得一天不落地记下去,养成自我约束,坚持不懈的好习惯。

生3:认识到沉迷于网络的危害性了,就不能再找借口深陷其中,要养成自我克制的好习惯。

……

师小结:一个好习惯的养成不会是轻而易举的,要想完成它,就得确立长远的目标,一步一个脚印地行动起来。俗话说:"有志者,立长志,无志者,常立志。"所以,要养成好的学习习惯,不能心急,但一定要说到做到。因为养成自我管理好习惯能强化自我约束能力、培养良好的生活、工作和学习习惯,为自己创造更多成功的机会。

【班会总结】

普德曼说过:"播种一个好行为,就会收获一个好习惯;播种一个好习惯,就会收获一个好性格；播种一个好性格，就会收获一个好人生。"今天同学们表现非常好，大家积极参与进来，讨论交流开展本次班会，在活动中明白了好习惯使人终身受益。希望在今后的学习生活中看到同学们能从一言一行做起，养成好习惯，让好习惯成就好人生。

【班会延伸】

围绕学习、纪律、生活等方面每人制作一个"好习惯自律卡"。

(洛阳华洋国际学校　韩庆灵)

【专家点评】

教育家叶圣陶先生曾经说过："积千累万，不如养个好习惯。"本节班会从学生的自身习惯谈起，循循善诱；把大目标分解成小目标，引导学生养成自律好习惯，方法得当，切实可行。法国作家培根说："习惯是人生的主宰，人们应该努力追求好的习惯。"的确，行为习惯就像我们身上的指南针，指引着每一个人的行为，习惯一旦形成，有着旺盛的生命力和持久性。人和人之间的差别，其实全在于细节，一个人的习惯藏着他的命运。培养好习惯，成就好人生。

(河南省中小学班主任研究中心首批特聘核心专家　特级教师　裴素青)

第四周："敬畏自然，珍爱生命"主题班会

【班会背景】

来势汹汹的新冠肺炎给所有人上了一堂深刻的生命安全教育课。小小的病毒竟然可以使成千上万人陷入生存危机，使上亿民众陷入焦虑与恐慌。惨痛的教训使我们必须意识到：生命在自然灾害面前是如此渺小和脆弱，生命对每个人只有一次，生命又是如此宝贵。因此，我们要敬畏自然，更要尊重生命，树立珍视生命、热爱生命的价值观，让生命焕发出绚丽的光彩。

【班会目的】

1. 让学生意识到灾难面前生命的脆弱，树立珍爱生命的观念。
2. 让学生了解四季传染病防控知识，掌握常态下疫情防控常识。
3. 通过对传染病的认识，培养学生敬畏自然，珍爱生命的科学态度。

【适用年级】

七、八、九年级。

【班会准备】

1. 收集新冠肺炎及其他重大传染病事件的相关背景材料。

2. 收集"SARS"传染病事件的相关材料。

3. 收集四季常见传染病的类型、特点及防治方法。

【班会过程】

班会导入：

男主持人：2019年底，一场突如其来的疫情改变了人们的生活，美丽的白衣天使穿上厚重的防护服，脸上留下了深深的印记，人声喧嚷的街道、景区也一改往日的热闹，人们尽量避免聚集，出门都戴上了口罩。

疫情过后，我们的思想和生活又发生了怎样的改变？（小组讨论）

（1）远程办公、远程教育会更加火热，线上日用品购物、买菜会更盛行。

（2）医患关系得到进一步缓解，大家会更加关注医疗、医生护士的工作。

（3）人们会更加关注卫生、健康，老百姓会更加关注食品安全。

（4）医疗、制药行业会有新的发展创新，口罩酒精成了家庭必备物品。

（5）政府会加强对传染病、异常突发事件应对方法的教育。

环节一：顽强又脆弱的生命

女主持人：国内的疫情能得到有效的控制有赖于祖国对人民生命健康的高度负责，在疫情暴发后，及时通报，严密排查，群防群控，病人得到良好的治疗，最终转危为安。但在人类与传染病对抗的历史中，却充满了惨烈。下面让我们一起了解一下人类史上的大型瘟疫事件。

人类史上的大型瘟疫事件：（播放幻灯片）

（1）中世纪"欧洲大瘟疫"：1347年至1353年，这场瘟疫夺走了2500万欧洲人的性命，占到当时欧洲总人口的1/3，并在随后300年间多次在欧洲卷土重来，对欧洲历史产生了非常深远的影响。

（2）美洲大瘟疫——天花：16～17世纪，欧洲人将天花病毒带进美洲，随后，瘟疫肆虐，多种疾病也接踵而至。欧洲人踏上美洲大陆时，这里居住着2000万～3000万原住民，约100年后，原住民人口剩下不到100万人。

(3) 19世纪的霍乱:霍乱共有7次全球性大流行,其中6次是在19世纪,因此也被称为"19世纪的世界病"。霍乱导致的死亡人数无法估量,仅印度,百年间就有超过3800万人死亡,欧洲仅在1831年就死亡90万人。霍乱的发作,引发了欧洲在供水和排污方面的一场思想革命,并波及全世界。

(4) 严重急性呼吸综合征——SARS:由SARS病毒引起,2002年在中国广东发生并扩散到全球,造成数万人感染,多个国家将其列为法定传染病进行管理,到2003年中期才被逐渐消灭的一次全球性传染病疫潮。

(5) 2019年底的新冠肺炎仍在肆虐……

师:看了上述材料,请同学们分组讨论重大传染病的特点与危害性。

生1:重大传染病传播速度快传染性强,常伴有发热症状。

生2:在重大传染病面前,生命显得脆弱又无助,没有特效药可治疗。

生3:新冠肺炎疫情是新中国成立以来在我国发生的传播速度最快、感染范围最广、防控难度最大的公共卫生事件……

师小结:17年后新冠肺炎仍然祸起野味,而在这两次事件中病毒本身并没有错,它们本有自己的生活环境和宿主,因为人类的贪婪、对野味的追求,打破了自然生态原有的平衡,也使人类自己受到了惩罚。因此,我们一定要保护生态平衡,保护野生动物,敬畏自然。

环节二:说说我们生活中的常见传染病及危害

男主持人:我们了解了像"SARS"、新冠肺炎这些重大传染病对人类的危害,而在生活中,其实还有很多其他的传染病也在危及着人类的健康,下面大家再来一起探讨一下一年四季中,还有哪些常见的传染病,它们特征如何?又该怎样防治?请四个小组分别就春、夏、秋、冬四季展开讨论,每个小组只完成一个季节传染病的讨论,并填写在表格内。

组别	季节	常见传染病	预防措施
第一组	春季	春季流感、麻疹风疹、手足口病、肺炎等;	勤洗手,多通风,多锻炼,少食辛辣,保证充足睡眠,增强体质;
第二组	夏季	伤寒、痢疾、甲肝、霍乱、细菌性食物中毒等;	不吃隔夜饭菜,不喝生水,食物防蚊虫叮咬,保持环境卫生;
第三组	秋季	流感、流行性腮腺炎、流行性脑炎等;	注意防寒保暖,出门戴口罩,多喝开水,讲究卫生;

续表

组别	季节	常见传染病	预防措施
第四组	冬季	冬季流感、水痘、肺结核、感染性腹泻等	合理膳食,减少聚集,不食生冷,常通风。

(师:通过实物投影分别展示学生填写的四季传染病表格)

女主持人:大家列举了四季常见传染病,相对重大传染病而言,一般传染病具有怎样的特点?下面请小组代表发言。

第一小组代表:一般传染病传播能力较弱,症状轻微。

第二小组代表:一般传染病通常不会威胁生命,并且容易治疗。

第三小组代表:多数一般传染病有对症药物治疗或可接种疫苗预防。

师小结:一般性传染病具有一定危害,但往往症状较轻,传播力较弱,并且是可控的。但同学们也要每天做到勤洗手,多通风,多锻炼,少食辛辣,保证充足睡眠,增强体质,预防疾病。

环节三:树立安全第一、生命至上的观念

男主持人:疫情之下,举国同心,团结抗疫,使得疫情得到了有效的控制。然而安全与防患意识却是我们心中长鸣的警钟。尤其在全世界新冠疫情依然严峻的形势下,作为中学生,今后我们应该怎么做?(小组讨论)

生:努力学习科学文化知识,学习那些研究病毒的医学专家科学严谨的态度,学做像钟南山、李兰娟院士那样的人,成为中国十几亿人的依靠。

女主持:通过对重大传染病与一般传染病的了解,请大家谈一谈,我们应当以怎样的态度对待自然与生命?

生1:我们应该遵守法律,保护环境,珍爱生命,敬畏生命,保护生命。

生2:保护野生动物,做到人与自然和谐相处。

男主持人:新冠肺炎已进入常态化的防疫阶段,我们应该怎么做?

生:学习更多健康知识和技能,养成良好的健康意识和行为习惯,如勤洗手、多通风、合理休息、健康膳食、不食用野生动物或来历不明的食物。

师小结:除了传染病以外,我们的生活中还有许多安全隐患,无不在危及着我们的生命安全,因此,我们一定要增强安全防患意识。如上下学路上注意交通安全,不到河边玩耍,平时注意饮食安全、防校园欺凌安全等,时刻谨记,安全第一,生命至上。

【班会总结】

突发的新冠疫情打乱了我们的生活节奏,也给了我们一个重新审视当下和未来的机会,"疫灾"是一本教科书,我们要学会敬畏自然,尊重生命,热爱生命! 在这里,我要向全体同学发出倡议,无论身处何地,我们都要做到珍爱野生动物、拒绝野味,保护自然生态。只有我们遵守规则,敬畏自然,珍爱生命,才能保护人类赖以生存的美好家园。

【班会拓展】

1. 小组分工合作,整理出《四季传染病防控手册》。
2. 办一期"敬畏自然,珍爱生命"的板报。

(洛阳华洋国际学校 王祺炜)

【专家点评】

庚子之春,一场突如其来的新冠疫情给全世界的人都上了一堂深刻的生命安全教育大课。一个小小的病毒竟然可以使成千上万的人陷入生存危机、焦虑与恐慌。通过本节主题班会,引导学生反思:在自然灾难面前,生命显得如此渺小和脆弱;生命对每个人只有一次,生命又是如此宝贵。因此,教育学生敬畏自然,从我做起,保护人类赖以生存的大自然,保护野生动物,遵守一切自然法则和安全规则,树立珍视生命、珍爱健康、安全第一、生命至上的观念。

(河南省中小学班主任研究中心首批特聘核心专家 特级教师 裴素青)

十二月 法治月

【品格花】

腊梅花

【花语】

百花之先,凌寒绽放,坚毅独立,春之情怀。

【月主题活动】

结合宪法月,围绕法制宣传教育设计月主题活动。

【周主题班会】

第一周:"礼赞祖国,致敬宪法"主题班会。

第二周:"学会宽容,学会交往"主题班会。

第三周:"战胜挫折,走向成功"主题班会。

第四周:"不打无准备之仗——期末总复习"主题班会。

【自选主题班会】

还可以围绕期末复习或喜迎元旦文艺活动设计主题班会。

第一周:"礼赞祖国,致敬宪法"主题班会

【班会背景】

青少年是祖国的未来和希望,他们法律素质的高低直接关系到我国普法工作的成效,关系到青少年学生的健康成长和全面发展。每年的12月4日是国家宪法日暨全国法制宣传日,宪法是我国的根本大法,为了全面推进依法治国,进一步增强学生的宪法意识,弘扬宪法精神,就要加强中学生法制宣传教育,教学生做知法守法小公民。

【班会目的】

丰富学生的法律知识,提高同学们知法、学法、懂法、用法的意识。

【适用年级】

七、八、九年级。

【班会准备】

1. 收集有关法律法规方面的知识和快板、小情景剧等。

2. 开展普法节目宣传,邀请学校普法社团、本班家委会代表参与。

3. 让学生提前准备彩纸等材料制作法治宣传标语贴。

【班会过程】

第一步:营造氛围导入

生活中,法律是不可缺少的。有了它,社会才会安定;有了它,我们的家园才会更和谐。也正是有了它,坏人才能得到应有的惩罚。学法、知法、守法是每个公民应尽的责任,每个人都应该学会用法律来捍卫自己的合法权益。让我们怀着对法的敬仰走进今天的主题班会:"礼赞祖国,致敬宪法"。

第二步:主题班会实施过程

环节一:说一说,谈一谈

1. 你能说出与青少年相关的法律法规名称吗?

(答:《中华人民共和国未成年人保护法》《中华人民共和国预防未成年人犯罪法》)

2. 谈一谈初中生的哪些行为是违纪违法的表现?

(以小组讨论的形式展开,然后派代表抢答)

教师归纳整理：上课迟到、无故旷课、考试作弊等严重违反《中小学生守则》《中学生日常行为规范》的行为；纠集他人结伙滋事，扰乱治安；携带管制刀具，屡教不改；多次拦截殴打他人或者强行索要他人财物；多次偷窃；参与赌博，屡教不改；吸食、注射毒品等违反《中华人民共和国预防未成年人犯罪法》规定的严重危害社会的行为，尚不够刑事处罚的违法行为。

环节二：法律知识小竞赛

以小组合作的形式进行法律知识竞答，共有两部分组成：必答题和抢答题，其中必答题共计50分，抢答题每题答对得10分，答错扣10分，最后积分最高的小组为优胜组。

1. 必答题：一组一题

（1）制定《中华人民共和国未成年人保护法》有什么目的？

（2）新修订的《中华人民共和国未成年人保护法》什么时间正式施行？

（3）《中华人民共和国未成年人保护法》对未成年人保护的范围是什么？

2. 抢答题：

（1）社会主义核心价值观的内容是什么？

（2）未成年人指的是什么？

（3）《中华人民共和国未成年人保护法》对父母不履行法定职责提出了哪些规定？

（4）就用人单位而言，《中华人民共和国未成年人保护法》对未成年人提出了哪些保护？

（5）新修订《刑法》对未成年人的刑事责任年龄有什么要求？

（6）《中华人民共和国义务教育法》是何时颁布和施行的？

（7）对违反《中华人民共和国义务教育法》应承担的法律责任有哪些？

环节三：普法宣讲案例

1. 快板表演——普及《中华人民共和国未成年人保护法》

竹板一声又一声，欢迎来到咱洛阳的东升三中

普法活动正在进行中，快板书也参与其中

我们都是中学生，未成年人是咱法律名

法律给予咱六大保护，今天我说给你听一听

第一个保护是家庭保护，父母好好把我们监护

抚养我们是法定义务，以身作则得天天记住

全力营造家庭和睦,还得发扬家庭民主
哪怕我成了留守儿童,你也得找人替你监护
第二个保护是学校保护,老师尽心把我们照顾
除了管理还要批评教育,尊重学生不得体罚
安全时刻放在第一位,严防不能发生事故
第三个保护是社会保护,社会国家还有政府
社区公益互联网,应对我们优惠开放
文艺作品要健康,共促我们健康成长
暴力、凶杀等不良信息,网吧、歌厅、营业舞厅,
未成年人要远离……(备注:由于内容长字数多,中间部分省略)
全方位的六大保护,关键还得自我保护
好好学习天天向上,思想道德也要跟上
网吧、舞厅咱不去,全力抵制不良诱惑
热心公益服务社会,社会责任扛肩上
做四有新人,共同把成长的歌儿唱
法律天天护我们成长,法律口号在耳边响
社会主义法治强国,我也要贡献出力量
学法守法人人行动,共同实现中国梦

2. 小话剧表演——提高警惕严防诈骗《在路上》

3. 家委会代表进行普法案例分享——电影《少年的你》

故事发生在煜明第一初级中学:

初二二班班长臧玲玲同学(化名)品学兼优。但是有一天,班上同学受到老师的批评,大家怀疑是臧同学"告的密",同学们对她冷言冷语;她去厕所的时候,被别人反锁在卫生间里。班主任知道了这件事,回到班里将欺负臧同学的人都训斥了一遍。但这反而加剧了她与同学之间的矛盾。一天下午放学,臧同学一个人回家,好几个女同学将她围住,扯着她的头发,将她摁倒在地……结果玲玲的脸受伤了,每当照镜子就能回忆起黑暗中发生的撕扯、谩骂。当她看到那几个同学,她心中黑暗的记忆就不断地涌来,浮现在眼前。她开始听不进老师的讲课、害怕与同学交往,无奈之下,只能回家休养……

案例分析(讨论发言):

甲同学认为:玲玲的同班同学对她议论纷纷,冷嘲热讽,不断进行语言的攻击,并且在一些网络平台上发布对她不利的消息,这属于语言欺凌和网络欺凌,是校园欺凌的一种形式。

乙同学认为:玲玲在上厕所的时候,有同学将她反锁在厕所里,限制了玲玲同学的人身自由,并且更严重的是,竟然在玲玲放学的路上,直接将她截下进行推搡、殴打,给她的身体造成了伤害,这属于身体欺凌。

丙同学认为:这件事不是玲玲的错,却仍然对她冷言冷语,对玲玲的心理健康造成了极大的影响,最终迫使她回家休学,这属于关系欺凌。

家委会认为:这个事件涉及家庭、社会、学校教育三方面。家长要给孩子灌输正确的人生观,不欺负别人,不以暴力打骂对待别人。在遭遇校园欺凌后,要第一时间告诉老师和家长,不要因为他人威胁就一人独自承担一切。对于学校来说,特别是老师,更需要第一时间掌握班级孩子的关系、状况,加强教育、提高警惕,对于重点孩子,重点盯防,出现异常,及时处理。

师小结:我国法律给予未成年人特殊的保护。国家颁布《中华人民共和国未成年人保护法》和《中华人民共和国预防未成年人犯罪法》,把中小学生防欺凌工作落到实处,明确了学生欺凌的界定。2020年12月26日,刑法修正案(十一)在刑法第十七条下调了承担刑责的年龄,得到了社会的普遍赞誉。

环节四:手工制作 "法制宣传标语"

用七彩条和彩色卡纸制作美丽的法治宣传标语贴。

【班会总结】

宪法与我们每一位同学的日常生活息息相关,青少年法律素养的高低直接关系到我国普法工作的成效和社会的稳定,我们每一位同学都要做到:自尊自爱,真诚友爱,遵规守纪,遵守公德。希望这次班会能激发大家的爱国情怀,在与法同行的道路上,让我们向祖国献礼,向宪法致敬!

【班会延伸】

选出优秀的法治宣传标语贴在校园的适当处。

(河南省田均彦名班主任工作室成员 翟绍杰)

【专家点评】

党的十八届四中全会要求,"把法治教育纳入国民教育体系,从青少年抓起,在中小学设立法治知识课程"。青少年处于"十年树木、百年树人"的基础阶段,是培养祖国未来接班人的关键时期。加强青少年法治教育事关现代合格公民的有效培育,事关青少年的健康成长,事关全面推进依法治国战略的有效实施,应当抓好。班会亮点在于,建立以学生为本的法治教育模式;整合教育资源;拓宽法治教育途径,完善教育体系;将法治教育与自我教育相结合。

(中原名师工作室主持人　特级教师　周枫琳)

第二周:"学会宽容,学会交往"主题班会

【班会背景】

现在的学生大多是独生子女,被父母及祖辈的爱包围着,他们较少知道如何去宽容他人。在与他人的交往过程中,常常因为缺乏宽容心导致同学间发生小矛盾,使同伴的友谊受到伤害。这节班会课旨在从积极的方面引导学生学会理解人、包容人,培养宽容的美德,从而让我们的集体更温暖、和谐。

【班会目的】

1. 让学生认识到宽容的重要性,增强宽容意识。
2. 培养学生的宽容品质,提高人际交往能力。

【适用年级】

七、八、九年级。

【班会准备】

1. 搜集准备关于理解、包容的名言或小故事。
2. 排练小品《扫地风波》。
3. 准备一人一张心形卡片制作"宽容卡"。
4. 班干部提前拟写班级"宽容宣言"。

【班会过程】

环节一:故事导入,认识宽容

主持人讲述《仇恨袋》的故事,引发学生对宽容的认识。

古希腊神话里的大力士赫格利斯走在一条狭窄的山路上,突然,一个趔趄,险些被绊倒,原来脚下躺着一只袋囊。他猛踢一脚,那只袋囊非但纹丝不动,反而气鼓鼓地膨胀起来。赫格利斯恼怒地挥起拳头又朝它狠狠地一击,但它仍迅速地膨胀着。赫格利斯暴跳如雷,拾取一根木棒朝它砸个不停,袋囊却越胀越大,最后将整个山道都堵得严严实实。一位智者走来,见此情景,淡淡一笑,平静地说:"朋友,它叫'仇恨袋'。如果你不理会它,它就不会跟你过不去,也不至于把路给堵死了。"

主持人:请同学们结合日常生活,谈谈你对仇恨和宽容的看法吧。

生1:平时跟同学们相处会产生摩擦,但摩擦后不要记仇。

生2:我认为在生活中要学习让自己的心胸开阔起来、学会宽容他人。

主持人:人生在世,人际间的摩擦是在所难免,如果肩上扛着"仇恨袋",生活只会是如负重登山,举步维艰了。因此,人们之间需要理解和宽容。

环节二:小品表演,感悟宽容

学生表演排练好的小品《扫地风波》:甲同学扫地时不小心碰掉乙同学文具袋,乙同学一时恼怒而大骂甲同学,甲同学认为自己不是故意的,于是与乙同学开始争吵。班长劝导两位同学应该相互理解、互相包容,甲、乙同学冷静后也认识到自身问题,握手言和。

主持人:观看完小品,同学们认为宽容是什么呢?

生1:我认为宽容是同学们之间的相互理解,可以减少误会产生。

生2:宽容别人就是宽容自己,宽容可以避免矛盾。

生3:宽容是一种胸怀。忍一忍,让一让,同学们的关系会更和谐。

主持人:宽容是一种胸怀,一种智慧,一种境界……宽容使同学们相互理解、谦让、友爱,让我们更快乐地学习。

环节三:评选班级"宽容之星"

1. 测一测你的宽容度

主持人:想必大家已经知道了宽容的重要性,那么你是否是一个宽容的人呢?我们一起来测测我们的宽容度吧。

测试要求:请对下列问题作出"是"、"有时"或"否"的选择,请诚实作答。

测试题目:(1)听到有人讲你坏话,是否会愤怒?(是□ 有时□ 否□)

(2)你和别人争吵以后,是否会主动道歉?(是□ 有时□ 否□)

(3)你和别人发生矛盾,是否会平静说明事由?(是□ 有时□ 否□)

(4)你是否因为有的人学习困难而帮助他?(是□ 有时□ 否□)

(5)你是否会在生活中顾及别人情绪?(是□ 有时□ 否□)

(6)你会在老师面前讲同学的优点吗?(是□ 有时□ 否□)

(7)你是否会乐于看到其他人取得好成绩?(是□ 有时□ 否□)

(8)你是否会听取与你意见不一致的人的意见?(是□ 有时□ 否□)

自我评价分析:每题选择"是"记2分,选择"有时"记1分,选择"否"不计分。各题得分相加,统计总分。①0~6分的同学,具有常人的心态,尽管时时碰到难相处的人,有时也会被他们的态度所激怒,总的来说尚能容忍。②7~12分,对事对人都很宽容,外界的纷繁复杂很难左右平和的心态。③13分以上,宰相肚里能撑船的宽容少年。

2.说一说身边的"宽容"故事

主持人:友善是花朵,在心灵的料峭春寒中绽放。宽容是行板,在生活的崎岖道路上吟唱。现在就让我们来说说发生在我们班里的宽容故事吧。

生1:课间,组长在给我讲题,几名男生在一起说笑。那一瞬间我想跟他们理论,但是我的脑海里想起一句话:"我们每个人心中都有两把锁,一把是打开宽容之门的锁,一把是打开自私之门的锁。如果是你,你会打开哪一把呢?"于是我忍住了,更专注于听组长讲解。我很庆幸,宽容让我避免了一场冲突。

生2:我是一个班干部,我总想尽心尽责做好老师交给我的工作。可是总有同学不理解我,甚至故意刁难。起初,我很烦恼。后来,我试图抱着一颗宽容之心,打开了与这些同学沟通的大门,在沟通中我认识到了自己的不足,也改进了自己的工作。

师小结:同学们之间常常会因为一句玩笑导致骂人、打架,甚至还会酿成大祸。究其根源是大家没有一颗宽容之心。要记住宽容是代表一个人的修养。

环节四:践行宽容,做宽容的人

1."宽容名言"大比拼

主持人：同学们，课前已经让大家搜集了关于"宽容"的名言，接下来我们就来分享一下，看看哪位同学分享的最多、最好。

意志坚如铁，度量大似海。——毛泽东

海纳百川，有容乃大；山高万仞，无欲则刚。——林则徐

不会宽容别人的人，是不配受到别人宽容的。——屠格涅夫

2. 书写自己的"宽容誓言"

跨越心的鸿沟，到达友善的彼岸。走过宽容的小径，相聚和谐的花园。请学生拿出心形卡片，在音乐声中书写自己的"宽容誓言"，制作成宽容卡。

结尾：班级宣誓

全体同学起立，齐声宣读班级"宽容宣言"（PPT展示宣誓誓词）：我们要多一些宽容，少一些争吵；多一些宽容，少一些埋怨；多一些宽容，少一些猜疑；多一些宽容，少一些摩擦；多一些宽容，少一些忧愁；多一些宽容，多一份爱心；多一些宽容，多一份开心；多一些宽容，多一份信任。我们要做一个宽容的人！（在全体同学激情高亢的宣誓声中结束本次班会）

【班会总结】

待人宽容是中华民族的传统美德，人们常说"宰相肚里能撑船"，青少年要继承和发扬这一美德。量小失众友，度大集群朋。同学们，给别人一次宽容、关怀、体贴、谅解，你就多开一扇心窗，拥有一份温情。一句温暖的话语，足以暖和一个漫长的冬季；一缕深情的目光，足够使颓丧者重新升起希望的太阳。生活中你对他人充满善良与温情，你的心灵也会受到一次圣洁的净化。

【班会延伸】

1. 班会后，每名同学制作一张"宽容卡"，并贴到班级文化墙上展示。

2. 将班级"宽容宣言"张贴于班级内。

(洛阳华洋国际学校　贺会锋)

【专家点评】

习近平主席寄语青年学生说：修德，既要立意高远，又要立足平实。要立志报效祖国、服务人民，这是大德，养大德者方可成大业。同时，还得从做好小事，管好小节开始起步，"见善则迁，有过则改"，踏踏实实修好公德，学会劳动、学会勤俭、学会感恩、学会助人、学会谦让、学会宽容、学会自省、学会自律。本

节班会通过几大环节,让学生在思想上接受一次"宽容"的大洗礼。

(中原名师工作室主持人　特级教师　周枫琳)

第三周:"战胜挫折,走向成功"主题班会

【班会背景】

进入初中以后,学生在学习和生活中也必然会遇到许多困难,有的同学面对新的学习环境和繁重的学习任务,不能适应,不知道如何应对。有的同学在生活上遇到困难,便选择退缩,自信心下降。有的同学因不能处理好同学交往间的矛盾,整日烦恼等,所以,对学生进行挫折教育十分必要。

【班会目的】

1. 掌握对待挫折的正确方法,使学生提高对挫折的承受力。

2. 使学生树立信心,努力战胜挫折,做生活的强者。

【适用年级】

七、八、九年级。

【活动准备】

1. 全班同学写出自己学习生活中遭遇到的"挫折"。

2. 搜集名人关于挫折的名言和名人战胜挫折的故事。

【班会过程】

环节一:认识挫折困难

师:同学们,在现实中,每一个人的生活道路都不可能是一条笔直、宽阔、平坦的大道,它总会布满坎坷与荆棘。它们便是我们平时所遭受的"挫折"。那么,作为中学生的你们在成长的过程中,遇见过哪些学习和生活上的困难和挫折呢?(小组进行讨论,各组学生代表发言)

生1:感觉学习上有困难,数学题目总是不会做,特别是应用题。

生2:在上次运动会中,我没有发挥好,没拿到名次,我感觉很失落。

生3:体育测验,很努力但还是不达标。考试分数不理想,心里烦恼。

生4:来到学校,有些不适应,很难与同学相处,经常有摩擦。

……

师：同学们畅所欲言，说了很多自己的烦心事。那么，我们应该怎样认识挫折呢？分享著名数学家华罗庚的故事：

华罗庚从小家境贫寒，初中毕业因交不起学费辍学，他就一边照料父亲开的小杂货铺，一遍自学苦读借来的三本高等数学教科书，1928年他又不幸染上瘟疫，致使左腿残疾。面对挫折，他没有消沉，反而更加勤奋。后来他通过不断学习，被破格晋升为清华大学讲师，为新中国的数学事业兢兢业业奋斗一生，为中国和世界数学科学做出了巨大成就。

同学们，困难并没有打倒华罗庚，反而使他变得更坚强。可见挫折是把双刃剑。从挫折本身来看，对任何人都是坏事，对于弱者来说，它会带来痛苦和打击，甚至使人失去生活的信心；但对于强者来说，它却能磨炼意志、激发斗志，使人变得更聪明。从这个意义上来讲挫折又是一件好事。失败和挫折与我们同行，我们必须勇敢面对挫折困难。

环节二：学会直面挫折困难

师：同学们，生活中遇到困难和挫折是常有的事，面对挫折，我们又该如何具体应对呢？请同学们分享那些强者的故事吧。

生1：南朝的祖冲之，在当时极其简陋的条件下，靠一片片小竹片进行大量复杂的计算，一遍又一遍，历经无数次失败，终于在世界上第一个把圆周率精确到小数点后第七位。

生2：武汉市17岁高三学生黄玉婷不幸感染新冠肺炎后，在武汉方舱医院接受治疗，尽管有着病痛的折磨，但女孩仍然不愿意放弃任何学习的机会，抓紧时间，认真温习高考知识点。她终于通过自己的努力，战胜病魔，取得了优异的成绩。

师：同学们说得很好，如果祖冲之苦于那烦琐的计算、屡次的失败而选择了放弃，他能有这一番成就吗？如果黄玉婷每天陷在新冠肺炎的恐惧中，又怎能参加高考取得优异成绩呢？由此可见，面对挫折，我们应该大胆地正视它、面对它。

下面就请同学们分享你搜集到的有关挫折励志名言：

什么叫作失败？失败是走向胜利的第一步。——菲里浦斯

一次失败,只是证明我们成功的决心还不够坚强。——博维

最困难的时候,往往就是离成功不远了。——西乡隆盛

我觉得坦途在前,人又何必因为一点小障碍而不走路呢?——鲁迅

环节三:学会在挫折中成长

1. 分享他人故事,谈谈自己做法

(观看《千手观音》舞蹈)

师:大家可曾想到,这是21个平均年龄21岁的聋哑演员表演的舞蹈,舞台上她们演绎得惟妙惟肖,赢得了全世界观众的赞叹。可是生活在无声世界中的残疾人,将《千手观音》演绎得几乎完美,是经过了艰难的练习过程。他们借助手语老师感受到音乐的节奏来为演员传递信息,通过地板的震动来对准节拍,用后颈感受后面的人的呼吸来统一动作,可见其中的艰辛。但她们面对挫折没有退缩,将最美的一面展现给大家,让我们看到了生命的精彩。

同学们,从这个故事中相信我们对挫折又有了更深刻的认识,那么,下面请同学们分享,自己有哪些战胜困难、取得成绩的例子呢?

生1:自己的数学成绩一直比较差,我鼓起勇气找数学老师谈了谈心,找到了学习的方法,在同学的帮助下,我的数学成绩有所提高。

生2:每次跑操总爱偷懒,感觉自己不能坚持,总爱请假,体育考试总是不达标,面对体育考试的压力,我认识到自己总是在逃避,我试着坚持下去,发现并没有那么难。现在我的体育成绩越来越好了。

生3:第一次住校,感觉很不适应,很想家不想和同学交流,有时感到很孤独,甚至和妈妈闹着要回家。后来,在老师和同学鼓励下,我坚持了下去,现在我已经适应了学校的生活。

2. 寻找应对方法

师:同学们说得很好,说出了自己在面对困难时,走一步,再走一步,坚持一下,再坚持一下,你会发现困难就会变得容易很多。接下来,老师就为大家分享一下,面对挫折,我们应该怎样具体应对:

(1)冷静对待。在挫折面前,必须学会冷静地对待挫折。

(2)自我疏导。时刻告诉自己,问题终会有解决的方法,有勇气去战胜挫折。

(3) 请求帮助。遇到挫折时请求帮助是简单而有效的方法,"与人分享快乐是双倍的快乐。与人分担痛苦是减半的痛苦"。

(4) 在挫折中获得力量。人们受到挫折后,要冷静地分析受挫的原因,总结经验教训,改进方法,汲取力量,在应对困难时,不害怕,不畏惧。

【班会总结】

同学们,成功永远属于不断挑战的人。年轻没有失败,只要能战胜荆棘,战胜自己,即便是遍体鳞伤,至少也可以证明——我们曾经奋斗过,"人生就像洪水奔流,如果不碰到暗礁与岛屿,难以激起美丽的浪花"。挫折与成功就像孪生兄弟,总是结伴而行。挫折和失败在我们人生的道路上是不可避免的,我们的生命只有经历了它的打磨,才能闪耀出夺目的光芒。

【班会结尾】

师生合唱《你的答案》。

【班会延伸】

1. 组织开展"积极应对挫折,让生命更精彩"演讲比赛。
2. 观看电影《隐形的翅膀》,并写观后感。

(洛阳市实验小学　李超轶)

【专家点评】

本节班会围绕中学生在学习和生活中遇到的困难挫折,通过丰富的案例,引导学生从中去认识挫折、直面挫折、战胜挫折,做生活的强者;班会环节设计科学,循序善诱,直抵学生心灵深处,帮助学生树立信心,树立远大的理想,寻找生命的价值和意义,正确对待挫折,珍爱生命,努力战胜挫折。挫折是把双刃剑,挫折对于弱者来说,会带来痛苦压力和打击;但挫折对于强者来说,能磨炼意志、激发斗志。一个人爬起来的速度比摔倒的速度快,这就是"逆商",决定一个人一生成就的高低。

(河南省中小学班主任研究中心首批特聘核心专家　特级教师　裴素青)

第四周:"不打无准备之仗——期末总复习"主题班会

【班会背景】

期末考试是对一个学期学生学习状态的一次大检阅,更是对学生自信心、自主性、意志力的一次大考验。在这个关键的时期,班主任要能够通过主题班会营造良好的备考氛围,帮助学生明确学习目标,优化各科复习的策略,指导学生高效备考,让学生进一步认识到期末复习的重要性。

【班会目的】

认识考试的必要性;学习如何正确备考。

【适用年级】

七、八、九年级。

【班会准备】

1. 学生搜集整理各科学习方法;总结梳理各学科的学习要点。

2. 活动中的相关图片、音频等资料;目标激励卡的印制。

【班会过程】

导入:从我们上学开始,考试就成为每个学生必须面对的话题。进入中学,考试成为我们学习中很重要的一环。在考试中,我们不断进步,不断成长。

活动一:七嘴八舌话考试

请大家结合自己的学习,说说"考试的好处"。学生各抒己见:

生1:考试能检测学习效果,考试能巩固自己已学的知识。

生2:考试能发现学习存在的问题,考试能锻炼自己的心理素质。

生3:考试能够增强学习的自信,考试能够考验自己的意志力。

……

小结:大家的发言很精彩。认为考试是一种享受的同学,他在考试中获得了成功的喜悦和自信;认为考试是一种考验的同学,他在考试中磨炼了意志和毅力;认为考试是一种机遇的同学,他在考试中提高了能力和水平。因此,每个同学都要对考试有一个清晰的认识,认真做好期末复习。

活动二:分享积累学习方法

环节一：小组交流，分享学习经验

小组交流搜集整理的复习方法，组内评选，展示大家公认的好方法。

（一）学习方法展示

第一组代表：复习的时候要日日清复习、周周清复习、单元复习法，提醒大家复习要及时，要不断反复，保证学习的效果。

第二组代表：复习的时候要有方法，比如知识点归纳法、反复阅读法、抓薄弱环节法、系统复习法等，方法对了，效率自然就高。

……

（二）个人经验分享

根据期中考试的成绩，确定语文、数学、英语的状元进行经验分享。

1. 语文学习经验分享

（1）回归课本，落实基础。重视现代文字词，注意字音、字形的积累。落实注释和文学常识。熟背古诗文，重视文言字词的积累。

（2）分析试卷，根据答题的情况，查缺补漏。

（3）重视现代文阅读的训练，落实常考考点的知识积累和答题规范。

（4）积累诗歌赏析知识，理解背诵相关知识点。重视作文，勤于积累，反复训练。

2. 数学学习经验分享

（1）主动预习。认真预习课本，独立完成课后练习题。

（2）认真听课。课前准备课本、资料、练习本、红笔等学习用品，听课认真专注，积极回答问题，课堂练习要规范完整，课后讨论不留疑问。

（3）勤于练习。课后练习一定要能够有演草演算，杜绝空算。

（4）重视考试。限时定量训练，红笔订正，及时总结。

（5）总结错题。善于整理总结重点题型、易错题等。

3. 英语学习经验分享

（1）每天坚持做2篇阅读专练，落实生词，精读精练，并总结错题。

（2）重视单词、短语、课文的背诵，做到会背会写。

（3）重视英语笔记和知识点的复习巩固。

小结：在复习方法上，我们既要注重个人复习的努力，也要借力小组合作的力量;我们要遵循"艾宾浩斯遗忘曲线"规律,强化"学而时习之",做到勤复习,善温习;在具体实施上,有针对,切实际,不空谈。

环节二:老师点拨,要点提示

各科老师为同学们介绍复习要求与方法。

语文学习重在阅读。既要有精细的课内阅读,又要有广泛的课外阅读。在大量的阅读中积累知识,提升能力,才能成为语言运用的达人。

数学学习重在训练。在训练中培养学生的数学能力,包括计算能力、自学能力、分析问题与解决问题的能力、抽象逻辑思维的能力等。做到"眼勤""耳勤""口勤""脑勤""手勤",认真听课,强化训练。

……

小结:希望大家能够在各科老师的提示下,沉下心来,利用好每一分每一秒,在期末的冲刺阶段,调整状态,高效复习。

活动三:感悟总结明方向

1. 思考探究

通过上面活动,大家思考一下:期末复习,我们需要做哪些准备呢?

学生发言,主持人总结:

计划准备:做事要做最充分的准备,学习同样如此,需要有明确的目标。成功永远属于有准备的人,没有详细的计划,就不会取得成功。

知识准备:平时注重各科知识的积累,能够掌握各科的基本内容。

方法准备:学习方法的有效运用能够提升学习的效率,让自己的学习事半功倍,赢得比别人更多的时间。

心理准备:考试检验的是每个人的心理状态,平稳的心态是考试成功的关键。

2. 目标制定

制作目标激励卡。将提前印制好的目标激励卡发放给学生,让学生在《我相信》的音乐声中填写卡片,明确期末复习的目标。

3. 宣誓活动

我们要让期末考试的目标成为我们战斗的方向,让考试中的每一点成绩贮藏于我们收获知识的粮仓,让知识在考前复习的滚动中成为我们实现跨越的坚实的桥梁。有了这样的追求,有了饱满的内驱力,我们就有了最根本的动力,我们才有成功的希望。请全体起立,喊出我们的铮铮誓言:

做一个有良知的人,无愧于父母恩师的教导;

做一个有骨气的人,以百倍的努力创造辉煌;

做一个意志坚定的人,吃苦耐劳,永不言弃;

做一个惜时如金的人,争分夺秒,力争上游;

做一个潜力无穷的人,坚持不懈,不断进步。

小结:希望同学们以更加饱满的热情、更加坚定的意志,坚持到底,为自己鼓掌,为自己加油!

伴奏响起,学生齐唱《团结就是力量》。

【活动总结】

同学们,人生的精彩在于拼搏,缺乏竞争和考试的人生是不完整的!考场就是一个战场,也是一个展示才华的舞台。期末在即,英雄弯弓,箭在弦上。你们活力四射,你们斗志昂扬。请拿出你们的智慧和勇气,用你们那颗永不服输的心,向着生命中的一座座山峰攀登。请收拾好行装,带上最睿智的头脑,怀揣最真实的理想,一起挑战期末考试吧!

【班会延伸】

目标激励卡在课后填写完整,粘贴在班级文化墙上。针对自己的薄弱科目,制定一份期末复习计划。

(河南师范大学附属中学 王青山)

【专家点评】

考试只是检测学生学业水平的一种手段,几乎百分之百的学生都不愿意考试,甚至畏惧考试。本节班会课,让学生在讨论交流中话"考试的好处",改变一些学生错误的认知,引导学生对考试有更为理性的思考。丰富的、翔实的、清晰的复习方法与技巧,摸得着,看得见,可以增强学生的学习自信。制定目标,调整心态,为期末复习营造了良好的氛围。在轻松的氛围中,坚定了学生们冲刺期末的信心,起到了良好的教育效果。

(中原名师工作室主持人 特级教师 周枫琳)

记者观察

德育 365 天，何以可能？

育人为本，德育为先。党中央、国务院高度重视中小学德育工作，特别是十八大以来，出台了一系列中小学德育政策文件，对整体规划、统筹推进德育工作做出了全面部署。

德育是教育的永恒主题，但德育工作既有普遍的规律和特点，又会因时、因地、因人而体现出差异。在新的历史时期，许多新思想、新问题不断出现，德育工作也发生了深刻的变化。这就给教育工作者提出了必须面对又必须给出答案和行动的问题：新时期如何加强和改进中学的德育工作？

洛阳华洋国际学校从 2013 年开始，持续探索德育"12 个品格月"观照下的系列班会课，瞄准德育体系建设，着力德育目标落地，常态化地开展德育工作，受到学生的喜爱、家长的认可。

德育"12 个品格月"：让德育目标体系化

从 2013 年开始，学校将德育的 12 个目标分布在每年的 12 个月中，并以每月盛开的鲜花为代表，以"花语"引领当月品格的内涵。校长裴素青谈到这样设计的目的：学校提倡"三成"教育，即成人、成才、成功。其中，成人是前提，学生首先要学会做人，然后才是学习。"在学生品格的形成和发展中，知、情、意、行等要素各有不可代替的作用。其中，知是基础，行是关键。12 个品格月德育体系，就是通过系统的主题教育，让知、情、意、行和谐统一，让学生有道德体验。"

在设计每个月的德育主题时，学校结合季节、传统节日、时令以及学校学期工作的阶段性等，确定每个月的内容。中学部、小学部因学生的年龄特点，每月的主题有相似的地方，也会有所区别。

学校包涵了幼儿园到高中各年级段的班级，在设置德育目标时，更加注重各学段间的区分和衔接。比如，春节所在的 2 月份，是 12 个品格月中的"亲情月"。中学部在寒假里为学生布置了三项"亲情月"实践活动：收集春联、写春联;社会调查"三代人童年的春节记忆";"学家谱、制家谱",为家族中最敬仰的人写传记。小学部则设计了"亲手制作贺年卡送长辈""孝敬长辈,为父母长辈做一件感恩的事""与父母一起制作大红灯笼,写灯谜"等活动。

在3月份中,有学雷锋日、植树节等,综合这些因素,学校把3月定为"文明月",月主题活动定为"围绕精神文明伴我行、说文明话、做文明人、传承优秀传统文化开展活动,举办一年一度的校园故事节"。

周主题班会:以课程化保障常态化

"当下的德育工作,还缺少层次性、系统性的整体设计,从小学、初中到高中,各学段的德育内容交叉重复多,没有像智育那样形成一套科学化、规范化的课程体系,这就使得德育工作落实起来不够规范、随意性大。"谈到德育工作的现状,裴素青校长告诉记者,"在学校层面,德育工作必须注重顶层设计,以课程的形式相对固化德育活动,构建校本化、板块化的德育课程体系,以课程化保障常态化实施,提高德育的实效性。"

为让12种品格在学生的生命中落地生根,学校在每月一活动的基础上,又系统设计了每周一节的主题班会。

记者在中学部和小学部的教学楼一楼都可以看到,学校将12个品格月活动用12个展板挂在了大厅最显眼的位置,每个月下都有月主题活动,还有每周班会的主题内容。中学部三月"文明月"下的周主题班会有以下内容:第一周:"续写雷锋日记"主题班会;第二周:"初三百日,种一棵信念的树"主题班会;第三周:"文明中国,我在行动"主题班会;第四周:"规划人生,走向成功"主题班会。同时,每个月还有"自选主题班会"。三月的"自选主题班会"是:围绕"文明城市我代言"、植树节和文明话题等设计主题班会。有了这样的班会"台历",每位班主任都提前知道本月的活动和班会内容。

传统的班会课,缺乏整体设计,零打碎敲,很容易流于形式,随意性强。德育"12个品格月"观照下的系列班会课,让每个班主任都有了抓手和德育的载体,也便于个人和学校经验的积累。学校收集、编印了主题班会的教案集,按照12个品格月的体系,每个年级每节班会课都推出一个好的班会设计,并不断更新班会资源库,供更多的老师学习借鉴。

营造一种德育磁场:让天天德育成为可能

针对"一月一活动,一周一主题"的德育体系,学校设计了一套相应的多元评价制度。

对于班级的评价,学校出台了"五星级文明班级"评比制度。主要针对的是班级常规管理,考核结果与班主任的考评挂钩。这种评比,最重要的不是班主任能获得什么,而是能增加班集体的荣誉感和凝聚力。学校每周评比一次,学生都期待着流动红旗能挂到自己的班门口,所以每次活动学生都尽力表现得最好。

针对学生的评价,学校每学期都要评选"十佳百星"。有"文明之星""学习之星""诚信之星"等10个奖项,每个奖项评选10名同学。在盛大的颁奖活动中,在全校师生的掌声中,获奖同学接过证书和奖学金。另外,学校还设置了"五育(德、智、体、美、劳)成长银行",对于表现好的同学,学校发放"成长币",可以到学校的"五育成长银行"兑换学习用品。

学校还通过各种展示、体验,更多元地评价学生的德育成果。比如,学校设置了校园六大文化艺术节,开展了六大主题社会实践活动,这些既是一种展示,同时也是一种德育的载体和评价的方式。

长期、扎实的德育实践,营造出了一种德育的磁场。建校近10年来,学校没有出现过一起大同学欺负小同学的事情。相反,经常出现大手拉小手、大同学帮助小同学的事。

德育体系化的成果让学校获得了河南教育名片示范校、河南省优秀民办学校、洛阳市全面特色学校、洛阳市德育特色示范校等一系列荣誉。

全年12个月德育主题活动、48节德育主题班会,这个德育目标体系,将庞大复杂的德育内容细化、分解,真正做到了"一月一目标、一周一主题"。正如裴素青校长说,学校德育体系的最终目的,是要将德育的目标系统化、实施常态化,外显于形、内化于心,正所谓"蓬生麻中,不扶而直",在有效的德育磁场中,让"天天德育"成为可能。

(河南教育时报社副总编辑　杨雷)

参考文献

[1] 教育部基础教育司.中小学德育工作指南[M].北京:教育科学出版,2018.

[2] 詹万生.整体构建德育体系引论[M].北京:教育科学出版社,2001.

[3] 裴素青.让班级文化落地生根[M].郑州:大象出版社,2018.

[4] 周凤林.学校德育顶层设计实践案例[M].上海:华东师范大学出版社,2018.

[5] 殷志斌.学校德育工作.百度文库.

[6] 易连云.德育原理[M].武汉:武汉大学出版社,2010.

[7] 江宏,王显锋.主题班会课的误区及对策[J].人民教育,2011.

[8] 邓超.德育管理化倾向的原因及对策探析[J].中国教育学刊,2017.

[9]《河南省教育厅关于进一步做好中小学德育工作,落实立德树人根本任务的意见》,河南省教育厅教基[2020]206号,2020.

[10] 中共中央 国务院印发《深化新时代教育评价改革总体方案》,2020年10月13日.

后　记

　　2020年岁末,在经历了一场突如其来的新冠疫情后,延宕了整整一年的著作《德育365天》终于结稿了。家人关切地说,这个春节你终于可以好好享受假期,不用再熬夜写稿子了。是啊,从近十年坚持德育探索实践,到总结提炼萃选在一本书里呈现,真可谓千呼万唤始出来,着实不易。

　　我总觉得,缘分真是一种很神奇的东西,它的神奇就在于产生的结果,既在意料之中,又令人喜出望外。2019年10月22日,我受邀参加河南省教育厅组织的省第二批名班主任工作室的专家督导评估工作,更有幸的是我和《教育时报》刘肖总编同组。与智者同行,你定会有意想不到的收获。在乘车前往评估学校的路上,我对刘总编说,2018年我出版的《让班级文化落地生根》新书,就是在时报举行的第12届河南教育名片发展论坛暨"让班级文化落地生根"观摩研讨会上首发的,也是您为我的新书揭幕的,那我就"赖住"你了。接着我就给刘总编聊起了我正在构思再写一本德育类新书,是以德育"12个品格月"目标体系为框架编写的。刘总编给了我许多高屋建瓴的指导性意见。我又追问他能否为这本新书赐名,刘总编沉思后说:"12个月不就是一年吗,那就叫《德育365天》吧!"同行的专家都感觉书名特别棒,朗朗上口,主题突出。就这样,《德育365天》这个响亮的书名横空出世了。

　　本书从孕育到出版都结缘于《教育时报》和时报人。2020年在时报的新年大会上,主持人庞珂记者问我:"裴校长,时报和您的友谊很深厚,我们之间有太多的'第一次':第一届最具成长力教师颁奖在洛阳举行是裴校长鼎立促成的;2013年第一届最具影响力教师颁奖是由裴校长时任校长的洛阳外国语学校承办的；第一期2016年河南教师成长学院就在洛阳华洋国际学校创立，同年洛阳华洋国际学校还承办了时报社举办的华洋杯第五届河南最具智慧力班主任颁奖典礼暨'让班主任幸福成长'观摩研讨会；2018年河南教育名片发展论坛暨'让班级文化落地生根'观摩研讨会再次走进华洋……裴校长，您觉得是什么样的力量让我们不断重逢、不断续写这种神奇的缘分呢？"我说："是啊，我和时报的缘分真的很深。第一次报道我获得全国高中优质课大赛一等奖的是《教育时报》，第一个采访报道我的是时报记者杨雷。有些人、有些事，遇见了就不会错过。喜欢大海的人一定会在海边相遇；热爱教育的人，注定会在教育的追梦路上、在时报的大舞台上一次次相遇。也许，这就是我和时报神奇的缘分。"

在该书出版面世之际，我特别想要表达一下真诚的感谢。

感谢《教育时报》这个极具影响力的教育媒体对我和洛阳华洋国际学校的关注。真诚感谢河南教育报刊社副总编辑刘肖先生为本书起了一个响亮的名字，并在百忙之中为本书作序。还要感谢刘肖总编一手打造的《教育时报》"红衣少年"优秀记者团队，对华洋国际学校德育"12个品格月"育人体系、"一班一品"特色班级文化创建的持续关注和报道。

感谢《教育时报》副总编辑杨雷记者在本书编写中给予的悉心指导和无私帮助。作为一个优秀记者，15年追踪观察采访，默默坚守，持续关注，见证了我作为校长走过的三所特点完全不同的学校的发展轨迹。

感谢洛阳华洋国际学校董事长熊现乐先生，十年来一如既往的信任和支持，为我提供了一个实现自己教育梦想的舞台，也成就了华洋今天优异的办学成绩和鲜明的办学特色。感谢华洋贾爱珍老师、李锋老师、邢雪峰老师等参与该书的编撰和审校工作，感谢张华老师和秦生老师为本书提出的宝贵意见。

感谢中原名师韩秀清、特级教师周枫琳、河南省首届名班主任工作室主持人吴红霞为班会案例给出的精彩点评；感谢河南大学出版社优秀编辑薛巧玲老师的热情帮助。

更难忘每一篇主题班会课堂实录的背后，是我和班主任一遍、两遍、三遍……为一个班会环节的设计、为一句话一个词的巧妙运用，精雕细琢，反复推敲，直到精彩呈现。一路辛苦，一路成长。感谢华洋优秀团队的所有成员，10年来，大家不离不弃，植根于华洋这片教育热土，一起实践，一起创新，一起求索，一起追梦。

《德育365天》一书即将面世，很高兴和各位读者分享。一家之言，难免有不足之处，真诚希望得到各位同仁的批评指正，更希望同全国班主任一道，自觉扛起新时代立德树人的责任担当，探索德育新途径，创新育人新模式，让德育之花盛开在教育的这片沃土上。

裴素青

2021年3月2日于洛阳